OEUVRES COMPLÈTES

DE M. LE VICOMTE

DE CHATEAUBRIAND.

TOME XI.

PARIS. — IMPRIMERIE DE CASIMIR,
RUE DE LA VIEILLE-MONNAIE, 12.

OEUVRES COMPLÈTES

DE M. LE VICOMTE

DE CHATEAUBRIAND,

MEMBRE DE L'ACADÉMIE FRANÇOISE.

TOME ONZIÈME.

ITINÉRAIRE DE PARIS A JÉRUSALEM.

TOME III.

PARIS.

POURRAT FRÈRES, ÉDITEURS.

M. DCCC XXXVII.

ITINÉRAIRE
DE
PARIS A JÉRUSALEM
ET DE
JÉRUSALEM A PARIS.

SIXIÈME PARTIE.

VOYAGE D'ÉGYPTE.

Je me trouvai fort embarrassé à mon retour à Jaffa : il n'y avoit pas un seul vaisseau dans le port. Je flottois entre le dessein d'aller m'embarquer à Saint-Jean-d'Acre et celui de me rendre en Égypte par terre. J'aurois beaucoup mieux aimé exécuter ce dernier projet, mais il étoit impraticable. Cinq partis armés se disputoient alors les bords du Nil : Ibraïm-Bey dans la Haute-Égypte, deux autres petits beys indépendants, le pacha de la Porte au Caire, une troupe d'Albanois révoltés, El-Fy-Bey dans la Basse-Égypte. Ces différents partis infestoient les chemins ; et les Arabes, profitant de la confusion, achevoient de fermer tous les passages.

La Providence vint à mon secours. Le surlendemain de mon arrivée à Jaffa, comme je me préparois à partir pour Saint-Jean-d'Acre, on vit entrer dans le port une saïque. Cette saïque de l'échelle de Tripoli de Syrie étoit sur son lest, et s'enquéroit d'un chargement. Les Pères envoyèrent chercher le capitaine : il consentit à me porter à Alexandrie, et nous eûmes bientôt conclu notre traité. J'ai conservé ce petit traité écrit en arabe. M. Langlès, si connu par son érudition dans les langues orientales, l'a jugé digne d'être mis sous les yeux des savants, à cause de plusieurs singularités. Il a eu la complaisance de le traduire lui-même, et j'ai fait graver l'original:

LUI (Dieu).

« Le but de cet écrit et le motif qui l'a fait tracer est
« que, le jour et la date désignés ci-après [1], nous sous-
« signés avons loué notre bâtiment au porteur de ce traité,
« le signor Francesko (François), pour aller de l'échelle
« d'Yàfà à Alexandrie, à condition qu'il n'entrera dans
« aucun autre port, et qu'il ira droit à Alexandrie, à moins
« qu'il ne soit forcé par le mauvais temps de surgir dans
« quelque échelle. Le nolis de ce bâtiment est de quatre
« cent quatre-vingts *ghrouch* (piastres) au lion, lesquels
« valent chacun quarante *pàrah* [2]. Il est aussi convenu
« entre eux que le nolis susdit ne sera acquitté que lors-
« qu'ils seront entrés à Alexandrie. Arrêté et convenu entre
« eux, et cela devant les témoins soussignés. Témoins :
« Le séïd (le sieur) Mousthafa èl Bàbà ; le séïd Hhocéin
« Chetmà. — Le réïs (patron) Hhannà Demitry (Jean Dé-
« métrius), de Tripoly de Syrie, affirme la vérité du con-
« tenu de cet écrit.

[1] Le jour et la date, c'est-à-dire l'année, *yeoùm, oué, tàrikh*, ont été oubliés. Outre cette omission, nous avons remarqué plusieurs fautes d'orthographe assez graves, dont on trouvera la rectification au bas du *fac-simile* de l'original arabe.

(*Note de M. Langlès.*)

[2] Quoiqu'on ait employé ici le mot arabe *fadhdhah*, qui signifie proprement de l'argent, ce mot désigne ici la très petite pièce de monnoie connue en Égypte sous le nom de *pàrah* ou *meydyn*, évaluée à 8 deniers $\frac{2}{7}$ dans l'*Annuaire de la République françoise*, publié au Caire en l'an IX. Suivant le même ouvrage, page 60, la piastre turque, le *ghrouch* de 40 *pàrah*, vaut 1 liv. 8 sous 6 deniers $\frac{2}{5}$.

(*Note de M. Langlès.*)

« Le réïs (patron) Hhannà a touché, sur le montant du
« nolis ci-dessus énoncé, la somme de cent quatre-vingts
« *ghrouch* au lion; le reste, c'est-à-dire les trois cents autres
« *ghrouch*, lui seront payés à Alexandrie; et comme ils
« servent d'assurance pour le susdit bâtiment depuis Yàfà
« jusqu'à Alexandrie, ils restent dans la bourse du signor
« Francesko; pour cette seule raison. Il est convenu, en
« outre, que le patron leur fournira, à un juste prix, de
« l'eau, du feu pour faire la cuisine, et du sel, ainsi que
« toutes les provisions dont ils pourroient manquer, et les
« vivres. »

Ce ne fut pas sans un véritable regret que je quittai mes vénérables hôtes le 16 octobre. Un des Pères me donna des lettres de recommandation pour l'Espagne; car mon projet étoit, après avoir vu Carthage, de finir mes courses par les ruines de l'Alhambra. Ainsi ces religieux, qui restoient exposés à tous les outrages, songeoient encore à m'être utiles au-delà des mers et dans leur propre patrie.

Avant de quitter Jaffa, j'écrivis à M. Pillavoine, consul de France à Saint-Jean-d'Acre, la lettre suivante :

« Jaffa, ce 16 octobre 1806.

« Monsieur,

« J'ai l'honneur de vous envoyer la lettre de recomman-
« dation que M. l'ambassadeur de France à Constantinople
« m'avoit remise pour vous. La saison étant déjà très avan-
« cée, et mes affaires me rappelant dans notre commune
« patrie, je me vois forcé de partir pour Alexandrie. Je
« perds à regret l'occasion de faire votre connoissance.
« J'ai visité Jérusalem; j'ai été témoin des vexations que le

«pacha de Damas fait éprouver aux religieux de Terre-
«Sainte. Je leur ai conseillé, comme vous, la résistance.
«Malheureusement ils ont connu trop tard tout l'intérêt
«que l'Empereur prend à leur sort. Ils ont donc encore
«cédé en partie aux demandes d'Abdallah : il faut espérer
«qu'ils auront plus de fermeté l'année prochaine. D'ailleurs,
«il m'a paru qu'ils n'avoient manqué cette année ni de
«prudence ni de courage.

«Vous trouverez, monsieur, deux autres lettres jointes
«à la lettre de M. l'ambassadeur : l'une m'a été remise par
«M. Dubois, négociant; je tiens l'autre du drogman de
«M. Vial, consul de France à Modon.

«J'ose prendre encore, monsieur, la liberté de vous re-
«commander M. D... que j'ai vu ici. On m'a dit qu'il étoit
«honnête homme, pauvre et malheureux : ce sont là trois
«grands titres à la protection de la France.

«Agréez, monsieur, je vous prie, etc.
«F. A. DE CH.»

Jean et Julien ayant porté nos bagages à bord,
je m'embarquai le 16, à huit heures du soir. La mer
étoit grosse et le vent peu favorable. Je restai sur
le pont aussi long-temps que je pus apercevoir les
lumières de Jaffa. J'avoue que j'éprouvois un certain sentiment de plaisir, en pensant que je venois
d'accomplir un pèlerinage que j'avois médité depuis
si long-temps. J'espérois mettre bientôt à fin cette
sainte aventure, dont la partie la plus hasardeuse
me sembloit achevée. Quand je songeois que j'avois
traversé presque seul le continent et les mers de la
Grèce; que je me retrouvois encore seul, dans une
petite barque, au fond de la Méditerranée, après
avoir vu le Jourdain, la mer Morte et Jérusalem, je
regardois mon retour par l'Égypte, la Barbarie et

l'Espagne, comme la chose du monde la plus facile : je me trompois pourtant.

Je me retirai dans la chambre du capitaine, lorsque nous eûmes perdu de vue les lumières de Jaffa, et que j'eus salué pour la dernière fois les rivages de la Terre-Sainte; mais le lendemain, à la pointe du jour, nous découvrîmes encore la côte en face de Gaza, car le capitaine avoit fait route au midi. L'aurore nous amena une forte brise de l'orient, la mer devint belle, et nous mîmes le cap à l'ouest. Ainsi je suivois absolument le chemin qu'Ubalde et le Danois avoient parcouru pour aller délivrer Renaud. Mon bateau n'étoit guère plus grand que celui des deux chevaliers, et comme eux j'étois conduit par la Fortune. Ma navigation de Jaffa à Alexandrie ne dura que quatre jours, et jamais je n'ai fait sur les flots une course plus agréable et plus rapide. Le ciel fut constamment pur, le vent bon, la mer brillante. On ne changea pas une seule fois la voile. Cinq hommes composoient l'équipage de la saïque, y compris le capitaine; gens moins gais que mes Grecs de l'île de Tino, mais en apparence plus habiles. Des vivres frais, des grenades excellentes, du vin de Chypre, du café de la meilleure qualité nous tenoient dans l'abondance et dans la joie. L'excès de ma prospérité auroit dû me causer des alarmes; mais, quand j'aurois eu l'anneau de Polycrate, je me serois bien gardé de le jeter dans la mer, à cause du maudit esturgeon.

Il y a dans la vie du marin quelque chose d'aventureux qui nous plaît et qui nous attache. Ce passage continuel du calme à l'orage, ce changement rapide des terres et des cieux, tiennent éveillée l'imagination du navigateur. Il est lui-même, dans ses destinées, l'image de l'homme ici-bas : toujours se promettant de rester au port, et toujours déployant ses voiles; cherchant des îles enchantées où il n'arrive presque jamais, et dans lesquelles il s'ennuie s'il y touche; ne parlant que de repos, et n'aimant que les tempêtes; périssant au milieu d'un naufrage, ou mourant vieux nocher sur la rive, inconnu des jeunes navigateurs dont il regrette de ne pouvoir suivre le vaisseau.

Nous traversâmes le 17 et le 18 le golfe de Damiette : cette ville remplace à peu près l'ancienne Peluse. Quand un pays offre de grands et de nombreux souvenirs, la mémoire, pour se débarrasser des tableaux qui l'accablent, s'attache à un seul événement; c'est ce qui m'arriva en passant le golfe de Peluse : je commençai par remonter en pensée jusqu'aux premiers Pharaons, et je finis par ne pouvoir plus songer qu'à la mort de Pompée; c'est selon moi le plus beau morceau de Plutarque et d'Amyot son traducteur [1].

Le 19 à midi, après avoir été deux jours sans voir la terre, nous aperçûmes un promontoire assez élevé, appelé le cap Brûlos, et formant la pointe la plus septentrionale du Delta. J'ai déjà remarqué, au sujet du Granique, que l'illusion des noms est une chose prodigieuse : le cap Brûlos ne me pré-

---

[1] Voyez la note A, à la fin du volume

sentoit qu'un petit monceau de sable; mais c'étoit l'extrémité de ce quatrième continent, le seul qui me restât à connoître; c'étoit un coin de cette Égypte, berceau des sciences, mère des religions et des lois : je n'en pouvois détacher les yeux.

Le soir même, nous eûmes, comme disent les marins, connoissance de quelques palmiers qui se montroient dans le sud-ouest, et qui paroissoient sortir de la mer; on ne voyoit point le sol qui les portoit. Au sud, on remarquoit une masse noirâtre et confuse, accompagnée de quelques arbres isolés : c'étoient les ruines d'un village, triste enseigne des destinées de l'Égypte.

Le 20, à cinq heures du matin, j'aperçus sur la surface verte et ridée de la mer une barre d'écume, et de l'autre côté de cette barre une eau pâle et tranquille. Le capitaine vint me frapper sur l'épaule, et me dit en langue franque : « *Nilo !* » Bientôt après nous entrâmes et nous courûmes dans ces eaux fameuses, dont je voulus boire, et que je trouvai salées. Des palmiers et un minaret nous annoncèrent l'emplacement de Rosette; mais le plan même de la terre étoit toujours invisible. Ces plages ressembloient aux lagunes des Florides : l'aspect en étoit tout différent de celui des côtes de la Grèce et de la Syrie, et rappeloit l'effet d'un horizon sous les tropiques.

A dix heures nous découvrimes enfin, au-dessous de la cime des palmiers, une ligne de sable qui se prolongeoit à l'ouest jusqu'au promontoire d'Aboukir, devant lequel il nous falloit passer pour arriver à Alexandrie. Nous nous trouvions alors en face même de l'embouchure du Nil, à Rosette, et nous allions traverser le Bogâz. L'eau du fleuve étoit dans cet endroit d'un rouge tirant sur le violet, de la couleur d'une bruyère en automne : le Nil, dont la crue étoit finie, commençoit à baisser depuis quelque temps. Une vingtaine de gerbes ou bateaux d'Alexandrie se tenoient à l'ancre dans le Bogâz, attendant un vent favorable pour franchir la barre et remonter à Rosette.

En cinglant toujours à l'ouest, nous parvînmes à l'extrémité du dégorgement de cette immense écluse. La ligne des eaux du fleuve et celle des eaux de la mer ne se confondoient point; elles étoient distinctes, séparées; elles écumoient en se rencontrant, et sembloient se servir mutuellement de rivages [1].

A cinq heures du soir, la côte, que nous avions toujours à notre gauche, changea d'aspect. Les palmiers paroissoient alignés sur la rive, comme ces avenues dont les châteaux de France sont décorés : la nature se plaît ainsi à rappeler les idées de la civilisation dans le pays où cette civilisation prit naissance et où règnent aujourd'hui l'ignorance et la barbarie. Après avoir doublé la pointe d'Aboukir, nous fûmes, peu à peu, abandonnés du vent, et nous ne pûmes entrer que de nuit dans le port d'Alexandrie. Il étoit onze heures du soir quand

---

[1] Voyez, pour la description de l'Égypte, tout le onzième livre des *Martyrs*.

nous jetâmes l'ancre dans le port marchand, au milieu des vaisseaux mouillés devant la ville. Je ne voulus point descendre à terre, et j'attendis le jour sur le pont de notre saïque.

J'eus tout le temps de me livrer à mes réflexions. J'entrevoyois à ma droite des vaisseaux et le château qui remplace la tour du Phare; à ma gauche, l'horizon me sembloit borné par des collines, des ruines et des obélisques que je distinguois à peine au travers des ombres; devant moi s'étendoit une ligne noire de murailles et de maisons confuses : on ne voyoit à terre qu'une seule lumière, et l'on n'entendoit aucun bruit. C'étoit là pourtant cette Alexandrie, rivale de Memphis et de Thèbes, qui compta trois millions d'habitants, qui fut le sanctuaire des Muses, et que les bruyantes orgies d'Antoine et de Cléopâtre faisoient retentir dans les ténèbres. Mais en vain je prêtois l'oreille, un talisman fatal plongeoit dans le silence le peuple de la nouvelle Alexandrie : ce talisman, c'est le despotisme qui éteint toute joie, et qui ne permet pas même un cri à la douleur. Et quel bruit pourroit-il s'élever d'une ville dont un tiers au moins est abandonné, dont l'autre tiers est consacré aux sépulcres, et dont le tiers animé, au milieu de ces deux extrémités mortes, est une espèce de tronc palpitant qui n'a pas même la force de secouer ses chaînes entre des ruines et des tombeaux?

Le 20, à huit heures du matin, la chaloupe de la saïque me porta à terre, et je me fis conduire chez M. Drovetti, consul de France à Alexandrie,

Jusqu'à présent j'ai parlé de nos consuls dans le Levant avec la reconnoissance que je leur dois ; ici j'irai plus loin, et je dirai que j'ai contracté avec M. Drovetti une liaison qui est devenue une véritable amitié. M. Drovetti, militaire distingué et né dans la belle Italie, me reçut avec cette simplicité qui caractérise le soldat, et cette chaleur qui tient à l'influence d'un heureux soleil. Je ne sais si, dans le désert où il habite, cet écrit lui tombera entre les mains ; je le désire, afin qu'il apprenne que le temps n'affoiblit point chez moi les sentiments ; que je n'ai point oublié l'attendrissement qu'il me montra lorsqu'il me dit adieu au rivage : attendrissement bien noble, quand on en essuie comme lui les marques avec une main mutilée au service de son pays ! Je n'ai ni crédit, ni protecteurs, ni fortune ; mais si j'en avois, je ne les emploierois pour personne avec plus de plaisir que pour M. Drovetti.

On ne s'attend point sans doute à me voir décrire l'Égypte : j'ai parlé avec quelque étendue des ruines d'Athènes, parce qu'après tout, elles ne sont bien connues que des amateurs des arts ; je me suis livré à de grands détails sur Jérusalem, parce que Jérusalem étoit l'objet principal de mon voyage. Mais que dirois-je de l'Égypte ? Qui ne l'a point vue aujourd'hui ? Le *Voyage* de M. de Volney en Égypte est un véritable chef-d'œuvre dans tout ce qui n'est pas érudition : l'érudition a été épuisée par Sicard, Norden, Pococke, Shaw, Niebuhr et quelques autres ; les dessins de M. Denon et les grands tableaux de l'institut d'Égypte ont transporté sous nos yeux les monuments de Thèbes et de Memphis; enfin, j'ai moi-même dit ailleurs tout ce que j'avois à dire sur l'Égypte. Le livre des *Martyrs* où j'ai parlé de cette vieille terre est plus complet touchant l'antiquité que les autres livres du même ouvrage. Je me bornerai donc à suivre, sans m'arrêter, les simples dates de mon journal.

M. Drovetti me donna un logement dans la maison du consulat, bâtie presque au bord de la mer, sur le port marchand. Puisque j'étois en Égypte, je ne pouvois pas en sortir sans avoir au moins vu le Nil et les Pyramides. Je priai M. Drovetti de me noliser un bâtiment autrichien pour Tunis, tandis que j'irois contempler le prodige d'un tombeau. Je trouvai à Alexandrie deux François très distingués, attachés à la légation de M. de Lesseps, qui devoit, je crois, prendre alors le consulat général de l'Égypte, et qui, si je ne me trompe, est resté depuis à Livourne : leur intention étant aussi d'aller au Caire, nous arrêtâmes une gerbe, où nous nous embarquâmes le 23 pour Rosette. M. Drovetti garda Julien qui avoit la fièvre, et me donna un janissaire : je renvoyai Jean à Constantinople, sur un vaisseau grec qui se préparoit à faire voile.

Nous partîmes le soir d'Alexandrie, et nous arrivâmes dans la nuit au Bogâz de Rosette. Nous traversâmes la barre sans accident. Au lever du jour, nous nous trouvâmes à l'entrée du fleuve : nous abordâmes le cap, à notre droite. Le Nil étoit dans toute sa beauté; il couloit à plein bord, sans couvrir ses rives; il laissoit voir, le long de son cours, des plaines verdoyantes de riz, plantées de palmiers isolés qui représentoient des colonnes et des portiques. Nous nous rembarquâmes et nous touchâmes bientôt à Rosette. Ce fut alors que j'eus une première vue de ce magnifique Delta, où il ne manque qu'un gouvernement libre et un peuple heureux. Mais il n'est point de beau pays sans l'indépendance; le ciel le plus serein est odieux si l'on est enchaîné sur la terre. Je ne trouvois dignes de ces plaines magnifiques que les souvenirs de la gloire de ma patrie : je voyois les restes des monuments [1] d'une civilisation nouvelle, apportée par le génie de la France sur les bords du Nil; je songeois en même temps que les lances de nos chevaliers et les baïonnettes de nos soldats avoient renvoyé deux fois la lumière d'un si brillant soleil; avec cette différence que les chevaliers, malheureux à la journée de Massoure, furent vengés par les soldats à la bataille des Pyramides. Au reste, quoique je fusse charmé de rencontrer une grande rivière et une fraîche verdure, je ne fus pas très étonné, car c'étoient absolument là mes fleuves de la Louisiane et mes savanes américaines : j'aurois désiré retrouver aussi les forêts où je plaçai les premières illusions de ma vie.

M. de Saint-Marcel, consul de France à Rosette, nous reçut avec une grande politesse : M. Caffe, négociant françois et le plus obligeant des hommes, voulut nous accompagner jusqu'au Caire. Nous

---

[1] On voit encore en Égypte plusieurs fabriques élevées par les François.

fîmes notre marché avec le patron d'une grande barque; il nous donna la chambre d'honneur; et, pour plus de sûreté, nous nous associâmes un chef albanois. M. de Choiseul a parfaitement représenté ces soldats d'Alexandre :

« Ces fiers Albanois seroient encore des héros,
« s'ils avoient un Scanderberg à leur tête; mais ils
« ne sont plus que des brigands dont l'extérieur an-
« nonce la férocité. Ils sont tous grands, lestes et
« nerveux; leur vêtement consiste en des culottes
« fort amples, un petit jupon, un gilet garni de
« plaques, de chaînes et de plusieurs rangs de gros-
« ses olives d'argent; ils portent des brodequins at-
« tachés avec des courroies qui montent quelquefois
« jusqu'aux genoux, pour tenir sur les mollets des
« plaques qui en prennent la ferme, et les préser-
« vent du frottement du cheval. Leurs manteaux,
« galonnés et tailladés de plusieurs couleurs, achè-
« vent de rendre cet habillement très pittoresque;
« ils n'ont d'autre coiffure qu'une calotte de drage
« rouge, encore la quittent-ils en courant au com-
« bat [1]. »

Les deux jours que nous passâmes à Rosette furent employés à visiter cette jolie ville arabe, ses jardins et sa forêt de palmiers. Savary a un peu exagéré les agréments de ce lieu; cependant il n'a pas menti autant qu'on l'a voulu faire croire. Le pathos de ses descriptions a nui à son autorité comme

---

[1] *Voyage de la Grèce.* Le fond du vêtement des Albanois est blanc, et les galons sont rouges.

voyageur; mais c'est justice de dire que la vérité manque plus à son style qu'à son récit.

Le 26, à midi, nous entrâmes dans notre barque, où il y avoit un grand nombre de passagers turcs et arabes. Nous courûmes au large, et nous commençâmes à remonter le Nil. Sur notre gauche, un marais verdoyant s'étendoit à perte de vue; à notre droite, une lisière cultivée bordoit le fleuve, et par-delà cette lisière on voyoit le sable du désert. Des palmiers clair-semés indiquoient çà et là des villages, comme les arbres plantés autour des cabanes dans les plaines de la Flandre. Les maisons de ces villages sont faites de terre, et élevées sur des monticules artificiels : précaution inutile, puisque souvent, dans ces maisons, il n'y a personne à sauver de l'inondation du Nil. Une partie du Delta est en friche; des milliers de fellahs ont été massacrés par les Albanois; le reste a passé dans la Haute-Égypte.

Contrariés par le vent et par la rapidité du courant, nous employâmes sept mortelles journées à remonter de Rosette au Caire. Tantôt nos matelots nous tiroient à la cordelle, tantôt nous marchions à l'aide d'une brise du nord qui ne souffloit qu'un moment. Nous nous arrêtions souvent pour prendre à bord des Albanois : il nous en arriva quatre dès le second jour de notre navigation, qui s'emparèrent de notre chambre : il fallut supporter leur brutalité et leur insolence. Au moindre bruit, ils montoient sur le pont, prenoient leurs fusils, et, comme des insensés, avoient l'air de vouloir faire la guerre à des ennemis absents. Je les ai vus coucher en joue des enfants qui couroient sur la rive en demandant l'aumône : ces petits infortunés s'alloient cacher derrière les ruines de leurs cabanes, comme accoutumés à ces terribles jeux. Pendant ce temps-là nos marchands turcs descendoient à terre, s'asseyoient tranquillement sur leurs talons, tournoient le visage vers la Mecque, et faisoient, au milieu des champs, des espèces de culbutes religieuses. Nos Albanois, moitié musulmans, moitié chrétiens, crioient « Mahomet! et vierge Marie! », tiroient un chapelet de leur poche, prononçoient en françois des mots obscènes, avaloient de grandes cruches de vin, lâchoient des coups de fusil en l'air et marchoient sur le ventre des chrétiens et des musulmans.

Est-il donc possible que les lois puissent mettre autant de différence entre des hommes! Quoi! ces hordes de brigands albanois, ces stupides musulmans, ces fellahs si cruellement opprimés, habitent les mêmes lieux où vécut un peuple si industrieux, si paisible, si sage; un peuple dont Hérodote et surtout Diodore se sont plu à nous peindre les coutumes et les mœurs! Y a-t-il, dans aucun poëme, un plus beau tableau que celui-ci?

« Dans les premiers temps, les rois ne se condui-
« soient point en Égypte comme chez les autres
« peuples, où ils font tout ce qu'ils veulent sans être
« obligés de suivre aucune règle ni de prendre au-
« cun conseil : tout leur étoit prescrit par les lois,
« non-seulement à l'égard de l'administration du

« royaume, mais encore par rapport à leur con-
« duite particulière. Ils ne pouvoient point se faire
« servir par des esclaves achetés ou même nés dans
« leur maison; mais on leur donnoit les enfants des
« principaux d'entre les prêtres, toujours au-dessus
« de vingt ans, et les mieux élevés de la nation, afin
« que le roi, voyant jour et nuit autour de sa per-
« sonne la jeunesse la plus considérable de l'Égypte,
« ne fît rien de bas, et qui fût indigne de son rang.
« En effet, les princes ne se jettent si aisément dans
« toutes sortes de vices que parce qu'ils trouvent
« des ministres toujours prêts à servir leurs pas-
« sions. Il y avoit surtout des heures du jour et de
« la nuit où le roi ne pouvoit disposer de lui, et étoit
« obligé de remplir les devoirs marqués par les lois.
« Au point du jour il devoit lire les lettres qui lui
« étoient adressées de tous côtés, afin qu'instruit
« par lui-même des besoins de son royaume, il pût
« pourvoir à tout et remédier à tout. Après avoir
« pris le bain, il se revêtoit d'une robe précieuse et
« des autres marques de la royauté, pour aller sa-
« crifier aux dieux. Quand les victimes avoient été
« amenées à l'autel, le grand-prêtre, debout et en
« présence de tout le peuple, demandoit aux dieux
« à haute voix qu'ils conservassent le roi, et répan-
« dissent sur lui toute sorte de prospérité, parce
« qu'il gouvernoit ses sujets avec justice. Il inséroit
« ensuite dans sa prière un dénombrement de toutes
« les vertus propres à un roi, en continuant ainsi :
« Parce qu'il est maître de lui-même, magnanime,
« bienfaisant, doux envers les autres, ennemi du

« mensonge; ses punitions n'égalent point les fautes,
« et ses récompenses passent les services. Après avoir
« dit plusieurs choses semblables, il condamnoit
« les manquements où le roi étoit tombé par igno-
« rance. Il est vrai qu'il en disculpoit le roi même ;
« mais il chargeoit d'exécrations les flatteurs et tous
« ceux qui lui donnoient de mauvais conseils. Le
« grand-prêtre en usoit de cette manière, parce que
« les avis mêlés de louanges sont plus efficaces que
« les remontrances amères, pour porter les rois à
« la crainte des dieux et à l'amour de la vertu. En-
« suite de cela le roi ayant sacrifié et consulté les
« entrailles de la victime, le lecteur des livres sacrés
« lui lisoit quelques actions ou quelques paroles
« remarquables des grands hommes, afin que le
« souverain de la république, ayant l'esprit plein
« d'excellents principes, en fît usage dans les occa-
« sions qui se présenteroient à lui. »

C'est bien dommage que l'illustre archevêque de Cambrai, au lieu de peindre une Égypte imaginaire, n'ait pas emprunté ce tableau, en lui donnant les couleurs que son heureux génie auroit su y répandre. Faydit a raison sur ce seul point, si l'on peut avoir raison quand on manque absolument de décence, de bonne foi et de goût. Mais il auroit toujours fallu que Fénelon conservât, à tout prix, le fond des aventures par lui inventées et racontées dans le style le plus antique : l'épisode de Termosiris *vaut seul un long poëme :*

« Je m'enfonçai dans une sombre forêt, où j'aper-
« çus tout à coup un vieillard qui tenoit un livre

« dans sa main. Ce vieillard avoit un grand front
« chauve et un peu ridé; une barbe blanche pendoit
« jusqu'à sa ceinture; sa taille étoit haute et majes-
« tueuse; son teint étoit encore frais et vermeil; ses
« yeux étoient vifs et perçants, sa voix douce, ses
« paroles simples et aimables. Jamais je n'ai vu un
« si vénérable vieillard : il s'appeloit *Termosiris*......»

Nous passâmes par le canal de Ménouf, ce qui
m'empêcha de voir le beau bois de palmiers qui
se trouve sur la grande branche de l'ouest; mais
les Arabes infestoient alors le bord occidental de
cette branche qui touche au désert libyque. En sortant du canal de Ménouf, et continuant de remonter le fleuve, nous aperçûmes, à notre gauche, la
crête du mont Moqattam, et à notre droite, les
hautes dunes de sable de la Libye. Bientôt, dans
l'espace vide que laissoit l'écartement de ces deux
chaînes de montagnes, nous découvrîmes le sommet
des Pyramides : nous en étions à plus de dix lieues.
Pendant le reste de notre navigation, qui dura encore près de huit heures, je demeurai sur le pont à
contempler ces tombeaux; ils paroissoient s'agran-
dir et monter dans le ciel à mesure que nous en
approchions. Le Nil, qui étoit alors comme une petite mer; le mélange des sables du désert et de la
plus fraîche verdure; les palmiers, les sycomores,
les dômes, les mosquées et les minarets du Caire;
les pyramides lointaines de Sacarah, d'où le fleuve
sembloit sortir comme de ses immenses réservoirs;
tout cela formoit un tableau qui n'a point son égal
sur la terre. « Mais quelque effort que fassent les

« hommes, dit Bossuet, leur néant paroît partout :
« ces pyramides étoient des tombeaux ! encore les
« rois qui les ont bâties n'ont-ils pas eu le pouvoir
« d'y être inhumés, et ils n'ont pas joui de leur
« sépulcre. »

J'avoue pourtant qu'au premier aspect des Pyramides, je n'ai senti que de l'admiration. Je sais que la philosophie peut gémir ou sourire en songeant que le plus grand monument sorti de la main des hommes est un tombeau ; mais pourquoi ne voir dans la pyramide de Chéops qu'un amas de pierres et un squelette ? Ce n'est point par le sentiment de son néant que l'homme a élevé un tel sépulcre, c'est par l'instinct de son immortalité : ce sépulcre n'est point la borne qui annonce la fin d'une carrière d'un jour, c'est la borne qui marque l'entrée d'une vie sans terme ; c'est une espèce de porte éternelle, bâtie sur les confins de l'éternité. « Tous ces peuples
« (d'Égypte), dit Diodore de Sicile, regardant la durée
« de la vie comme un temps très court et de peu d'im-
« portance, font au contraire beaucoup d'attention
« à la longue mémoire que la vertu laisse après elle :
« c'est pourquoi ils appellent les maisons des vivants
« des hôtelleries par lesquelles on ne fait que passer;
« mais ils donnent le nom de demeures éternelles
« aux tombeaux des morts, d'où l'on ne sort plus.
« Ainsi les rois ont été comme indifférents sur la
« construction de leurs palais; et ils se sont épuisés
« dans la construction de leurs tombeaux. »

On voudroit aujourd'hui que tous les monuments eussent une utilité physique, et l'on ne songe pas qu'il y a pour les peuples une utilité morale d'un ordre fort supérieur, vers laquelle tendoient les législations de l'antiquité. La vue d'un tombeau n'apprend-elle donc rien? Si elle enseigne quelque chose, pourquoi se plaindre qu'un roi ait voulu rendre la leçon perpétuelle? Les grands monuments font une partie essentielle de la gloire de toute société humaine. A moins de soutenir qu'il est égal pour une nation de laisser ou de ne pas laisser un nom dans l'histoire, on ne peut condamner ces édifices qui portent la mémoire d'un peuple au-delà de sa propre existence, et le font vivre contemporain des générations qui viennent s'établir dans ses champs abandonnés. Qu'importe alors que ces édifices aient été des amphithéâtres ou des sépulcres? Tout est tombeau chez un peuple qui n'est plus. Quand l'homme a passé, les monuments de sa vie sont encore plus vains que ceux de sa mort: son mausolée est au moins utile à ses cendres; mais ses palais gardent-ils quelque chose de ses plaisirs?

Sans doute, à le prendre à la rigueur, une petite fosse suffit à tous, et six pieds de terre, comme le disoit Mathieu Molé, feront toujours raison du plus grand homme du monde. Dieu peut être adoré sous un arbre, comme sous le dôme de Saint-Pierre; on peut vivre dans une chaumière comme au Louvre; le vice de ce raisonnement est de transporter un ordre de choses dans un autre. D'ailleurs un peuple n'est pas plus heureux quand il vit ignorant des arts que quand il laisse des témoins éclatants de son génie. On ne croit plus à ces sociétés de bergers qui passent leurs jours dans l'innocence, en promenant leur doux loisir au fond des forêts. On sait que ces honnêtes bergers se font la guerre entre eux pour manger les moutons de leurs voisins. Leurs grottes ne sont ni tapissées de vignes, ni embaumées du parfum des fleurs ; on y est étouffé par la fumée, et suffoqué par l'odeur des laitages. En poésie et en philosophie, un petit peuple à demi barbare peut goûter tous les biens ; mais l'impitoyable histoire le soumet aux calamités du reste des hommes. Ceux qui crient tant contre la gloire ne seroient-ils pas un peu amoureux de la renommée ? Pour moi, loin de regarder comme un insensé le roi qui fit bâtir la grande Pyramide, je le tiens au contraire pour un monarque d'un esprit magnanime. L'idée de vaincre le temps par un tombeau, de forcer les générations, les mœurs, les lois, les âges à se briser au pied d'un cercueil, ne sauroit être sortie d'une âme vulgaire. Si c'est là de l'orgueil, c'est du moins un grand orgueil. Une vanité comme celle de la grande Pyramide, qui dure depuis trois ou quatre mille ans, pourroit bien à la longue se faire compter pour quelque chose.

Au reste, ces Pyramides me rappelèrent des monuments moins pompeux, mais qui toutefois étoient aussi des sépulcres ; je veux parler de ces édifices de gazon qui couvrent les cendres des Indiens au bord de l'Ohio. Lorsque je les visitai, j'étois dans une situation d'âme bien différente de celle où je me trouvois en contemplant les mausolées des Pharaons : je commençois alors le voyage, et maintenant je le finis. Le monde, à ces deux époques de ma vie, s'est présenté à moi précisément sous l'image des deux déserts où j'ai vu ces deux espèces de tombeaux : des solitudes riantes, des sables arides.

Nous abordâmes à Boulacq, et nous louâmes des chevaux et des ânes pour le Caire. Cette ville, que dominent l'ancien château de Babylone et le mont Moqattam, présente un aspect assez pittoresque, à cause de la multitude des palmiers, des sycomores et des minarets qui s'élèvent de son enceinte. Nous y entrâmes par des voiries et par un faubourg détruit, au milieu des vautours qui dévoroient leur proie. Nous descendîmes à la contrée des Francs, espèce de cul-de-sac dont on ferme l'entrée tous les soirs, comme les cloîtres extérieurs d'un couvent. Nous fûmes reçus par M....[1], à qui M. Drovetti avoit confié le soin des affaires des François au Caire. Il nous prit sous sa protection, et envoya prévenir le pacha de notre arrivée : il fit en même temps avertir les cinq mamelucks françois, afin qu'ils nous accompagnassent dans nos courses.

Ces mamelucks étoient attachés au service du pacha. Les grandes armées laissent toujours après elles quelques traîneurs : la nôtre perdit ainsi deux ou trois cents soldats qui restèrent éparpillés en Égypte. Ils prirent parti sous différents beys, et

[1] Par la plus grande fatalité, le nom de mon hôte, au Caire, s'est effacé sur mon journal, et je crains de ne l'avoir pas retenu correctement, ce qui fait que je n'ose l'écrire. Je ne me pardonnerois pas un pareil malheur, si ma mémoire étoit infidèle aux services, à l'obligeance et à la politesse de mon hôte, comme à son nom.

furent bientôt renommés par leur bravoure. Tout le monde convenoit que, si ces déserteurs, au lieu de se diviser entre eux, s'étoient réunis et avoient nommé un bey françois, ils se seroient rendus maîtres du pays. Malheureusement ils manquèrent de chef, et périrent presque tous à la solde des maîtres qu'ils avoient choisis. Lorsque j'étois au Caire, Mahamed-Ali-Pacha pleuroit encore la mort d'un de ces braves. Ce soldat, d'abord petit tambour dans un de nos régiments, étoit tombé entre les mains des Turcs par les chances de la guerre : devenu homme, il se trouva enrôlé dans les troupes du pacha. Mahamed, qui ne le connoissoit point encore, le voyant charger un gros d'ennemis, s'écria : « Quel « est cet homme ? Ce ne peut être qu'un François; » et c'étoit en effet un François. Depuis ce moment il devint le favori de son maître, et il n'étoit bruit que de sa valeur. Il fut tué peu de temps avant mon arrivée en Égypte, dans une affaire où les cinq autres mamelucks perdirent leurs chevaux.

Ceux-ci étoient Gascons, Languedociens et Picards; leur chef s'avouoit le fils d'un cordonnier de Toulouse. Le second en autorité après lui servoit d'interprète à ses camarades. Il savoit assez bien le turc et l'arabe, et disoit toujours en françois, *j'étions, j'allions, je faisions.* Un troisième, grand jeune homme maigre et pâle, avoit vécu long-temps dans le désert avec les Bédouins, et il regrettoit singulièrement cette vie. Il me contoit que, quand il se trouvoit seul dans les sables, sur un chameau, il lui prenoit des transports de joie dont il n'étoit pas le maître. Le pacha faisoit un tel cas de ces cinq mamelucks, qu'il les préféroit au reste de ses spahis : eux seuls retraçoient et surpassoient l'intrépidité de ces terribles cavaliers détruits par l'armée françoise à la journée des Pyramides. Nous sommes dans le siècle des merveilles ; chaque François semble être appelé aujourd'hui à jouer un rôle extraordinaire : cinq soldats, tirés des derniers rangs de notre armée, se trouvoient, en 1806, à peu près les maîtres au Caire. Rien n'étoit amusant et singulier comme de voir Abdallah de Toulouse prendre les cordons de son cafetan, en donner par le visage des Arabes et des Albanois qui l'importunoient, et nous ouvrir ainsi un large chemin dans les rues les plus populeuses. Au reste, ces rois par l'exil avoient adopté, à l'exemple d'Alexandre, les mœurs des peuples conquis; ils portoient de longues robes de soie, de beaux turbans blancs, de superbes armes; ils avoient un harem, des esclaves, des chevaux de première race; toutes choses que leurs pères n'ont point en Gascogne et en Picardie. Mais, au milieu des nattes, des tapis, des divans que je vis dans leur maison, je remarquai une dépouille de la patrie : c'étoit un uniforme haché de coups de sabre, qui couvroit le pied d'un lit fait à la françoise. Abdallah réservoit peut-être ces honorables lambeaux pour la fin du songe, comme le berger devenu ministre :

> Le coffre étant ouvert, on y vit des lambeaux,
> L'habit d'un gardeur de troupeaux,
> Petit chapeau, jupon, pannetière, houlette,
> Et, je pense, aussi sa musette.

Le lendemain de notre arrivée au Caire, 1ᵉʳ novembre, nous montâmes au château, afin d'examiner le puits de Joseph, la mosquée, etc. Le fils du pacha habitoit alors ce château. Nous présentâmes nos hommages à Son Excellence qui pouvoit avoir quatorze ou quinze ans. Nous la trouvâmes assise sur un tapis, dans un cabinet délabré, et entourée d'une douzaine de complaisants qui s'empressoient d'obéir à ses caprices. Je n'ai jamais vu un spectacle plus hideux. Le père de cet enfant étoit à peine maître du Caire, et ne possédoit ni la haute ni la basse Égypte. C'étoit dans cet état de choses que douze misérables Sauvages nourrissoient des plus lâches flatteries un jeune Barbare enfermé pour sa sûreté dans un donjon. Et voilà le maître que les Égyptiens attendoient après tant de malheurs!

On dégradoit donc, dans un coin de ce château, l'âme d'un enfant qui devoit conduire des hommes; dans un autre coin, on frappoit une monnoie du plus bas aloi. Et, afin que les habitans du Caire reçussent sans murmurer l'or altéré et le chef corrompu qu'on leur préparoit, les canons étoient pointés sur la ville.

J'aimais mieux porter ma vue au dehors, et admirer, du haut du château, le vaste tableau que présentoient au loin le Nil, les campagnes, le désert et les Pyramides. Nous avions l'air de toucher à ces dernières, quoique nous en fussions éloignés de quatre lieues. A l'œil nu, je voyois parfaitement les assises des pierres et la tête du sphinx qui sortoit du sable; avec une lunette je comptois les gradins des angles de la grande Pyramide, et je distinguois les yeux, la bouche et les oreilles du sphinx, tant ces masses sont prodigieuses!

Memphis avoit existé dans les plaines qui s'étendent de l'autre côté du Nil jusqu'au désert où s'élèvent les Pyramides.

« Ces plaines heureuses, qu'on dit être le séjour
« des justes morts, ne sont, à la lettre, que les belles
« campagnes qui sont aux environs du lac Achéruse,
« auprès de Memphis, et qui sont partagées par des
« champs et par des étangs couverts de blés ou de
« lotos. Ce n'est pas sans fondement qu'on a dit que
« les morts habitent là; car c'est là qu'on termine
« les funérailles de la plupart des Égyptiens, lors-
« que après avoir fait traverser le Nil et le lac d'Aché-
« ruse à leurs corps, on les dépose enfin dans des
« tombes qui sont arrangées sous terre en cette cam-
« pagne. Les cérémonies, qui se pratiquent encore
« aujourd'hui dans l'Égypte, conviennent à tout ce
« que les Grecs disent de l'enfer, comme à la barque
« qui transporte les corps; à la pièce de monnoie
« qu'il faut donner au nocher, nommé *Charon* en
« langue égyptienne; au temple de la ténébreuse
« Hécate, placé à l'entrée de l'enfer; aux portes du
« Cocyte et du Léthé, posées sur des gonds d'airain;
« à d'autres portes, qui sont celles de la Vérité et de
« la Justice qui est sans tête[1]. »

Le 2 nous allâmes à Djizé et à l'île de Rhoda. Nous examinâmes le Nilomètre, au milieu des ruines de

---

[1] *Diod.*, trad. de Terrass.

la maison de Mourad-Bey. Nous nous étions ainsi beaucoup rapprochés des Pyramides. A cette distance, elles paroissoient d'une hauteur démesurée : comme on les apercevoit à travers la verdure des rizières, le cours du fleuve, la cime des palmiers et des sycomores, elles avoient l'air de fabriques colossales bâties dans un magnifique jardin. La lumière du soleil, d'une douceur admirable, coloroit la chaîne aride du Moqattam, les sables libyques, l'horizon de Sacarah, et la plaine des tombeaux. Un vent frais chassoit de petits nuages blancs vers la Nubie, et ridoit la vaste nappe des flots du Nil. L'Égypte m'a paru le plus beau pays de la terre : j'aime jusqu'aux déserts qui la bordent, et qui ouvrent à l'imagination les champs de l'immensité.

Nous vîmes, en revenant de notre course, la mosquée abandonnée dont j'ai parlé au sujet de l'El-Sachra de Jérusalem, et qui me paroît être l'original de la cathédrale de Cordoue.

Je passai cinq autres jours au Caire, dans l'espoir de visiter les sépulcres de Pharaon; mais cela fut impossible. Par une singulière fatalité, l'eau du Nil n'étoit pas encore assez retirée pour aller à cheval aux Pyramides, ni assez haute pour s'en approcher en bateau. Nous envoyâmes sonder les gués et examiner la campagne : tous les Arabes s'accordèrent à dire qu'il falloit attendre encore trois semaines ou un mois avant de tenter le voyage. Un pareil délai m'auroit exposé à passer l'hiver en Égypte (car les vents de l'ouest alloient commencer); or, cela ne convenoit ni à mes affaires ni à ma fortune.

Je ne m'étois déjà que trop arrêté sur ma route, et je m'exposai à ne jamais revoir la France, pour avoir voulu remonter au Caire. Il fallut donc me résoudre à ma destinée, retourner à Alexandrie, et me contenter d'avoir vu de mes yeux les Pyramides, sans les avoir touchées de mes mains. Je chargeai M. Caffe d'écrire mon nom sur ces grands tombeaux, selon l'usage, à la première occasion : l'on doit remplir tous les petits devoirs d'un pieux voyageur. N'aime-t-on pas à lire, sur les débris de la statue de Memnon, le nom des Romains qui l'ont entendue soupirer au lever de l'aurore? Ces Romains furent comme nous *étrangers dans la terre d'Égypte*, et nous passerons comme eux.

Au reste, je me serois très bien arrangé du séjour du Caire; c'est la seule ville qui m'ait donné l'idée d'une ville orientale telle qu'on se la représente ordinairement : aussi figure-t-elle dans *les Mille et une Nuits*. Elle conserve encore beaucoup de traces du passage des François : les femmes s'y montrent avec moins de réserve qu'autrefois; on est absolument maître d'aller et d'entrer partout où l'on veut; l'habit européen, loin d'être un objet d'insulte, est un titre de protection. Il y a un jardin assez joli, planté en palmiers avec des allées circulaires, qui sert de promenade publique : c'est l'ouvrage de nos soldats.

Avant de quitter le Caire, je fis présent à Abdallah d'un fusil de chasse à deux coups, de la manufacture de Lepage. Il me promit d'en faire usage à la première occasion. Je me séparai de mon hôte et de mes aimables compagnons de voyage. Je me rendis à Boulacq, où je m'embarquai avec M. Caffe pour Rosette. Nous étions les seuls passagers sur le bateau, et nous appareillâmes le 8 novembre à sept heures du soir.

Nous descendîmes avec le cours du fleuve : nous nous engageâmes dans le canal de Ménouf. Le 10 au matin, en sortant du canal et rentrant dans la grande branche de Rosette, nous aperçûmes le côté occidental du fleuve occupé par un camp d'Arabes. Le courant nous portoit malgré nous de ce côté, et nous obligeoit de serrer la rive. Une sentinelle cachée derrière un vieux mur cria à notre patron d'aborder. Celui-ci répondit qu'il étoit pressé de se rendre à sa destination, et que d'ailleurs il n'étoit point ennemi. Pendant ce colloque, nous étions arrivés à portée de pistolet du rivage, et le flot couroit dans cette direction l'espace d'un mille. La sentinelle, voyant que nous poursuivions notre route, tira sur nous : cette première balle pensa tuer le pilote, qui riposta d'un coup d'escopette. Alors tout le camp accourut, borda la rive, et nous essuyâmes le feu de la ligne. Nous cheminions fort doucement, car nous avions le vent contraire : pour comble de guignon, nous échouâmes un moment. Nous étions sans armes; on a vu que j'avois donné mon fusil à Abdallah. Je voulois faire descendre dans la chambre M. Caffe, que sa complaisance pour moi exposoit à cette désagréable aventure; mais, quoique père de famille et déjà sur l'âge, il s'obstina à rester sur le pont. Je remarquai la singulière prestesse d'un Arabe : il lâchoit son coup de fusil, rechargeoit son arme en courant, tiroit de nouveau, et tout cela sans avoir perdu un pas sur la marche de la barque. Le courant nous porta enfin sur l'autre rive; mais il nous jeta dans un camp d'Albanois révoltés, plus dangereux pour nous que les Arabes, car ils avoient du canon, et un boulet nous pouvoit couler bas. Nous aperçûmes du mouvement à terre; heureusement la nuit survint. Nous n'allumâmes point de feu, et nous fîmes silence. La Providence nous conduisit, sans autre accident, au milieu des partis ennemis, jusqu'à Rosette. Nous y arrivâmes le 11 à dix heures du matin.

J'y passai deux jours avec M. Caffe et M. de Saint-Marcel, et je partis le 13 pour Alexandrie. Je saluai l'Égypte, en la quittant, par ces beaux vers :

Mère antique des arts et des fables divines,
Toi, dont la gloire assise au milieu des ruines
Étonne le génie et confond notre orgueil,
Égypte vénérable, où, du fond du cercueil,
Ta grandeur colossale insulte à nos chimères;
C'est ton peuple qui sut, à ces barques légères,
Dont rien ne dirigeoit le cours audacieux,
Chercher des guides sûrs dans la voûte des cieux.
Quand le fleuve sacré qui féconde tes rives,
T'apportoit en tribut ses ondes fugitives,
Et, sur l'émail des prés égarant les poissons,
Du limon de ses flots nourrissoit tes moissons,
Les hameaux, dispersés sur les hauteurs fertiles,
D'un nouvel Océan sembloient former les îles;
Les palmiers, ranimés par la fraîcheur des eaux,
Sur l'onde salutaire abaissoient leurs rameaux;
Par les feux du Cancer Syène poursuivie
Dans ses sables brûlants sentoit filtrer la vie;

Et des murs de Péluse aux lieux où fut Memphis,
Mille canots flottoient sur la terre d'Isis.
Le foible papyrus, par des tissus fragiles,
Formoit les flancs étroits de ces barques agiles,
Qui, des lieux séparés conservant les rapports,
Réunissoient l'Égypte en parcourant ses bords.
Mais; lorsque dans les airs la Vierge triomphante
Ramenoit vers le Nil son onde décroissante,
Quand les troupeaux bêlants et les épis dorés
S'emparoient à leur tour des champs désaltérés,
Alors d'autres vaisseaux à l'active industrie,
Ouvroient des aquilons l'orageuse patrie.
. . . .
. . . .
Alors mille cités que décoroient les arts,
L'immense Pyramide, et cent palais épars,
Du Nil enorgueilli couronnoient le rivage.
Dans les sables d'Ammon le porphyre sauvage,
En colonne hardie élancé dans les airs,
De sa pompe étrangère étonnoit les déserts.
. . . .
O grandeur des mortels! O temps impitoyable!
Les destins sont comblés : dans leur course immuable,
Les siècles ont détruit cet éclat passager
Que la superbe Égypte offrit à l'étranger [1].

J'arrivai le même jour, 13, à Alexandrie, à sept heures du soir.

M. Drovetti m'avoit nolisé un bâtiment autrichien pour Tunis. Ce bâtiment, du port de cent vingt tonneaux, étoit commandé par un Ragusois;

---

[1] *La Navigation*, par M. Esménard.
Quand j'imprimois ces vers, il n'y a pas encore un an, je ne pensois pas qu'on dût appliquer sitôt à l'auteur ses propres paroles :

O temps impitoyable!
Les destins sont comblés!

(*Note de la troisième édition.*)

le second capitaine s'appeloit *François Dinelli*, jeune Vénitien très expérimenté dans son art. Les préparatifs du voyage et les tempêtes nous retinrent au port pendant dix jours. J'employai ces dix jours à voir et à revoir Alexandrie.

J'ai cité, dans une note des *Martyrs*, un long passage de Strabon, qui donne les détails les plus satisfaisants sur l'ancienne Alexandrie ; la nouvelle n'est pas moins connue, grâce à M. de Volney : ce voyageur en a tracé le tableau le plus complet et le plus fidèle. J'invite les lecteurs à recourir à ce tableau ; il n'existe guère dans notre langue un meilleur morceau de description. Quant aux monuments d'Alexandrie, Pococke, Norden, Shaw, Thévenot, Paul Lucas, Tott, Niebuhr, Sonnini et cent autres les ont examinés, comptés, mesurés. Je me contenterai donc de donner ici l'inscription de la colonne de Pompée. Je crois être le premier voyageur qui l'ait rapportée en France[1].

Le monde savant la doit à quelques officiers anglois ; ils parvinrent à la relever en y appliquant du plâtre.

Pococke en avoit copié quelques lettres ; plusieurs autres voyageurs l'avoient aperçue, j'ai moi-même déchiffré distinctement à l'œil nu plusieurs traits,

---

[1] Je me trompois : M. Jaubert avoit rapporté cette inscription en France avant moi. Le savant d'Ansse de Villoison l'a expliquée dans un article du *Magasin Encyclopédique*, viiie année, tom. v, pag. 55. Cet article mérite d'être cité. Le docte helléniste propose une lecture un peu différente de la mienne [*].

[*] Voyez la note B, à la fin du volume.

entre autres, le commencement de ce mot Διοκ...., qui est décisif. Les gravures du plâtre ont fourni ces quatre lignes :

> ΤΟ.   ΩΤΑΤΟΝ, ΑΥΤΟΚΡΑΤΟΡΑ
> ΤΟΝ ΠΟΛΙΟΥΧΟΝ, ΑΛΕΞΑΝΔΡΕΙΑΣ
> ΔΙΟΚ. Η. ΙΑΝΟΝ ΤΟΝ.   ΤΟΝ
> ΠΟ.   ΕΠΑΡΧΟΣ ΑΙΓΥΠΤΟΥ.

Il faut d'abord suppléer à la tête de l'inscription le mot ΠΡΟΣ. Après le premier point, Ν ΣΟΦ; après le second, Δ; après le troisième, Τ; au quatrième, ΑΥΓΟΥΣ; au cinquième, enfin, il faut ajouter ΛΛΙΩΝ. On voit qu'il n'y a ici d'arbitraire que le mot ΑΥΓΟΥΣΤΟΝ, qui est d'ailleurs peu important. Ainsi on peut lire :

> ΠΡΟΣ
> ΤΟΝ ΣΟΦΩΤΑΤΟΝ ΑΥΤΟΚΡΑΤΟΡΑ
> ΤΟΝ ΠΟΛΙΟΥΧΟΝ ΑΛΕΞΑΝΔΡΕΙΑΣ
> ΔΙΟΚΛΗΤΙΑΝΟΝ ΤΟΝ ΑΥΓΟΥΣΤΟΝ
> ΠΟΛΛΙΩΝ ΕΠΑΡΧΟΣ ΑΙΓΥΠΤΟΥ

C'est-à-dire :

« Au très sage empereur, protecteur d'Alexandrie, « Dioclétien Auguste; Pollion, préfet d'Égypte. »

Ainsi, tous les doutes sur la colonne de Pompée sont éclaircis[1]. Mais l'histoire garde-t-elle le silence sur ce sujet? il me semble que, dans la vie d'un des Pères du désert, écrite en grec par un contemporain, on lit que, pendant un tremblement de terre

---

[1] Quant à l'inscription ; car la colonne est elle-même bien plus ancienne que sa dédicace.

qui eut lieu à Alexandrie, toutes les colonnes tombèrent, excepté celle de Dioclétien.

M. Boissonade, à qui j'ai tant d'obligations, et dont j'ai mis la complaisance à de si grandes et de si longues épreuves, propose de supprimer le ΠΡΟΣ de ma leçon, qui n'est là que pour gouverner des accusatifs, et dont la place n'est point marquée sur la base de la colonne. Il sous-entend alors, comme dans une foule d'inscriptions rapportées par Chandler, Wheler, Spon, etc., ἐτίμησε, *honoravit*. M. Boissonade, qui est destiné à nous consoler de la perte ou de la vieillesse de tant de savants illustres, a évidemment raison.

J'eus encore à Alexandrie une de ces petites jouissances d'amour-propre dont les auteurs sont si jaloux, et qui m'avoit déjà rendu si fier à Sparte. Un riche Turc, voyageur et astronome, nommé *Aly-Bey el Abassy*, ayant entendu prononcer mon nom, prétendit connoître mes ouvrages. J'allai lui faire une visite avec le consul. Aussitôt qu'il m'aperçut, il s'écria : *Ah, mon cher Atala, et ma chère René !* Aly-Bey me parut digne, dans ce moment, de descendre du grand Saladin. Je suis même encore un peu persuadé que c'est le Turc le plus savant et le plus poli qui soit au monde, quoiqu'il ne connoisse pas bien le genre des noms en françois ; mais *non ego paucis offendar maculis*[1].

---

[1] Voilà ce que c'est que la gloire ! On m'a dit que cet Aly-Bey étoit Espagnol de naissance, et qu'il occupoit aujourd'hui une place en Espagne. Belle leçon pour ma vanité !

(*Note de la troisième édition.*)

Si j'avois été enchanté de l'Égypte, Alexandrie me sembla le lieu le plus triste et le plus désolé de la terre. Du haut de la terrasse de la maison du consul, je n'apercevois qu'une mer nue qui se brisoit sur des côtes basses encore plus nues, des ports presque vides et le désert libyque s'enfonçant à l'horizon du midi : ce désert sembloit, pour ainsi dire, accroître et prolonger la surface jaune et aplanie des flots : on auroit cru voir une seule mer dont une moitié étoit agitée et bruyante, et dont l'autre moitié étoit immobile et silencieuse. Partout la nouvelle Alexandrie mêlant ses ruines aux ruines de l'ancienne cité ; un Arabe galopant sur un âne au milieu des débris ; quelques chiens maigres dévorant des carcasses de chameaux sur la grève ; les pavillons des consuls européens flottant au-dessus de leurs demeures, et déployant, au milieu des tombeaux, des couleurs ennemies : tel étoit le spectacle.

Quelquefois je montois à cheval avec M. Drovetti, et nous allions nous promener à la vieille ville, à Nécropolis ou dans le désert. La plante qui donne la soude couvroit à peine un sable aride ; des chakals fuyoient devant nous ; une espèce de grillon faisoit entendre sa voix grêle et importune : il rappeloit péniblement à la mémoire le foyer du laboureur, dans cette solitude où jamais une fumée champêtre ne vous appelle à la tente de l'Arabe. Ces lieux sont d'autant plus tristes, que les Anglois ont noyé le vaste bassin qui servoit comme de jardin à Alexandrie : l'œil ne rencontre plus que du sable, des eaux et l'éternelle colonne de Pompée.

M. Drovetti avoit fait bâtir, sur la plate-forme de sa maison, une volière en forme de tente, où il nourrissoit des cailles et des perdrix de diverses espèces. Nous passions les heures à nous promener dans cette volière, et à parler de la France. La conclusion de tous nos discours étoit qu'il falloit chercher au plus tôt quelque petite retraite dans notre patrie, pour y renfermer nos longues espérances. Un jour, après un grand raisonnement sur le repos, je me tournai vers la mer, et je montrai à mon hôte le vaisseau battu du vent sur lequel j'allois bientôt m'embarquer. Ce n'est pas, après tout, que le désir du repos ne soit naturel à l'homme; mais le but qui nous paroît le moins élevé n'est pas toujours le plus facile à atteindre, et souvent la chaumière fuit devant nos vœux comme le palais.

Le ciel fut toujours couvert pendant mon séjour à Alexandrie, la mer sombre et orageuse. Je m'endormois et me réveillois au gémissement continuel des flots qui se brisoient presque au pied de la maison du consul. J'aurois pu m'appliquer les réflexions d'Eudore, s'il est permis de se citer soi-même :

« Le triste murmure de la mer est le premier son
« qui ait frappé mon oreille en venant à la vie. A
« combien de rivages n'ai-je pas vu depuis se briser
« les mêmes flots que je contemple ici ! Qui m'eût
« dit, il y a quelques années, que j'entendrois gémir
« sur les côtes d'Italie, sur les grèves des Bataves,
« des Bretons, des Gaulois, ces vagues que je voyois

« se dérouler sur les beaux sables de la Messénie !
« Quel sera le terme de mes pèlerinages ? Heureux
« si la mort m'eût surpris avant d'avoir commencé
« mes courses sur la terre, et lorsque je n'avois
« d'aventures à conter à personne ! »

Pendant mon séjour forcé à Alexandrie, je reçus plusieurs lettres de M. Caffe, mon brave compagnon de voyage sur le Nil. Je n'en citerai qu'une; elle contient quelques détails touchant les affaires de l'Égypte à cette époque :

Rosette, le 14 février 1806.

« MONSIEUR,

« Quoique nous soyons au 14 du courant, j'ai l'honneur
« de vous écrire encore, bien persuadé qu'à la reçue de
« celle-ci vous serez encore à Alexandrie. Ayant travaillé
« à mes expéditions pour Paris, au nombre de quatre, je
« prends la liberté de vous les recommander, et d'avoir la
« complaisance, à votre heureuse arrivée, de vouloir bien
« les faire remettre à leur adresse.

« Mahamed-Aga, aujourd'hui trésorier de Mahamed-Ali,
« pacha du Caire, est arrivé vers le midi : l'on a débité
« qu'il demande cinq cents bourses de contribution sur le
« riz nouveau. Voilà, mon cher monsieur, comme les af-
« faires vont de mal en pis.

« Le village où les mamelucks ont battu les Albanois, et
« que les uns et les autres ont dépouillé, s'appelle *Neklé*;
« celui où nous avons été attaqués par les Arabes porte le
« nom de *Saffi*.

« J'ai toujours du regret de n'avoir pas eu la satisfaction
« de vous voir avant votre départ ; vous m'avez privé par-là
« d'une grande consolation, etc.

« Votre très humble, etc.

« L. E. CAFFE. »

Le 23 novembre, à midi, le vent étant devenu favorable, je me rendis à bord du vaisseau avec mon domestique françois. J'avois, comme je l'ai dit, renvoyé mon domestique grec à Constantinople. J'embrassai M. Drovetti sur le rivage, et nous nous promîmes amitié et souvenance : j'acquitte aujourd'hui ma dette.

Notre navire étoit à l'ancre dans le grand port d'Alexandrie, où les vaisseaux francs sont admis aujourd'hui comme les vaisseaux turcs; révolution due à nos armes. Je trouvai à bord un rabbin de Jérusalem, un Barbaresque, et deux pauvres Maures de Maroc, peut-être descendants des Abencerages, qui revenoient du pèlerinage de la Mecque : ils me demandoient leur passage par charité. Je reçus les enfants de Jacob et de Mahomet au nom de Jésus-Christ : au fond, je n'avois pas grand mérite; car j'allai me mettre en tête que ces malheureux me porteroient bonheur, et que ma fortune passeroit en fraude, cachée parmi leurs misères.

Nous levâmes l'ancre à deux heures. Un pilote nous mit hors du port. Le vent étoit foible et de la partie du midi. Nous restâmes trois jours à la vue de la colonne de Pompée, que nous découvrions à l'horizon. Le soir du troisième jour nous entendîmes le coup de canon de retraite du port d'Alexandrie. Ce fut comme le signal de notre départ définitif; car le vent du nord se leva, et nous fîmes voile à l'occident.

Nous essayâmes d'abord de traverser le grand canal de Libye; mais le vent du nord, qui déjà n'étoit pas très favorable, passa au nord-ouest le 29 novembre, et nous fûmes obligés de courir des bordées entre la Crète et la côte d'Afrique.

Le 1ᵉʳ décembre, le vent, se fixant à l'ouest, nous barra absolument le chemin. Peu à peu il descendit au sud-ouest, et se changea en une tempête qui ne cessa qu'à notre arrivée à Tunis. Notre navigation ne fut plus qu'une espèce de continuel naufrage de quarante-deux jours; ce qui est un peu long. Le 3, nous amenâmes toutes les voiles, et nous commençâmes à fuir devant la lame. Nous fûmes portés ainsi, avec une extrême violence, jusque sur les côtes de la Caramanie. Là, pendant quatre jours entiers, je vis à loisir les tristes et hauts sommets du Cragus, enveloppés de nuages. Nous battions la mer çà et là, tâchant, à la moindre variation du vent, de nous éloigner de la terre. Nous eûmes un moment la pensée d'entrer au port de Château-Rouge; mais le capitaine, qui était d'une timidité extrême, n'osa risquer le mouillage. La nuit du 8 fut très pénible. Une rafale subite du midi nous chassa vers l'île de Rhodes; la lame étoit si courte et si mauvaise, qu'elle fatiguoit singulièrement le vaisseau. Nous découvrîmes une petite felouque grecque à demi submergée, et à laquelle nous ne pûmes donner aucun secours. Elle passa à une encâblure de notre poupe. Les quatre hommes qui la conduisoient étoient à genoux sur le pont; ils avoient suspendu un fanal à leur mât, et ils poussoient des cris que nous apportoient les vents. Le lendemain matin nous ne revîmes plus cette felouque.

Le vent ayant sauté au nord, nous mîmes la misaine dehors, et nous tâchâmes de nous soutenir sur la côte méridionale de l'île de Rhodes. Nous avançâmes jusqu'à l'île de Scarpanto. Le 10, le vent retomba à l'ouest, et nous perdîmes tout espoir de continuer notre route. Je désirois que le capitaine renonçât à passer le canal de Libye, et qu'il se jetât dans l'Archipel, où nous avions l'espoir de trouver d'autres vents. Mais il craignoit de s'aventurer au milieu des îles. Il y avoit déjà dix-sept jours que nous étions en mer. Pour occuper mon temps je copiois et mettois en ordre les notes de ce voyage et les descriptions des *Martyrs*. La nuit je me promenois sur le pont avec le second capitaine Dinelli. Les nuits passées au milieu des vagues, sur un vaisseau battu de la tempête, ne sont point stériles pour l'âme, car les nobles pensées naissent des grands spectacles. Les étoiles qui se montrent fugitives entre les nuages brisés, les flots étincelants autour de vous, les coups de la lame qui font sortir un bruit sourd des flancs du navire, le gémissement du vent dans les mâts, tout vous annonce que vous êtes hors de la puissance de l'homme, et que vous ne dépendez plus que de la volonté de Dieu. L'incertitude de votre avenir donne aux objets leur véritable prix : et la terre, contemplée du milieu d'une mer orageuse, ressemble à la vie considérée par un homme qui va mourir.

Après avoir mesuré vingt fois les mêmes vagues, nous nous retrouvâmes le 12 devant l'île de Scarpanto. Cette île, jadis appelée *Carpathos*, et

Crapathos par Homère, donna son nom à la mer Carpathienne. Quelques vers de Virgile font aujourd'hui toute sa célébrité :

> « Est in Carpathio Neptuni gurgite vates.
> « Cæruleus Proteus, etc. »

> Protée, ô mon cher fils ! peut seul finir tes maux ;
> C'est lui que nous voyons, sur les mers qu'il habite,
> Atteler à son char les monstres d'Amphitrite ;
> Pallène est sa patrie, et dans ce même jour
> Vers ces bords fortunés il hâte son retour.
> Les Nymphes, les Tritons, tous, jusqu'au vieux Nérée,
> Respectent de ce dieu la science sacrée ;
> Ses regards pénétrants, son vaste souvenir,
> Embrassent le présent, le passé, l'avenir :
> Précieuse faveur du dieu puissant des ondes,
> Dont il pait les troupeaux dans les plaines profondes.

Je n'irai point, si je puis, demeurer dans l'île de Protée, malgré les beaux vers des Géorgiques françoises et latines. Il me semble encore voir les tristes villages d'Anchinates, d'Oro, de Saint-Hélie, que nous découvrions avec des lunettes marines dans les montagnes de l'île. Je n'ai point, comme Ménélas et comme Aristée, perdu mon royaume ou mes abeilles ; je n'ai rien à attendre de l'avenir, et je laisse au fils de Neptune des secrets qui ne peuvent m'intéresser.

Le 12, à six heures du soir, le vent se tournant au midi, j'engageai le capitaine à passer en dedans de l'île de Crète. Il y consentit avec peine. A neuf heures il dit selon sa coutume : *Ho paura !* et il alla se coucher. M. Dinelli prit sur lui de franchir le canal formé par l'île de Scarpanto et celle de

Coxo. Nous y entrâmes avec un vent violent du sud-ouest. Au lever du jour, nous nous trouvâmes au milieu d'un archipel d'îlots et d'écueils qui blanchissoient de toutes parts. Nous prîmes le parti de nous jeter dans le port de l'île de Stampalie, qui étoit devant nous.

Ce triste port n'avoit ni vaisseaux dans ses eaux, ni maisons sur ses rivages. On apercevoit seulement un village suspendu comme de coutume au sommet d'un rocher. Nous mouillâmes sous la côte ; je descendis à terre avec le capitaine. Tandis qu'il montoit au village, j'examinai l'intérieur de l'île. Je ne vis partout que des bruyères, des eaux errantes qui couloient sur la mousse, et la mer qui se brisoit sur une ceinture de rochers. Les anciens appelèrent pourtant cette île la *Table des Dieux*, Θεῶν τράπεζα, à cause des fleurs dont elle étoit semée. Elle est plus connue sous le nom d'*Astypalée ;* on y trouvoit un temple d'Achille. Il y a peut-être des gens fort heureux dans le misérable hameau de Stampalie, des gens qui ne sont peut-être jamais sortis de leur île, et qui n'ont jamais entendu parler de nos révolutions. Je me demandois si j'aurois voulu de ce bonheur ; mais je n'étois déjà plus qu'un vieux pilote incapable de répondre affirmativement à cette question, et dont les songes sont enfants des vents et des tempêtes.

Nos matelots embarquèrent de l'eau ; le capitaine revint avec des poulets et un cochon vivant. Une felouque candiote entra dans le port ; à peine eut-elle jeté l'ancre auprès de nous, que l'équipage se mit à danser autour du gouvernail : *O Græcia vana !*

Le vent continuant toujours de souffler du midi, nous appareillâmes le 16 à neuf heures du matin. Nous passâmes au sud de l'île de Nanfia, et le soir, au coucher du soleil, nous aperçûmes la Crète. Le lendemain 17, faisant route au nord-ouest, nous découvrîmes le mont Ida : son sommet, enveloppé de neige, ressembloit à une immense coupole. Nous portâmes sur l'île de Cérigo, et nous fûmes assez heureux pour la passer le 18. Le 19, je revis les côtes de la Grèce, et je saluai le Ténare. Un orage du sud-est s'éleva à notre grande joie, et en cinq jours nous arrivâmes dans les eaux de l'île de Malte. Nous la découvrîmes la veille de Noël, mais le jour de Noël même, le vent se rangeant à l'ouest-nord-ouest, nous chassa au midi de Lampedouse. Nous restâmes dix-huit jours sur la côte orientale du royaume de Tunis, entre la vie et la mort. Je n'oublierai de ma vie la journée du 28. Nous étions à la vue de la Pantalerie : un calme profond survint tout à coup à midi; le ciel, éclairé d'une lumière blafarde, étoit menaçant. Vers le coucher du soleil, une nuit si profonde tomba du ciel, qu'elle justifia à mes yeux la belle expression de Virgile : *Ponto nox incubat atra.* Nous entendîmes ensuite un bruit affreux. Un ouragan fondit sur le navire, et le fit pirouetter comme une plume sur un bassin d'eau. Dans un instant la mer fut bouleversée de telle sorte que sa surface n'offroit qu'une nappe d'écume. Le vaisseau, qui n'obéissoit plus au gouvernail, étoit comme un point ténébreux au milieu de cette terrible blancheur; le tourbillon sembloit nous soulever et nous arracher des flots; nous tournions en tout sens, plongeant tour à tour la poupe et la proue dans les vagues. Le retour de la lumière nous montra notre danger. Nous touchions presque à l'île de Lampedouse. Le même coup de vent fit périr, sur l'île de Malte, deux vaisseaux de guerre anglois, dont les gazettes du temps ont parlé. M. Dinelli regardant le naufrage comme inévitable, j'écrivis un billet ainsi conçu : « F. A. de Chateaubriand, naufragé sur l'île « de Lampedouse, le 28 décembre 1806, en revenant « de la Terre-Sainte. » J'enfermai ce billet dans une bouteille vide, avec le dessein de la jeter à la mer au dernier moment.

La Providence nous sauva. Un léger changement dans le vent nous fit tomber au midi de Lampedouse, et nous nous trouvâmes dans une mer libre. Le vent remontant toujours au nord, nous hasardâmes de mettre une voile, et nous courûmes sur la petite syrte. Le fond de cette syrte va toujours s'élevant jusqu'au rivage, de sorte qu'en marchant la sonde à la main on vient mouiller à telle brasse que l'on veut. Le peu de profondeur de l'eau y rend la mer calme au milieu des plus grands vents, et cette plage, si dangereuse pour les barques des anciens, est une espèce de port en pleine mer pour les vaisseaux modernes.

Nous jetâmes l'ancre devant les îles Kerkeni, tout auprès de la ligne des pêcheries. J'étois si las de cette longue traversée, que j'aurois bien voulu débarquer à Sfax, et me rendre de là à Tunis par terre; mais le capitaine n'osa chercher le port de Sfax, dont l'entrée est en effet dangereuse. Nous restâmes huit jours à l'ancre dans la petite syrte, où je vis commencer l'année 1807. Sous combien d'astres, et dans combien de fortunes diverses j'avois déjà vu se renouveler pour moi les années qui passent si vite ou qui sont si longues! Qu'ils étoient loin de moi ces temps de mon enfance où je recevois avec un cœur palpitant de joie la bénédiction et les présents paternels! Comme ce premier jour de l'année étoit attendu! Et maintenant, sur un vaisseau étranger, au milieu de la mer, à la vue d'une terre barbare, ce premier jour s'envoloit pour moi, sans témoins, sans plaisirs, sans les embrassements de la famille, sans ces tendres souhaits de bonheur qu'une mère forme pour son fils avec tant de sincérité! Ce jour, né du sein des tempêtes, ne laissoit tomber sur mon front que des soucis, des regrets et des cheveux blancs.

Toutefois nous crûmes devoir chômer sa fête, non comme la fête d'un hôte agréable, mais comme celle d'une vieille connoissance. On égorgea le reste des poulets, à l'exception d'un brave coq, notre horloge fidèle, qui n'avoit cessé de veiller et de chanter au milieu des plus grands périls. Le rabbin, le Barbaresque et les deux Maures sortirent de la cale du vaisseau, et vinrent recevoir leurs étrennes à notre banquet. C'étoit là mon repas de famille! Nous bûmes à la France : nous n'étions pas loin de l'île des Lotophages où les compagnons d'Ulysse oublièrent leur patrie : je ne connois point de fruits assez doux pour me faire oublier la mienne.

Nous touchions presque aux îles Kerkeni, les *Cercinæ* des anciens. Du temps de Strabon il y avoit des pêcheries en avant de ces îles, comme aujourd'hui. Les *Cercinæ* furent témoins de deux grands coups de la fortune : car elles virent passer tour à tour Annibal et Marius fugitifs. Nous étions assez près d'Africa (*Turris Annibalis*), où le premier de ces deux grands hommes fut obligé de s'embarquer pour échapper à l'ingratitude des Carthaginois. Sfax est une ville moderne : selon le docteur Shaw, elle tire son nom du mot *Sfakouse*, à cause de la grande quantité de concombres qui croissent dans son territoire.

Le 6 janvier 1807, la tempête étant enfin apaisée, nous quittâmes la petite syrte, nous remontâmes la côte de Tunis pendant trois jours, et le 10 nous doublâmes le cap Bon, l'objet de toutes nos espérances. Le 11, nous mouillâmes sous le cap de Carthage. Le 12, nous jetâmes l'ancre devant la Goulette, échelle ou port de Tunis. On envoya la chaloupe à terre ; j'écrivis à M. Devoise, consul françois auprès du bey. Je craignois de subir encore une quarantaine, mais M. Devoise m'obtint la permission de débarquer le 18. Ce fut avec une vraie joie que je quittai le vaisseau. Je louai des chevaux à la Goulette ; je fis le tour du lac, et j'arrivai à cinq heures du soir chez mon nouvel hôte.

SEPTIÈME ET DERNIÈRE PARTIE.

VOYAGE DE TUNIS ET RETOUR EN FRANCE.

Je trouvai chez monsieur et madame Devoise l'hospitalité la plus généreuse et la société la plus aimable : ils eurent la bonté de me garder six semaines au sein de leur famille ; et je jouis enfin d'un repos dont j'avois un extrême besoin. On approchoit du carnaval, et l'on ne songeoit qu'à rire, en dépit des Maures. Les cendres de Didon et les ruines de Carthage entendoient le son d'un violon françois. On ne s'embarrassoit ni de Scipion, ni d'Annibal, ni de Marius, ni de Caton d'Utique, qu'on eût fait boire (car il aimoit le vin) s'il se fût avisé de venir gourmander l'assemblée. Saint Louis seul eût été respecté en sa qualité de François ; mais le bon et grand roi n'eût pas trouvé mauvais que ses sujets s'amusassent dans le même lieu où il avoit tant souffert.

Le caractère national ne peut s'effacer. Nos marins disent que, dans les colonies nouvelles, les Espagnols commencent par bâtir une église, les Anglois une taverne, et les François un fort ; et j'ajoute une salle de bal. Je me trouvois en Amérique, sur la frontière du pays des Sauvages : j'appris qu'à la première journée je rencontrerois parmi les Indiens un de mes compatriotes. Arrivé chez les Cayougas, tribu qui faisoit partie de la nation des Iroquois, mon guide me conduisit dans une forêt. Au milieu de cette forêt on voyoit une espèce de grange; je trouvai dans cette grange une vingtaine de Sauvages, hommes et femmes, barbouillés comme des sorciers, le corps demi-nu, les oreilles découpées, des plumes de corbeau sur la tête, et des anneaux passés dans les narines. Un petit François, poudré et frisé comme autrefois, habit vert-pomme, veste de droguet, jabot et manchettes de mousseline, racloit un violon de poche, et faisoit danser *Madelon Friquet* à ces Iroquois. M. Violet (c'étoit son nom) étoit maître de danse chez les Sauvages. On lui payoit ses leçons en peaux de castors et en jambons d'ours : il avoit été marmiton au service du général Rochambeau pendant la guerre d'Amérique. Demeuré à New-York après le départ de notre armée, il résolut d'enseigner les beaux arts aux Américains. Ses vues s'étant agrandies avec ses succès, le nouvel Orphée porta la civilisation jusque chez les hordes errantes du Nouveau-Monde. En me parlant des Indiens, il me disoit toujours : « Ces messieurs Sauvages et ces dames Sauvagesses. » Il se louoit beaucoup de la légèreté de ses écoliers : en effet, je n'ai jamais vu faire de telles gambades. M. Violet, tenant son petit violon entre son menton et sa poitrine, accordoit l'instrument fatal; il crioit en iroquois : *A vos places !* Et toute la troupe sautoit comme une bande de démons. Voilà ce que c'est que le génie des peuples.

Nous dansâmes donc aussi sur les débris de Carthage. Ayant vécu à Tunis absolument comme en France, je ne suivrai plus les dates de mon journal. Je traiterai les sujets d'une manière générale et selon l'ordre dans lequel ils s'offriront à ma mémoire. Mais, avant de parler de Carthage et de ses ruines, je dois nommer les différentes personnes que j'ai connues en Barbarie. Outre M. le consul de France, je voyois souvent M. Lessing, consul de Hollande : son beau-frère, M. Humberg, officier-ingénieur hollandois, commandoit à la Goulette. C'est avec le dernier que j'ai visité les ruines de Carthage ; j'ai eu infiniment à me louer de sa complaisance et de sa politesse. Je rencontrai aussi M. Lear, consul des États-Unis. J'avois été autrefois recommandé en Amérique au général Washington. M. Lear avoit occupé une place auprès de ce grand homme : il voulut bien, en mémoire de mon illustre patron, me faire donner passage sur un schooner des États-Unis. Ce schooner me déposa en Espagne, comme je le dirai à la fin de cet Itinéraire. Enfin, je vis à Tunis, tant à la légation que dans la ville, plusieurs jeunes François à qui mon nom n'étoit pas tout-à-fait étranger. Je ne dois point oublier les restes de l'intéressante famille de M. Adanson.

Si la multitude des récits fatigue l'écrivain qui veut parler aujourd'hui de l'Égypte et de la Judée, il éprouve, au sujet des antiquités de l'Afrique, un embarras tout contraire par la disette des documents. Ce n'est pas qu'on manque de Voyages en Barbarie : je connois une trentaine de Relations des royaumes de Maroc, d'Alger et de Tunis. Toutefois ces Relations sont insuffisantes. Parmi les anciens Voyages, il faut distinguer l'*Africa illustrata* de Grammaye, et le savant ouvrage de Shaw. Les *Missions* des Pères de la Trinité et des Pères de la Merci renferment des miracles de charité: mais elles ne parlent point, et ne doivent point parler des Romains et des Carthaginois. Les Mémoires imprimés à la suite des Voyages de Paul Lucas ne contiennent que le récit d'une guerre civile à Tunis. Shaw auroit pu suppléer à tout, s'il avoit étendu ses recherches à l'histoire; malheureusement il ne la considère que sous les rapports géographiques. Il touche à peine, en passant, les antiquités : Carthage, par exemple, n'occupe pas, dans ses observations, plus de place que Tunis. Parmi les voyageurs tout-à-fait modernes, lady Montague, l'abbé Poiret, M. Desfontaines, disent quelques mots de Carthage, mais sans s'y arrêter aucunement. On a publié à Milan, en 1806, l'année même de mon voyage, un ouvrage sous ce titre : *Ragguaglio di alcuni Monumenti di Antichità ed Arti, raccolti negli ultimi Viaggi d'un dilettante*[1].

Je crois qu'il est question de Carthage dans ce livre : j'en ai retrouvé la note trop tard pour le faire venir d'Italie. On peut donc dire que le sujet que je vais traiter est neuf, j'ouvrirai la route; les habiles viendront après moi.

Avant de parler de Carthage, qui est ici le seul objet intéressant, il faut commencer par nous dé-

[1] Voyez la Préface de la troisième édition.

barrasser de Tunis. Cette ville conserve à peu près son nom antique. Les Grecs et les Latins l'appeloient *Tunes*, et Diodore lui donne l'épithète de *Blanche*, Λευκὸν, parce qu'elle est bâtie sur une colline crayeuse : elle est à douze milles des ruines de Carthage, et presque au bord d'un lac dont l'eau est salée. Ce lac communique avec la mer, au moyen d'un canal appelé *la Goulette*, et ce canal est défendu par un fort. Les vaisseaux marchands mouillent devant ce fort, où ils se mettent à l'abri derrière la jetée de la Goulette, en payant un droit d'ancrage considérable.

Le lac de Tunis pouvoit servir de port aux flottes des anciens; aujourd'hui une de nos barques a bien de la peine à le traverser sans échouer. Il faut avoir soin de suivre le principal canal qu'indiquent des pieux plantés dans la vase. Abulfeda marque dans ce lac une île qui sert maintenant de lazaret. Les voyageurs ont parlé des flamants ou phénicoptères qui animent cette grande flaque d'eau, d'ailleurs assez triste. Quand ces beaux oiseaux volent à l'encontre du soleil, tendant le cou en avant, et allongeant les pieds en arrière, ils ont l'air de flèches empennées avec des plumes couleur de rose.

Des bords du lac, pour arriver à Tunis, il faut traverser un terrain qui sert de promenade aux Francs. La ville est murée; elle peut avoir une lieue de tour, en y comprenant le faubourg extérieur, Bled-el-Had-rah. Les maisons en sont basses, les rues étroites, les boutiques pauvres, les mosquées chétives. Le peuple, qui se montre peu au dehors, a quelque chose de hagard et de sauvage. On rencontre sous les portes de la ville ce qu'on appelle des *Siddi* ou des *Saints :* ce sont des négresses et des nègres tout nus, dévorés par la vermine, vautrés dans leurs ordures, et mangeant insolemment le pain de la charité. Ces sales créatures sont sous la protection immédiate de Mahomet. Des marchands européens, des Turcs enrôlés à Smyrne, des Maures dégénérés, des renégats et des captifs, composent le reste de la population.

La campagne aux environs de Tunis est agréable : elle présente de grandes plaines semées de blé et bordées de collines qu'ombragent des oliviers et des caroubiers. Un aquéduc moderne, d'un bon effet, traverse une vallée derrière la ville. Le bey a sa maison de campagne au fond de cette vallée. De Tunis même on découvre, au midi, les collines dont j'ai parlé. On voit à l'orient les montagnes du Mamélife : montagnes singulièrement déchirées, d'une figure bizarre, et au pied desquelles se trouvent les eaux chaudes connues des anciens. A l'ouest et au nord, on aperçoit la mer, le port de la Goulette, et les ruines de Carthage.

Les Tunisiens sont cependant moins cruels et plus civilisés que les peuples d'Alger. Ils ont recueilli les Maures d'Andalousie, qui habitent le village de Tub-Urbo, à six lieues de Tunis, sur la Me-Jerdah[1]. Le bey actuel est un homme habile : il cherche à se tirer de la dépendance d'Alger, à

---

[1] La Bagrada de l'antiquité, au bord de laquelle Régulus tua le fameux serpent.

laquelle Tunis est soumise depuis la conquête qu'en firent les Algériens en 1757. Ce prince parle italien, cause avec esprit, et entend mieux la politique de l'Europe que la plupart des Orientaux. On sait au reste que Tunis fut attaquée par saint Louis en 1270, et prise par Charles-Quint en 1535. Comme la mort de saint Louis se lie à l'histoire de Carthage, j'en parlerai ailleurs. Quant à Charles-Quint, il défit le fameux Barberousse, et rétablit le roi de Tunis sur son trône, en l'obligeant toutefois à payer un tribut à l'Espagne : on peut consulter à ce sujet l'ouvrage de Robertson [1]. Charles-Quint garda le fort de la Goulette, mais les Turcs le reprirent en 1574.

Je ne dis rien de la Tunis des anciens, parce qu'on va la voir figurer à l'instant dans les guerres de Rome et de Carthage.

Au reste, on m'a fait présent à Tunis d'un manuscrit qui traite de l'état actuel de ce royaume, de son gouvernement, de son commerce, de son revenu, de ses armées, de ses caravanes. Je n'ai point voulu profiter de ce manuscrit; je n'en connois point l'auteur; mais, quel qu'il soit, il est juste qu'il recueille l'honneur de son travail. Je donnerai cet excellent *Mémoire* à la fin de l'*Itinéraire*[2]. Je passe maintenant à l'histoire et aux ruines de Carthage.

L'an 883 avant notre ère, Didon, obligée de fuir

---

[1] *Histoire de Charles-Quint*, liv. v.

[2] Ce Mémoire méritoit bien de fixer l'attention des critiques, et personne ne l'a remarqué.

sa terre natale, vint aborder en Afrique. Carthage, fondée par l'épouse de Sichée, dut ainsi sa naissance à l'une de ces aventures tragiques qui marquent le berceau des peuples, et qui sont comme le germe et le présage des maux, fruits plus ou moins tardifs de toute société humaine. On connoît l'heureux anachronisme de l'*Énéide*. Tel est le privilége du génie, que les poétiques malheurs de Didon sont devenus une partie de la gloire de Carthage. A la vue des ruines de cette cité, on cherche les flammes du bûcher funèbre; on croit entendre les imprécations d'une femme abandonnée; on admire ces puissants mensonges qui peuvent occuper l'imagination, dans des lieux remplis des plus grands souvenirs de l'histoire. Certes, lorsqu'une reine expirante appelle dans les murs de Carthage les divinités ennemies de Rome, et les dieux vengeurs de l'hospitalité; lorsque Vénus, sourde aux prières de l'amour, exauce les vœux de la haine, qu'elle refuse à Didon un descendant d'Énée, et lui accorde Annibal; de telles merveilles, exprimées dans un merveilleux langage, ne peuvent plus être passées sous silence. L'histoire prend alors son rang parmi les Muses, et la fiction devient aussi grave que la vérité.

Après la mort de Didon, la nouvelle colonie adopta un gouvernement dont Aristote a vanté les lois. Des pouvoirs balancés avec art entre les deux premiers magistrats, les nobles et le peuple, eurent cela de particulier qu'ils subsistèrent pendant sept siècles sans se détruire : à peine furent-ils ébranlés par des séditions populaires et par quelques conspirations des grands. Comme les guerres civiles, source des crimes publics, sont cependant mères des vertus particulières, la république gagna plus qu'elle ne perdit à ces orages. Si ses destinées sur la terre ne furent pas aussi longues que celles de sa rivale, du moins à Carthage la liberté ne succomba qu'avec la patrie.

Mais, comme les nations les plus libres sont aussi les plus passionnées, nous trouvons, avant la première guerre Punique, les Carthaginois engagés dans des guerres honteuses. Ils donnèrent des chaînes à ces peuples de la Bétique, dont le courage ne sauva pas la vertu; ils s'allièrent avec Xerxès, et perdirent une bataille contre Gélon, le même jour que les Lacédémoniens succombèrent aux Thermopyles. Les hommes, malgré leurs préjugés, font un tel cas des sentiments nobles, que personne ne songe aux quatre-vingt mille Carthaginois égorgés dans les champs de la Sicile, tandis que le monde entier s'entretient des trois cents Spartiates morts pour obéir aux saintes lois de leur pays. C'est la grandeur de la cause, et non pas celle des moyens, qui conduit à la véritable renommée, et l'honneur a fait dans tous les temps la partie la plus solide de la gloire.

Après avoir combattu tour à tour Agathocle en Afrique et Pyrrhus en Sicile, les Carthaginois en vinrent aux mains avec la république romaine. La cause de la première guerre Punique fut légère, mais cette guerre amena Régulus aux portes de Carthage.

Les Romains, ne voulant point interrompre le cours des victoires de ce grand homme, ni envoyer les consuls Fulvius et M. Émilius prendre sa place, lui ordonnèrent de rester en Afrique, en qualité de proconsul. Il se plaignit de ces honneurs; il écrivit au sénat, et le pria instamment de lui ôter le commandement de l'armée : une affaire importante aux yeux de Régulus demandoit sa présence en Italie. Il avoit un champ de sept arpens à Pupinium : le fermier de ce champ étant mort, le valet du fermier s'étoit enfui avec les bœufs et les instruments du labourage. Régulus représentoit aux sénateurs que si sa ferme demeuroit en friche, il lui seroit impossible de faire vivre sa femme et ses enfants. Le sénat ordonna que le champ de Régulus seroit cultivé aux frais de la république; qu'on tireroit du trésor l'argent nécessaire pour racheter les objets volés, et que les enfants et la femme du proconsul seroient, pendant son absence, nourris aux dépens du peuple romain. Dans une juste admiration de cette simplicité, Tite-Live s'écrie : « Oh! combien la « vertu est préférable aux richesses! Celles-ci pas- « sent avec ceux qui les possèdent; la pauvreté de « Régulus est encore en vénération! »

Régulus, marchant de victoire en victoire, s'empara bientôt de Tunis; la prise de cette ville jeta la consternation parmi les Carthaginois; ils demandèrent la paix au proconsul. Ce laboureur romain prouva qu'il est plus facile de conduire la charrue après avoir remporté des victoires, que de diriger d'une main ferme une prospérité éclatante : le véritable grand homme est surtout fait pour briller dans le malheur; il semble égaré dans le succès, et paroît comme étranger à la fortune. Régulus proposa aux ennemis des conditions si dures, qu'ils se virent forcés de continuer la guerre.

Pendant ces négociations, la destinée amenoit au travers des mers un homme qui devoit changer le cours des événements : un Lacédémonien nommé *Xantippe* vient retarder la chute de Carthage; il livre bataille aux Romains sous les murs de Tunis, détruit leur armée, fait Régulus prisonnier, se rembarque et disparoît sans laisser d'autres traces dans l'histoire [1].

Régulus, conduit à Carthage, éprouva les traitements les plus inhumains; on lui fit expier les durs triomphes de sa patrie. Ceux qui traînoient à leurs chars avec tant d'orgueil des rois tombés du trône, des femmes, des enfants en pleurs, pouvoient-ils espérer qu'on respectât dans les fers un citoyen de Rome!

La fortune redevint favorable aux Romains. Carthage demanda une seconde fois la paix; elle envoya des ambassadeurs en Italie : Régulus les accompagnoit. Ses maîtres lui firent donner sa parole qu'il reviendroit prendre ses chaînes si les négociations n'avoient pas une heureuse issue : on espéroit qu'il plaideroit fortement en faveur d'une paix qui lui devoit rendre sa patrie.

---

[1] Quelques auteurs accusent les Carthaginois de l'avoir fait périr par jalousie de sa gloire, mais cela n'est pas prouvé.

Régulus, arrivé aux portes de Rome, refusa d'entrer dans la ville. Il y avoit une ancienne loi qui défendoit à tout étranger d'introduire dans le sénat les ambassadeurs d'un peuple ennemi : Régulus, se regardant comme un envoyé des Carthaginois, fit revivre en cette occasion l'antique usage. Les sénateurs furent donc obligés de s'assembler hors des murs de la cité. Régulus leur déclara qu'il venoit, par l'ordre de ses maîtres, demander au peuple romain la paix ou l'échange des prisonniers.

Les ambassadeurs de Carthage, après avoir exposé l'objet de leur mission, se retirèrent : Régulus les voulut suivre; mais les sénateurs le prièrent de rester à la délibération.

Pressé de dire son avis, il représenta fortement toutes les raisons que Rome avoit de continuer la guerre contre Carthage. Les sénateurs, admirant sa fermeté, désiroient sauver un tel citoyen : le grand pontife soutenoit qu'on pouvoit le dégager des serments qu'il avoit faits.

« Suivez les conseils que je vous ai donnés, dit
« l'illustre captif, d'une voix qui étonna l'assemblée,
« et oubliez Régulus : je ne demeurerai point dans
« Rome après avoir été l'esclave de Carthage. Je
« n'attirerai point sur vous la colère des dieux. J'ai
« promis aux ennemis de me remettre entre leurs
« mains si vous rejetiez la paix; je tiendrai mon ser-
« ment. On ne trompe point Jupiter par de vaines
« expiations; le sang des taureaux et des brebis ne
« peut effacer un mensonge, et le sacrilége est puni
« tôt ou tard.

« Je n'ignore point le sort qui m'attend ; mais un
« crime flétriroit mon âme : la douleur ne brisera
« que mon corps. D'ailleurs il n'est point de maux
« pour celui qui sait les souffrir : s'ils passent les
« forces de la nature, la mort nous en délivre. Pères
« conscrits, cessez de me plaindre : j'ai disposé de
« moi, et rien ne pourra me faire changer de senti-
« ments. Je retourne à Carthage ; je fais mon devoir,
« et je laisse faire aux dieux. »

Régulus mit le comble à sa magnanimité : afin de diminuer l'intérêt qu'on prenoit à sa vie, et pour se débarrasser d'une compassion inutile, il dit aux sénateurs que les Carthaginois lui avoient fait boire un poison lent avant de sortir de prison : « Ainsi, « ajouta-t-il, vous ne perdez de moi que quelques in-« stants qui ne valent pas la peine d'être achetés par « un parjure. » Il se leva, s'éloigna de Rome sans proférer une parole de plus, tenant les yeux attachés à la terre, et repoussant sa femme et ses enfants, soit qu'il craignît d'être attendri par leurs adieux, soit que, comme esclave carthaginois, il se trouvât indigne des embrassements d'une matrone romaine. Il finit ses jours dans d'affreux supplices, si toutefois le silence de Polybe et de Diodore ne balance pas le récit des historiens latins. Régulus fut un exemple mémorable de ce que peuvent, sur une âme courageuse, la religion du serment et l'amour de la patrie. Que si l'orgueil eut peut-être un peu de part à la résolution de ce mâle génie, se punir ainsi d'avoir été vaincu, c'étoit être digne de la victoire.

Après vingt-quatre années de combats, un traité de paix mit fin à la première guerre Punique. Mais les Romains n'étoient déjà plus ce peuple de laboureurs conduit par un sénat de rois, élevant des autels à la Modération et à la Petite-Fortune : c'étoient des hommes qui se sentoient faits pour commander, et que l'ambition poussoit incessamment à l'injustice. Sous un prétexte frivole, ils envahirent la Sardaigne, et s'applaudirent d'avoir fait, en pleine paix, une conquête sur les Carthaginois. Ils ne savoient pas que le vengeur de la foi violée étoit déjà aux portes de Sagonte, et que bientôt il paroîtroit sur les collines de Rome : ici commence la seconde guerre Punique.

Annibal me paroît avoir été le plus grand capitaine de l'antiquité : si ce n'est pas celui que l'on aime le mieux, c'est celui qui étonne davantage. Il n'eut ni l'héroïsme d'Alexandre, ni les talents universels de César; mais il les surpassa l'un et l'autre comme homme de guerre. Ordinairement l'amour de la patrie ou de la gloire conduit les héros aux prodiges : Annibal seul est guidé par la haine. Livré à ce génie d'une nouvelle espèce, il part des extrémités de l'Espagne avec une armée composée de vingt peuples divers. Il franchit les Pyrénées et les Gaules, dompte les nations ennemies sur son passage, traverse les fleuves, arrive au pied des Alpes. Ces montagnes sans chemins, défendues par des Barbares, opposent en vain leur barrière à Annibal. Il tombe de leurs sommets glacés sur l'Italie, écrase la première armée consulaire sur les bords du Tésin, frappe un second coup à la Trébia, un troisième à Trasimène, et du quatrième coup de son épée il semble immoler Rome dans la plaine de Cannes. Pendant seize années il fait la guerre sans secours au sein de l'Italie; pendant seize années, il ne lui échappe qu'une de ces fautes qui décident du sort des empires, et qui paroissent si étrangères à la nature d'un grand homme, qu'on peut les attribuer raisonnablement à un dessein de la Providence.

Infatigable dans les périls, inépuisable dans les ressources, fin, ingénieux, éloquent, savant même, et auteur de plusieurs ouvrages, Annibal eut toutes les distinctions qui appartiennent à la supériorité de l'esprit et à la force du caractère; mais il manqua des hautes qualités du cœur: froid, cruel, sans entrailles, né pour renverser et non pour fonder des empires, il fut en magnanimité fort inférieur à son rival.

Le nom de Scipion l'Africain est un des beaux noms de l'histoire. L'ami des dieux, le généreux protecteur de l'infortune et de la beauté, Scipion a quelques traits de ressemblance avec nos anciens chevaliers. En lui commence cette urbanité romaine, ornement du génie de Cicéron, de Pompée, de César, et qui remplaça chez ces citoyens illustres la rusticité de Caton et de Fabricius.

Annibal et Scipion se rencontrèrent aux champs de Zama; l'un célèbre par ses victoires, l'autre fameux par ses vertus : dignes tous les deux de représenter leurs grandes patries, et de se disputer l'empire du monde.

Au départ de la flotte de Scipion pour l'Afrique, le rivage de la Sicile étoit bordé d'un peuple immense et d'une foule de soldats. Quatre cents vaisseaux de charge et cinquante trirèmes couvroient la rade de Lilybée. On distinguoit à ses trois fanaux la galère de Lélius, amiral de la flotte. Les autres vaisseaux, selon leur grandeur, portoient une ou deux lumières. Les yeux du monde étoient attachés sur cette expédition qui devoit arracher Annibal de l'Italie, et décider enfin du sort de Rome et de Carthage. La cinquième et la sixième légion, qui s'étoient trouvées à la bataille de Cannes, brûloient du désir de ravager les foyers du vainqueur. Le général surtout attiroit les regards : sa piété envers les dieux, ses exploits en Espagne, où il avoit vengé la mort de son oncle et de son père, le projet de rejeter la guerre en Afrique, projet que lui seul avoit conçu contre l'opinion du grand Fabius ; enfin, cette faveur que les hommes accordent aux entreprises hardies, à la gloire, à la beauté, à la jeunesse, faisoient de Scipion l'objet de tous les vœux comme de toutes les espérances.

Le jour du départ ne tarda pas d'arriver. Au lever de l'aurore, Scipion parut sur la poupe de la galère de Lélius, à la vue de la flotte et de la multitude qui couvroit les hauteurs du rivage. Un héraut leva son sceptre, et fit faire silence :

« Dieux et déesses de la terre, s'écria Scipion, et
« vous, divinités de la mer, accordez une heureuse
« issue à mon entreprise ! que mes desseins tournent
« à ma gloire et à celle du peuple romain ! Que,

« pleins de joie; nous retournions un jour dans nos
« foyers, chargés des dépouilles de l'ennemi; et que
« Carthage éprouve les malheurs dont elle avoit
« menacé ma patrie! »

Cela dit, on égorge une victime; Scipion en jette les entrailles fumantes dans la mer : les voiles se déploient au son de la trompette; un vent favorable emporte la flotte entière loin des rivages de la Sicile.

Le lendemain du départ, on découvrit la terre d'Afrique et le promontoire de Mercure : la nuit survint, et la flotte fut obligée de jeter l'ancre. Au retour du soleil, Scipion apercevant la côte, demanda le nom du promontoire le plus voisin des vaisseaux. « C'est le cap Beau, » répondit le pilote. A ce nom d'heureux augure, le général, saluant la fortune de Rome, ordonna de tourner la proue de sa galère vers l'endroit désigné par les dieux.

Le débarquement s'accomplit sans obstacles; la consternation se répandit dans les villes et dans les campagnes; les chemins étoient couverts d'hommes, de femmes et d'enfants qui fuyoient avec leurs troupeaux : on eût cru voir une de ces grandes migrations des peuples, quand des nations entières, par la colère ou par la volonté du ciel, abandonnent les tombeaux de leurs aïeux. L'épouvante saisit Carthage : on crie aux armes, on ferme les portes; on place des soldats sur les murs, comme si les Romains étoient déjà prêts à donner l'assaut.

Cependant Scipion avoit envoyé sa flotte vers Utique; il marchoit lui-même par terre à cette ville dans le dessein de l'assiéger : Masinissa vint le rejoindre avec deux mille chevaux.

Ce roi Numide, d'abord allié des Carthaginois, avoit fait la guerre aux Romains en Espagne ; par une suite d'aventures extraordinaires, ayant perdu et recouvré plusieurs fois son royaume, il se trouvoit fugitif quand Scipion débarqua en Afrique. Syphax, prince des Gétules, qui avoit épousé Sophonisbe, fille d'Asdrubal, venoit de s'emparer des États de Masinissa. Celui-ci se jeta dans les bras de Scipion, et les Romains lui durent en partie le succès de leurs armes.

Après quelques combats heureux, Scipion mit le siége devant Utique. Les Carthaginois, commandés par Asdrubal et par Syphax, formèrent deux camps séparés à la vue du camp romain, Scipion parvint à mettre le feu à ces deux camps dont les tentes étoient faites de nattes et de roseaux, à la manière des Numides. Quarante mille hommes périrent ainsi dans une seule nuit. Le vainqueur, qui prit dans cette circonstance une quantité prodigieuse d'armes, les fit brûler en l'honneur de Vulcain.

Les Carthaginois ne se découragèrent point : ils ordonnèrent de grandes levées. Syphax, touché des larmes de Sophonisbe, demeura fidèle aux vaincus, et s'exposa de nouveau pour la patrie d'une femme qu'il aimoit avec passion. Toujours favorisé du ciel, Scipion battit les armées ennemies, prit les villes de leur dépendance, s'empara de Tunis, et menaça Carthage d'une entière destruction. Entraîné par son fatal amour, Syphax osa reparoître devant les vainqueurs, avec un courage digne d'un meilleur sort. Abandonné des siens sur le champ de bataille, il se précipite seul dans les escadrons romains : il espéroit que ses soldats, honteux d'abandonner leur roi, tourneroient la tête et viendroient mourir avec lui : mais ces lâches continuèrent à fuir; et Syphax, dont le cheval fut tué d'un coup de pique, tomba vivant entre les mains de Masinissa.

C'étoit un grand sujet de joie pour ce dernier prince de tenir prisonnier celui qui lui avoit ravi la couronne : quelque temps après, le sort des armes mit aussi au pouvoir de Masinissa Sophonisbe, femme de Syphax. Elle se jette aux pieds du vainqueur.

« Je suis ta prisonnière : ainsi le veulent les dieux,
« ton courage et la fortune; mais par tes genoux
« que j'embrasse, par cette main triomphante que
« tu me permets de toucher, je t'en supplie, ô
« Masinissa, garde-moi pour ton esclave, sauve-
« moi de l'horreur de devenir la proie d'un Barbare.
« Hélas! il n'y a qu'un moment que j'étois, ainsi que
« toi-même, environné de la majesté des rois! Songe
« que tu ne peux renier ton sang; que tu partages
« avec Syphax le nom de Numide. Mon époux sortit
« de ce palais par la colère des dieux : puisses-tu y
« être entré sous de plus heureux auspices! Citoyenne
« de Carthage, fille d'Asdrubal, juge de ce que je dois
« attendre d'un Romain. Si je ne puis rester dans les
« fers d'un prince né sur le sol de ma patrie, si la
« mort peut seule me soustraire au joug de l'étran-

5.

« ger, donne-moi cette mort : je la compterai au
« nombre de tes bienfaits. »

Masinissa fut touché des pleurs et du sort de
Sophonisbe : elle étoit dans tout l'éclat de la jeunesse et d'une incomparable beauté. Ses supplications, dit Tite-Live, étoient moins des prières que des caresses. Masinissa vaincu lui promit tout ; et, non moins passionné que Syphax, il fit son épouse de sa prisonnière.

Syphax chargé de fers fut présenté à Scipion. Ce grand homme, qui naguère avoit vu sur un trône celui qu'il contemploit à ses pieds, se sentit touché de compassion. Syphax avoit été autrefois l'allié des Romains ; il rejeta la faute de sa défection sur Sophonisbe. « Les flambeaux de mon fatal hy-
« ménée, dit-il, ont réduit mon palais en cendres ;
« mais une chose me console : la furie qui a détruit
« ma maison est passée dans la couche de mon en-
« nemi ; elle réserve à Masinissa un sort pareil au
« mien. »

Syphax cachoit ainsi, sous l'apparence de la haine, la jalousie qui lui arrachoit ces paroles ; car ce prince aimoit encore Sophonisbe. Scipion n'étoit pas sans inquiétude ; il craignoit que la fille d'Asdrubal ne prît sur Masinissa l'empire qu'elle avoit eu sur Syphax. La passion de Masinissa paroissoit déjà d'une violence extrême : il s'étoit hâté de célébrer ses noces avant d'avoir quitté les armes ; impatient de s'unir à Sophonisbe, il avoit allumé les torches nuptiales devant les dieux domestiques de Syphax, devant ces dieux accoutumés à exaucer les vœux

formés contre les Romains. Masinissa étoit revenu auprès de Scipion : celui-ci, en donnant des louanges au roi des Numides, lui fit quelques légers reproches de sa conduite envers Sophonisbe. Alors Masinissa rentra en lui-même, et, craignant de s'attirer la disgrâce des Romains, sacrifia son amour à son ambition. On l'entendit gémir au fond de sa tente, et se débattre contre ces sentiments généreux que l'homme n'arrache point de son cœur sans violence. Il fit appeler l'officier chargé de garder le poison du roi : ce poison servoit aux princes africains à se délivrer de la vie quand ils étoient tombés dans un malheur sans remède : ainsi, la couronne, qui n'étoit point chez eux à l'abri des révolutions de la fortune, étoit du moins à l'abri du mépris. Masinissa mêla le poison dans une coupe pour l'envoyer à Sophonisbe. Puis, s'adressant à l'officier chargé du triste message : « Dis à la reine que si j'avois
« été le maître, jamais Masinissa n'eût été séparé
« de Sophonisbe. Les dieux des Romains en ordon-
« nent autrement. Je lui tiens du moins une de mes
« promesses; elle ne tombera point vivante entre les
« mains de ses ennemis si elle se soumet à sa fortune
« en citoyenne de Carthage, en fille d'Asdrubal et en
« femme de Syphax et de Masinissa. »

L'officier entra chez Sophonisbe, et lui transmit l'ordre du roi. « Je reçois ce don nuptial avec joie,
« répondit-elle, puisqu'il est vrai qu'un mari n'a
« pu faire à sa femme d'autre présent. Dis à ton
« maître qu'en perdant la vie, j'aurois du moins
« conservé l'honneur, si je n'eusse point épousé

« Masinissa la veille de ma mort. » Elle avala le poison.

Ce fut dans ces conjonctures que les Carthaginois rappelèrent Annibal de l'Italie : il versa des larmes de rage, il accusa ses concitoyens, il s'en prit aux dieux, il se reprocha de n'avoir pas marché à Rome après la bataille de Cannes. Jamais homme en quittant son pays pour aller en exil n'éprouva plus de douleur qu'Annibal en s'arrachant d'une terre étrangère pour rentrer dans sa patrie.

Il débarqua sur la côte d'Afrique avec les vieux soldats qui avoient traversé, comme lui, les Espagnes, les Gaules, l'Italie, qui montroient plus de faisceaux ravis à des préteurs, à des généraux, à des consuls, que tous les magistrats de Rome n'en faisoient porter devant eux. Annibal avoit été trente-six ans absent de sa patrie : il en étoit sorti enfant; il y revenoit dans un âge avancé, ainsi qu'il le dit lui-même à Scipion. Quelles durent être les pensées de ce grand homme quand il revit Carthage, dont les murs et les habitants lui étoient presque étrangers! Deux de ses frères étoient morts; les compagnons de son enfance avoient disparu; les générations s'étoient succédé : les temples chargés de la dépouille des Romains furent sans doute les seuls lieux qu'Annibal put reconnoître dans cette Carthage nouvelle. Si ses concitoyens n'avoient pas été aveuglés par l'envie, avec quelle admiration ils auroient contemplé ce héros qui, depuis trente ans, versoit son sang pour eux dans une région lointaine, et les couvroit d'une gloire ineffaçable! Mais, quand les services sont si éminents qu'ils excèdent les bornes de la reconnoissance, ils ne sont payés que par l'ingratitude. Annibal eut le malheur d'être plus grand que le peuple chez lequel il étoit né ; et son destin fut de vivre et de mourir en terre étrangère.

Il conduisit son armée à Zama. Scipion rapprocha son camp de celui d'Annibal. Le général carthaginois eut un pressentiment de l'infidélité de la fortune ; car il demanda une entrevue au général romain, afin de lui proposer la paix. On fixa le lieu du rendez-vous. Quand les deux capitaines furent en présence, ils demeurèrent muets et saisis d'admiration l'un pour l'autre. Annibal prit enfin la parole :

« Scipion, les dieux ont voulu que votre père ait
« été le premier des généraux ennemis à qui je me
« sois montré en Italie, les armes à la main ; ces
« mêmes dieux m'ordonnent de venir aujourd'hui,
« désarmé, demander la paix à son fils. Vous avez
« vu les Carthaginois campés aux portes de Rome :
« le bruit d'un camp romain se fait entendre à pré-
« sent jusque dans les murs de Carthage. Sorti en-
« fant de ma patrie, j'y rentre plein de jours ; une
« longue expérience de la bonne et de la mauvaise
« fortune m'a appris à juger des choses par la raison
« et non par l'événement. Votre jeunesse, et le bon-
« heur qui ne vous a point encore abandonné, vous
« rendront peut-être ennemi du repos ; dans la
« prospérité on ne songe point aux revers. Vous avez
« l'âge que j'avois à Cannes et à Trasimène. Voyez

« ce que j'ai été, et connoissez, par mon exemple,
« l'inconstance du sort. Celui qui vous parle en sup-
« pliant est ce même Annibal qui, campé entre le
« Tibre et le Téveron, prêt à donner l'assaut à Rome,
« délibéroit sur ce qu'il feroit de votre patrie. J'ai
« porté l'épouvante dans les champs de vos pères,
« et je suis réduit à vous prier d'épargner de tels
« malheurs à mon pays. Rien n'est plus incertain
« que le succès des armes : un moment peut vous
« ravir votre gloire et vos espérances. Consentir à
« la paix, c'est rester vous-même l'arbitre de vos
« destinées ; combattre, c'est remettre votre sort
« entre les mains des dieux. »

A ce discours étudié, Scipion répondit avec plus de franchise, mais moins d'éloquence : il rejeta comme insuffisantes les propositions de paix que lui faisoit Annibal, et l'on ne songea plus qu'à combattre. Il est probable que l'intérêt de la patrie ne fut pas le seul motif qui porta le général romain à rompre avec le général carthaginois, et que Scipion ne put se défendre du désir de se mesurer avec Annibal.

Le lendemain de cette entrevue, deux armées, composées de vétérans, conduites par les deux plus grands capitaines des deux plus grands peuples de la terre, s'avancèrent pour se disputer, non les murs de Rome et de Carthage, mais l'empire du monde, prix de ce dernier combat.

Scipion plaça les piquiers au premier rang, les princes au second, et les triaires au troisième. Il rompit ces lignes par des intervalles égaux, afin d'ouvrir un passage aux éléphants des Carthaginois Des vélites répandus dans ces intervalles devoient, selon l'occasion, se replier derrière les soldats pesamment armés, ou lancer sur les éléphants une grêle de flèches et de javelots. Lélius couvroit l'aile gauche de l'armée avec la cavalerie latine, et Masinissa commandoit à l'aile droite les chevaux numides.

Annibal rangea quatre-vingts éléphants sur le front de son armée, dont la première ligne étoit composée de Liguriens, de Gaulois, de Baléares et de Maures; les Carthaginois venoient au second rang; des Bruttiens formoient derrière eux une espèce de réserve, sur laquelle le général comptoit peu. Annibal opposa sa cavalerie à la cavalerie des Romains, les Carthaginois à Lélius, et les Numides à Masinissa.

Les Romains sonnent les premiers la charge. Ils poussent en même temps de si grands cris, qu'une partie des éléphants effrayés se replie sur l'aile gauche de l'armée d'Annibal, et jette la confusion parmi les cavaliers numides. Masinissa aperçoit leur désordre, fond sur eux, et achève de les mettre en fuite. L'autre partie des éléphants qui s'étoient précipités sur les Romains est repoussée par les vélites, et cause, à l'aile droite des Carthaginois, le même accident qu'à l'aile gauche. Ainsi, dès le premier choc, Annibal demeura sans cavalerie et découvert sur ses deux flancs : des raisons puissantes, que l'histoire n'a pas connues, l'empêchèrent sans doute de penser à la retraite.

L'infanterie en étant venue aux mains, les soldats

de Scipion enfoncèrent facilement la première ligne de l'ennemi, qui n'étoit composée que de mercenaires. Les Romains et les Carthaginois se trouvèrent alors face à face. Les premiers, pour arriver aux seconds, étant obligés de passer sur des monceaux de cadavres, rompirent leur ligne, et furent au moment de perdre la victoire. Scipion voit le danger et change son ordre de bataille. Il fait passer les princes et les triaires au premier rang, et les place à la droite et à la gauche des piquiers; il déborde par ce moyen le front de l'armée d'Annibal, qui avoit déjà perdu sa cavalerie et la première ligne de ses fantassins. Les vétérans carthaginois soutinrent la gloire qu'ils s'étoient acquise dans tant de batailles. On reconnoissoit parmi eux, à leurs couronnes, de simples soldats qui avoient tué, de leurs propres mains, des généraux et des consuls. Mais la cavalerie romaine, revenant de la poursuite des ennemis, charge par-derrière les vieux compagnons d'Annibal. Entourés de toutes parts, ils combattent jusqu'au dernier soupir, et n'abandonnent leurs drapeaux qu'avec la vie. Annibal lui-même, après avoir fait tout ce qu'on peut attendre d'un grand général et d'un soldat intrépide, se sauve avec quelques cavaliers.

Resté maître du champ de bataille, Scipion donna de grands éloges à l'habileté que son rival avoit déployée dans les événements du combat. Étoit-ce générosité ou orgueil? Peut-être l'une et l'autre; car le vainqueur étoit Scipion, et le vaincu Annibal.

La bataille de Zama mit fin à la seconde guerre

Punique. Carthage demanda la paix, et ne la reçut qu'à des conditions qui présageoient sa ruine prochaine. Annibal, n'osant se fier à la foi d'un peuple ingrat, abandonna sa patrie. Il erra dans les cours étrangères, cherchant partout des ennemis aux Romains, et partout poursuivi par eux ; donnant à de foibles rois des conseils qu'ils étoient incapables de suivre, et apprenant par sa propre expérience qu'il ne faut porter chez des hôtes couronnés ni gloire ni malheur. On assure qu'il rencontra Scipion à Éphèse, et que, s'entretenant avec son vainqueur, celui-ci lui dit : « A votre avis, Annibal, quel a été le « premier capitaine du monde ? — Alexandre, ré- « pondit le Carthaginois. — Et le second ? repartit « Scipion. — Pyrrhus. — Et le troisième ? — Moi. « — Que seroit-ce donc, s'écria Scipion en riant, « si vous m'aviez vaincu ? — Je me serois placé, « répondit Annibal, avant Alexandre. » Mot qui prouve que l'illustre banni avoit appris dans les cours l'art de la flatterie, et qu'il avoit à la fois trop de modestie et trop d'orgueil.

Enfin les Romains ne purent se résoudre à laisser vivre Annibal. Seul, proscrit et malheureux, il leur sembloit balancer la fortune du Capitole. Ils étoient humiliés en pensant qu'il y avoit au monde un homme qui les avoit vaincus, et qui n'étoit point effrayé de leur grandeur. Ils envoyèrent une ambassade jusqu'au fond de l'Asie demander au roi Prusias la mort de son suppliant. Prusias eut la lâcheté d'abandonner Annibal. Alors ce grand homme avala du poison, en disant : « Délivrons les

« Romains de la crainte que leur cause un vieillard
« exilé, désarmé et trahi. »

Scipion éprouva comme Annibal les peines attachées à la gloire. Il finit ses jours à Literne, dans un exil volontaire. On a remarqué qu'Annibal, Philopœmen et Scipion moururent à peu près dans le même temps, tous trois victimes de l'ingratitude de leur pays. L'Africain fit graver sur son tombeau cette inscription si connue :

> INGRATE PATRIE,
> TU N'AURAS PAS MES OS.

Mais, après tout, la proscription et l'exil, qui peuvent faire oublier des noms vulgaires, attirent les yeux sur les noms illustres : la vertu heureuse nous éblouit; elle charme nos regards lorsqu'elle est persécutée.

Carthage elle-même ne survécut pas long-temps à Annibal. Scipion Nasica et les sénateurs les plus sages vouloient conserver à Rome une rivale; mais on ne change point les destinées des empires. La haine aveugle du vieux Caton l'emporta, et les Romains, sous le prétexte le plus frivole, commencèrent la troisième guerre Punique.

Ils employèrent d'abord une insigne perfidie pour dépouiller les ennemis de leurs armes. Les Carthaginois, ayant en vain demandé la paix, résolurent de s'ensevelir sous les ruines de leur cité. Les consuls Marcius et Manilius parurent bientôt sous les murs de Carthage. Avant d'en former le siége, ils eurent recours à deux cérémonies formidables : l'évocation des divinités tutélaires de cette ville, et le dévouement de la patrie d'Annibal aux dieux infernaux.

« Dieu ou déesse, qui protégez le peuple et la
« république de Carthage, génie à qui la défense de
« cette ville est confiée, abandonnez vos anciennes
« demeures ; venez habiter nos temples. Puissent
« Rome et nos sacrifices vous être plus agréables
« que la ville et les sacrifices des Carthaginois ! »

Passant ensuite à la formule de dévouement :

« Dieu Pluton, Jupiter malfaisant, dieux Mânes,
« frappez de terreur la ville de Carthage; entraînez
« ses habitants aux enfers. Je vous dévoue la tête
« des ennemis, leurs biens, leurs villes, leurs cam-
« pagnes; remplissez mes vœux, et je vous immo-
« lerai trois brebis noires. Terre, mère des hommes,
« et vous, Jupiter, je vous atteste. »

Cependant les consuls furent repoussés avec vigueur. Le génie d'Annibal s'étoit réveillé dans la ville assiégée. Les femmes coupèrent leurs cheveux; elles en firent des cordes pour les arcs et pour les machines de guerre. Scipion, le second Africain, servoit alors comme tribun dans l'armée romaine. Quelques vieillards qui avoient vu le premier Scipion en Afrique vivoient encore, entre autres, le célèbre Masinissa. Ce roi numide, âgé de plus de quatre-vingts ans, invita le jeune Scipion à sa cour; c'est sur la supposition de cette entrevue [1] que Cicéron composa le beau morceau de sa *République*,

---

[1] Scipion avoit vu auparavant Masinissa. Sa dernière entrevue n'eut pas lieu, car Masinissa étoit mort quand Scipion arriva à sa cour.

connu sous le nom du *Songe de Scipion*. Il fait parler ainsi l'Émilien à Lélius, à Philus, à Manilius et à Scévola :

« J'aborde Masinissa. Le vieillard me reçoit dans
« ses bras et m'arrose de ses pleurs. Il lève les yeux
« au ciel et s'écrie : « Soleil, dieux célestes, je vous
« remercie ! Je reçois, avant de mourir, dans mon
« royaume et à mes foyers, le digne héritier de
« l'homme vertueux et du grand capitaine toujours
« présent à ma mémoire ! »

« La nuit, plein des discours de Masinissa, je
« rêvai que l'Africain s'offroit devant moi : je trem-
« blois, saisi de respect et de crainte. L'Africain me
« rassura, et me transporta avec lui au plus haut du
« ciel, dans un lieu tout brillant d'étoiles. Il me dit :

« Abaissez vos regards et voyez Carthage : je la
« forçai de se soumettre au peuple romain ; dans
« deux ans vous la détruirez de fond en comble, et
« vous mériterez par vous-même le nom d'Africain
« que vous ne tenez encore que de mon héritage...
« Sachez, pour vous encourager à la vertu, qu'il
« est dans le ciel un lieu destiné à l'homme juste.
« Ce qu'on appelle la vie sur la terre, c'est la mort.
« On n'existe que dans la demeure éternelle des
« âmes, et l'on ne parvient à cette demeure que par
« la sainteté, la religion, la justice, le respect envers
« ses parents, et le dévouement à la patrie. Sachez
« surtout mépriser les récompenses des mortels.
« Vous voyez d'ici combien cette terre est petite,
« combien les plus vastes royaumes occupent peu
« de place sur le globe que vous découvrez à peine,

« combien de solitudes et de mers divisent les peu-
« ples entre eux! Quel seroit donc l'objet de votre
« ambition? Le nom d'un Romain a-t-il jamais fran-
« chi les sommets du Caucase ou les rivages du
« Gange? Que de peuples à l'orient, à l'occident, au
« midi, au septentrion, n'entendront jamais parler
« de l'Africain! Et ceux qui en parlent aujourd'hui,
« combien de temps en parleront-ils? Ils vont mou-
« rir. Dans le bouleversement des empires, dans ces
« grandes révolutions que le temps amène, ma mé-
« moire périra sans retour. O mon fils! ne songez
« donc qu'aux sanctuaires divins où vous entendez
« cette harmonie des sphères qui charme mainte-
« nant vos oreilles; n'aspirez qu'à ces temples éter-
« nels préparés pour les grandes âmes et pour ces
« génies sublimes qui, pendant la vie, se sont élevés
« à la contemplation des choses du ciel. » L'Africain
« se tut et je m'éveillai. »

Cette noble fiction d'un consul romain, sur-
nommé *le Père de la patrie*, ne déroge point à la
gravité de l'histoire. Si l'histoire est faite pour conserver les grands noms et les pensées du génie,
ces grands noms et ces pensées se trouvent ici [1].

Scipion l'Émilien, nommé consul par la faveur
du peuple, eut ordre de continuer le siége de Carthage. Il surprit d'abord la ville basse, qui portoit
le nom de *Mégara* ou de *Magara* [2]. Il voulut ensuite
fermer le port extérieur au moyen d'une chaussée.

---

[1] Ce Songe est une imitation d'un passage de *la République de Platon*.

[2] Je ne ferai la description de Carthage qu'en parlant de ses ruines.

Les Carthaginois ouvrirent une autre entrée à ce port, et parurent en mer au grand étonnement des Romains. Ils auroient pu brûler la flotte de Scipion; mais l'heure de Carthage étoit venue, et le trouble s'étoit emparé des conseils de cette ville infortunée.

Elle fut défendue par un certain Asdrubal, homme cruel, qui commandoit trente mille mercenaires, et qui traitoit les citoyens avec autant de rigueur que les ennemis. L'hiver s'étant passé dans les entreprises que j'ai décrites, Scipion attaqua au printemps le port intérieur appelé le *Cothon*.

Bientôt maître des murailles de ce port, il s'avança jusque dans la grande place de la ville. Trois rues s'ouvroient sur cette place et montoient en pente jusqu'à la citadelle connue sous le nom de *Byrsa*. Les habitants se défendirent dans les maisons de ces rues : Scipion fut obligé de les assiéger et de prendre chaque maison tour à tour. Ce combat dura six jours et six nuits. Une partie des soldats romains forçoit les retraites des Carthaginois, tandis qu'une autre partie étoit occupée à tirer avec des crocs les corps entassés dans les maisons ou précipités dans les rues. Beaucoup de vivants furent jetés pêle-mêle dans les fossés avec les morts.

Le septième jour, des députés parurent en habits de suppliants; ils se bornoient à demander la vie des citoyens réfugiés dans la citadelle. Scipion leur accorda leur demande, exceptant toutefois de cette grâce les déserteurs romains qui avoient passé du côté des Carthaginois. Cinquante mille personnes, hommes, femmes, enfants et vieillards, sortirent ainsi de Byrsa.

Au sommet de la citadelle s'élevoit un temple consacré à Esculape. Les transfuges, au nombre de neuf cents, se retranchèrent dans ce temple. Asdrubal les commandoit; il avoit avec lui sa femme et ses deux enfants. Cette troupe désespérée soutint quelque temps les efforts des Romains; mais, chassée peu à peu des parvis du temple, elle se renferma dans le temple même. Alors Asdrubal, entraîné par l'amour de la vie, abandonnant secrètement ses compagnons d'infortune, sa femme et ses enfants, vint, un rameau d'olivier à la main, embrasser les genoux de Scipion. Scipion le fit aussitôt montrer aux transfuges. Ceux-ci, pleins de rage, mirent le feu au temple, en faisant contre Asdrubal d'horribles imprécations.

Comme les flammes commençoient à sortir de l'édifice, on vit paroître une femme couverte de ses plus beaux habits, et tenant par la main deux enfants : c'étoit la femme d'Asdrubal. Elle promène ses regards sur les ennemis qui entouroient la citadelle, et reconnoissant Scipion : « Romain, s'écria-
« t-elle, je ne demande point au ciel qu'il exerce sur
« toi sa vengeance : tu ne fais que suivre les lois de
« la guerre; mais puisses-tu, avec les divinités de
« mon pays, punir le perfide qui trahit sa femme,
« ses enfants, sa patrie et ses dieux ! Et toi, Asdru-
« bal, Rome déjà prépare le châtiment de tes for-
« faits ! Indigne chef de Carthage, cours te faire
« traîner au char de ton vainqueur, tandis que ce feu

« va nous dérober, moi et mes enfants, à l'escla-
« vage ! »

En achevant ces mots, elle égorge ses enfants, les jette dans les flammes, et s'y précipite après eux. Tous les transfuges imitent son exemple.

Ainsi périt la patrie de Didon, de Sophonisbe et d'Annibal. Florus veut que l'on juge de la grandeur du désastre par l'embrasement qui dura dix-sept jours entiers. Scipion versa des pleurs sur le sort de Carthage. A l'aspect de l'incendie qui consumoit cette ville naguère si florissante, il songea aux révolutions des empires, et prononça ces vers d'Homère en les appliquant aux destinées futures de Rome : « Un temps viendra où l'on verra périr, et les sacrés « murs d'Ilion, et le belliqueux Priam, et tout son « peuple. » Corinthe fut détruite la même année que Carthage, et un enfant de Corinthe répéta, comme Scipion, un passage d'Homère, à la vue de sa patrie en cendres. Quel est donc cet homme que toute l'antiquité appelle à la chute des États et au spectacle des calamités des peuples, comme si rien ne pouvoit être grand et tragique sans sa présence ; comme si toutes les douleurs humaines étoient sous la protection et sous l'empire du chantre d'Ilion et d'Hector !

Carthage ne fut pas plus tôt détruite, qu'un dieu vengeur sembla sortir de ses ruines : Rome perd ses mœurs ; elle voit naître dans son sein des guerres civiles ; et cette corruption et ces discordes commencent sur les rivages Puniques. Et d'abord Scipion, destructeur de Carthage, meurt assassiné par la main de ses proches; les enfants de ce roi Masinissa, qui fit triompher les Romains, s'égorgent sur le tombeau de Sophonisbe; les dépouilles de Syphax servent à Jugurtha à pervertir et à vaincre les descendants de Régulus. « O cité vénale ! s'écrie le prince « Africain en sortant du Capitole : ô cité mûre pour « ta ruine, si tu trouves un acheteur ! » Bientôt Jugurtha fait passer une armée romaine sous le joug, presque à la vue de Carthage, et renouvelle cette honteuse cérémonie, comme pour réjouir les mânes d'Annibal; il tombe enfin dans les mains de Marius et perd l'esprit au milieu de la pompe triomphale. Les licteurs le dépouillent, lui arrachent ses pendants d'oreilles, le jettent nu dans une fosse, où ce roi justifie jusqu'à son dernier soupir ce qu'il avoit dit de l'avidité des Romains.

Mais la victoire obtenue sur le descendant de Masinissa fait naître entre Sylla et Marius cette jalousie qui va couvrir Rome de deuil. Obligé de fuir devant son rival, Marius vint chercher un asile parmi les tombeaux d'Hannon et d'Hamilcar. Un esclave de Sextilius, préfet d'Afrique, apporte à Marius l'ordre de quitter les débris qui lui servent de retraite : « Va dire à ton maître, répond le ter-« rible consul, que tu as vu Marius fugitif assis sur « les ruines de Carthage. »

« Marius et Carthage, disent un historien et un « poëte, se consoloient mutuellement de leur sort; et, « tombés l'un et l'autre, ils pardonnoient aux dieux. »

Enfin la liberté de Rome expire aux pieds de Carthage détruite et enchaînée. La vengeance est complète : c'est un Scipion qui succombe en Afrique sous les coups de César; et son corps est le jouet des flots qui portèrent les vaisseaux triomphants de ses aïeux.

Mais Caton vit encore à Utique, et avec lui Rome et la liberté sont encore debout. César approche : Caton juge que les dieux de la patrie se sont retirés. Il demande son épée; un enfant la lui apporte; Caton la tire du fourreau, en touche la pointe et dit : « Je suis mon maître! » Ensuite il se couche, et lit deux fois le dialogue de Platon sur l'immortalité de l'âme, après quoi il s'endort. Le chant des oiseaux le réveille au point du jour : il pense alors qu'il est temps de changer une vie libre en une vie immortelle; il se donne un coup d'épée au-dessous de l'estomac : il tombe de son lit, se débat contre la mort. On accourt, on bande sa plaie : il revient de son évanouissement, déchire l'appareil et arrache ses entrailles. Il aime mieux mourir pour une cause sainte, que de vivre sous un grand homme.

Le destin de Rome républicaine étant accompli, les hommes, les lois, ayant changé, le sort de Carthage changea pareillement. Déjà Tibérius Gracchus avoit établi une colonie dans l'enceinte déserte de la ville de Didon; mais sans doute cette colonie n'y prospéra pas, puisque Marius ne trouva à Carthage que des cabanes et des ruines. Jules César, étant en Afrique, fit un songe : il crut voir pendant son sommeil une grande armée qui l'appeloit en répandant des pleurs. Dès lors, il forma le projet de rebâtir Corinthe et Carthage, dont le rêve lui avoit apparemment offert les guerriers. Auguste, qui partagea toutes les fureurs d'une révolution sanglante, et qui les répara toutes, accomplit le dessein de César. Carthage sortit de ses ruines, et Strabon assure que de son temps elle étoit déjà florissante. Elle devint la métropole de l'Afrique, et fut célèbre par sa politesse et par ses écoles. Elle vit naître tour à tour de grands et d'heureux génies. Tertullien lui adressa son *Apologétique* contre les Gentils. Mais, toujours cruelle dans sa religion, Carthage persécuta les chrétiens innocents, comme elle avoit jadis brûlé des enfants en l'honneur de Saturne. Elle livra au martyre l'illustre Cyprien, qui faisoit refleurir l'éloquence latine. Arnobe et Lactance se distinguèrent à Carthage : le dernier y mérita le surnom de *Cicéron chrétien.*

Soixante ans après, saint Augustin puisa dans la capitale de l'Afrique ce goût des voluptés sur lequel, ainsi que le roi-prophète, il pleura le reste de sa vie. Sa belle imagination, touchée des fictions des poëtes, aimoit à chercher les restes du palais de Didon. Le désenchantement que l'âge amène, et le vide qui suit les plaisirs, rappelèrent le fils de Monique à des pensées plus graves. Saint Ambroise acheva la victoire, et Augustin, devenu évêque d'Hippone, fut un modèle de vertu. Sa maison ressembloit à une espèce de monastère où rien n'étoit affecté ni en pauvreté ni en richesse. Vêtu d'une manière modeste, mais propre et agréable, le vénérable prélat rejetoit les habits somptueux, qui ne convenoient, disoit-il, ni à son ministère, ni à son corps cassé de vieillesse, ni à ses cheveux blancs. Aucune femme n'entroit chez lui, pas même sa sœur, veuve et servante de Dieu. Les étrangers trouvoient à sa table une hospitalité libérale; mais, pour lui, il ne vivoit que de fruits et de légumes. Il faisoit sa principale occupation de l'assistance des pauvres et de la prédication de la parole de Dieu. Il fut surpris dans l'exercice de ses devoirs par les Vandales, qui vinrent mettre le siége devant Hippone, l'an 431 de notre ère, et qui changèrent la face de l'Afrique.

Les Barbares avoient déjà envahi les grandes provinces de l'empire; Rome même avoit été saccagée par Alaric. Les Vandales, ou poussés par les Visigoths, ou appelés par le comte Boniface, passèrent enfin d'Espagne en Afrique. Ils étoient, selon Procope, de la race des Goths, et joignoient à leur férocité naturelle le fanatisme religieux. Convertis au christianisme, mais ariens de secte, ils persécutèrent les catholiques avec une rage inouïe. Leur cruauté fut sans exemple : quand ils étoient repoussés devant une ville, ils massacroient leurs prisonniers autour de cette ville. Laissant les cadavres exposés au soleil, ils chargeoient, pour ainsi dire, le vent de porter la peste dans les murs que leur rage n'avoit pu frapper. L'Afrique fut épouvantée de cette race d'hommes, de géants demi-nus, qui faisoient des peuples vaincus des espèces de bêtes de somme, les chassoient par troupeaux devant eux, et les égorgeoient quand ils en étoient las.

Genseric établit à Carthage le siége de son empire : il étoit digne de commander aux Barbares que Dieu lui avoit soumis. C'étoit un prince sombre, sujet à des accès de la plus noire mélancolie, et qui paroissoit grand dans le naufrage général du monde civilisé, parce qu'il étoit monté sur des débris.

Au milieu de ses malheurs, une dernière vengeance étoit réservée à la ville de Didon. Genseric traverse la mer et s'empare de Rome : il la livre à ses soldats pendant quatorze jours et quatorze nuits. Il se rembarque ensuite ; la flotte du nouvel Annibal apporte à Carthage les dépouilles de Rome, comme la flotte de Scipion avoit apporté à Rome les dépouilles de Carthage. Tous les vaisseaux de Genseric, dit Procope, arrivèrent heureusement en Afrique, excepté celui qui portoit les dieux. Solidement établi dans son nouvel empire, Genseric en sortoit tous les ans pour ravager l'Italie, la Sicile, l'Illyrie et la Grèce. Les aveugles conquérants de cette époque sentoient intérieurement qu'ils n'étoient rien en eux-mêmes, qu'ils n'étoient que des instruments d'un conseil éternel. De là les noms qu'ils se donnoient de *Fléau de Dieu*, *de Ravageur de l'espèce humaine*; de là cette fureur de détruire dont ils se sentoient tourmentés, cette soif du sang qu'ils ne pouvoient éteindre; de là cette combinaison de toutes choses pour leurs succès, bassesse des hommes, absence de courage, de vertus, de talents, de génie : car rien ne devoit mettre d'obstacles à l'accomplissement des arrêts du ciel. La flotte de Genseric étoit prête ; ses soldats étoient embarqués : où alloit-il? Il ne le savoit pas lui-même. « Prince, lui dit le pilote, quels peuples allez-« vous attaquer?» — « Ceux-là, répond le Barbare, « que Dieu regarde à présent dans sa colère. »

Genseric mourut trente-neuf ans après avoir pris Carthage. C'étoit la seule ville d'Afrique dont il n'eût pas détruit les murs. Il eut pour successeur Honoric, l'un de ses fils.

Après un règne de huit ans, Honoric fut remplacé sur le trône par son cousin Gondamond : celui-ci porta le sceptre treize années, et laissa la couronne à Transamond son frère.

Le règne de Transamond fut en tout de vingt-sept années. Ilderic, fils d'Honoric et petit-fils de Genseric, hérita du royaume de Carthage. Gélimer, parent d'Ilderic, conspira contre lui, et le fit jeter dans un cachot. L'empereur Justinien prit la défense du monarque détrôné, et Bélisaire passa en Afrique. Gélimer ne fit presque point de résistance. Le général romain entra victorieux dans Carthage. Il se rendit au palais, où, par un jeu de la fortune, il mangea des viandes mêmes qui avoient été préparées pour Gélimer, et fut servi par les officiers de ce prince. Rien n'étoit changé à la cour, hors le maître; et c'est peu de chose quand il a cessé d'être heureux.

Bélisaire au reste étoit digne de ses succès. C'étoit un de ces hommes qui paroissent de loin à loin dans les jours du vice, pour interrompre le droit de prescription contre la vertu. Malheureusement ces nobles âmes qui brillent au milieu de la bassesse, ne produisent aucune révolution. Elles ne sont point liées aux affaires humaines de leur temps; étrangères et isolées dans le présent, elles ne peuvent avoir aucune influence sur l'avenir. Le monde roule sur elles sans les entraîner; mais aussi elles ne peuvent arrêter le monde. Pour que les âmes d'une haute nature soient utiles à la société, il faut qu'elles naissent chez un peuple qui conserve le goût de l'ordre, de la religion et des mœurs, et dont le génie et le caractère soient en rapport avec sa position morale et politique. Dans le siècle de Bélisaire, les événements étoient grands et les hommes petits. C'est pourquoi les annales de ce siècle, bien que remplies de catastrophes tragiques, nous révoltent et nous fatiguent. Nous ne cherchons point, dans l'histoire, les révolutions qui maîtrisent et écrasent des hommes, mais les hommes qui commandent aux révolutions, et qui soient plus puissants que la fortune. L'univers bouleversé par les Barbares ne nous inspire que de l'horreur et du mépris; nous sommes éternellement et justement occupés d'une petite querelle de Sparte et d'Athènes dans un petit coin de la Grèce.

Gélimer, prisonnier à Constantinople, servit au triomphe de Bélisaire. Bientôt après, ce monarque devint laboureur. En pareil cas, la philosophie peut consoler un homme d'une nature commune, mais elle ne fait qu'augmenter les regrets d'un cœur vraiment royal.

On sait que Justinien ne fit point crever les yeux à Bélisaire. Ce ne seroit après tout qu'un bien petit événement dans la grande histoire de l'ingratitude humaine. Quant à Carthage, elle vit un prince sortir de ses murs pour aller s'asseoir sur le trône des Césars : ce fut cet Héraclius qui renversa le tyran Phocas. Les Arabes firent, en 647, leur première expédition en Afrique. Cette expédition fut suivie de quatre autres dans l'espace de cinquante ans. Carthage tomba sous le joug musulman en 696. La plupart des habitants se sauvèrent en Espagne et en Sicile. Le patrice Jean, général de l'empereur Léonce, occupa la ville en 697, mais les Sarrasins y rentrèrent pour toujours en 698; et la fille de Tyr devint la proie des enfants d'Ismaël. Elle fut prise par Hassan, sous le califat d'Abd-el-Melike. On prétend que les nouveaux maîtres de Carthage en rasèrent jusqu'aux fondements. Cependant il en existoit encore de grands débris au commencement du neuvième siècle, s'il est vrai que des ambassadeurs de Charlemagne y découvrirent le corps de saint Cyprien. Vers la fin du même siècle, les infidèles formèrent une ligue contre les chrétiens, et ils avoient à leur tête, dit l'histoire, les *Sarrasins de Carthage.* Nous verrons aussi que saint Louis trouva une ville naissante dans les ruines de cette antique cité. Quoi qu'il en soit, elle n'offre plus aujourd'hui que les débris dont je vais parler. Elle n'est connue dans le pays que sous le nom de Bersach, qui semble être une corruption du nom de Byrsa. Quand on veut aller de Tunis à Carthage, il faut demander la tour d'Almenare ou *la torre* de Mastinacès: *ventoso gloria curru!*

Il est assez difficile de bien comprendre, d'après le récit des historiens, le plan de l'ancienne Carthage. Polybe et Tite-Live avoient sans doute parlé fort au long du siége de cette ville, mais nous n'avons plus leurs descriptions. Nous sommes réduits aux abréviateurs latins, tels que Florus et Velleïus Paterculus, qui n'entrent point dans le détail des lieux. Les géographes qui vinrent par la suite des temps ne connurent que la Carthage romaine. L'autorité la plus complète sur ce sujet est celle du Grec Appien, qui florissoit près de trois siècles après l'événement, et qui, dans son style déclamatoire, manque de précision et de clarté. Rollin, qui le suit, en y mêlant peut-être mal à propos l'autorité de Strabon, m'épargnera la peine d'une traduction.

« Elle étoit située dans le fond d'un golfe, envi-
« ronnée de mer en forme d'une presqu'île dont le
« col, c'est-à-dire l'isthme qui la joignoit au conti-
« nent, étoit d'une lieue et un quart (vingt-cinq
« stades). La presqu'île avoit de circuit dix-huit lieues
« (trois cent soixante stades). Du côté de l'occident
« il en sortoit une longue pointe de terre, large à
« peu près de douze toises (un demi-stade), qui,
« s'avançant dans la mer, la séparoit d'avec le ma-
« rais, et étoit fermée de tous côtés de rochers et
« d'une simple muraille. Du côté du midi et du con-
« tinent, où étoit la citadelle appelée *Byrsa,* la ville
« étoit close d'une triple muraille, haute de trente
« coudées, sans les parapets et les tours qui la flan-
« quoient tout à l'entour par d'égales distances, éloi-
« gnées l'une de l'autre de quatre-vingts toises.

« Chaque tour avoit quatre étages, les murailles
« n'en avoient que deux ; elles étoient voûtées, et
« dans le bas il y avoit des étables pour mettre trois
« cents éléphants, avec les choses nécessaires pour
« leur subsistance, et des écuries au-dessus pour
« quatre mille chevaux, et les greniers pour leur
« nourriture. Il s'y trouvoit aussi de quoi y loger
« vingt mille fantassins et quatre mille cavaliers.
« Enfin, tout cet appareil de guerre étoit renfermé
« dans les seules murailles. Il n'y avoit qu'un endroit
« de la ville dont les murs fussent foibles et bas :
« c'étoit un angle négligé qui commençoit à la pointe
« de terre dont nous avons parlé, et qui continuoit
« jusqu'au port qui étoit du côté du couchant. Il y
« en avoit deux qui se communiquoient l'un à l'autre,
« mais qui n'avoient qu'une seule entrée, large de
« soixante-dix pieds et fermée par des chaînes. Le
« premier étoit pour les marchands, où l'on trou-
« voit plusieurs et diverses demeures pour les ma-
« telots. L'autre étoit le port intérieur, pour les
« navires de guerre, au milieu duquel on voyoit une
« île nommée *Cothon,* bordée, aussi bien que le
« port, de grands quais où il y avoit des loges sé-
« parées pour mettre à couvert deux cent vingt na-
« vires, et des magasins au-dessus, où l'on gardoit
« tout ce qui étoit nécessaire à l'armement et à l'équi-
« pement des vaisseaux. L'entrée de chacune de ces
« loges, destinées à retirer les vaisseaux, étoit ornée
« de deux colonnes de marbre d'ouvrage ionique ; de
« sorte que tant le port que l'île représentoient des
« deux côtés deux magnifiques galeries. Dans cette

« île étoit le palais de l'amiral; et, comme il étoit
« vis-à-vis de l'entrée du port, il pouvoit de là décou-
« vrir tout ce qui se passoit dans la mer, sans que
« de la mer on pût rien voir de ce qui se faisoit dans
« l'intérieur du port. Les marchands, de même, n'a-
« voient aucune vue sur les vaisseaux de guerre, les
« deux ports étant séparés par une double muraille,
« et il y avoit dans chacun une porte particulière
« pour entrer dans la ville sans passer par l'autre
« port. On peut donc distinguer trois parties dans
« Carthage : le port qui étoit double, appelé quel-
« quefois *Cothon*, à cause de la petite île de ce nom;
« la citadelle, appelée *Byrsa*, la ville proprement
« dite, où demeuroient les habitants, qui environ-
« noit la citadelle, et étoit nommée *Mégara*. »

Il ne resta vraisemblablement de cette première
ville que les citernes publiques et particulières;
elles sont d'une beauté surprenante, et donnent
une grande idée des monuments des Carthaginois;
mais je ne sais si l'aqueduc qui conduisoit l'eau à
ces citernes ne doit pas être attribué à la seconde
Carthage. Je me fonde, pour la destruction entière de la cité de Didon, sur ce passage de Florus :
« *Quanta urbs deleta sit, ut de cœteris taceam, vel*
« *ignium mora probari potest. Quippe per conti-*
« *nuos XVII dies vix potuit incendium exstingui,*
« *quod domibus ac templis suis sponte hostes immi-*
« *serant; ut quatenus urbs eripi Romanis non pote-*
« *rat, triumphus arderet.* »

Appien ajoute que ce qui échappa aux flammes
fut démoli par ordre du sénat romain. « Rome, dit

« Velleïus Paterculus, déjà maîtresse du monde, ne
« se croyoit pas en sûreté tant que subsisteroit le
« nom de Carthage, » *si nomen usquam maneret
Carthaginis.*

Strabon, dans sa description courte et claire,
mêle évidemment différentes parties de l'ancienne
et de la nouvelle cité :

Καὶ Καρχηδὼν δὲ ἐπὶ χερρονήσου τινὸς ἵδρυται . . . . etc.

« Carthage, environnée de murs de toutes parts,
« occupe une presqu'île de trois cents stades de tour,
« qu'elle a attachée à la terre ferme par un isthme
« de soixante stades de largeur. Au milieu de la ville
« s'élevoit une colline sur laquelle étoit bâtie une
« citadelle appelée *Byrsa*. Au sommet de cette cita-
« delle on voyoit un temple consacré à Esculape, et
« des maisons couvroient la pente de la colline. Les
« ports sont au pied de Byrsa, ainsi que la petite
« île ronde appelée *Cothon*, autour de laquelle les
« vaisseaux forment un cercle. »

Sur ce mot *Karchèdòn* de l'original, j'observe,
après quelques écrivains, que, selon Samuel Bo-
chard, le nom phénicien de *Carthage* étoit *Cartha-
Hadath* ou *Cartha-Hadtha*, c'est-à-dire la nouvelle
ville. Les Grecs en firent *Karchèdòn*, et les Romains
Carthage. Les noms des trois parties de la ville
étoient également tirés du phénicien, *Magara* de
magar, magasin; *Byrsa* de *bosra*, forteresse; et
Cothon de *ratoun*, coupure; car il n'est pas bien
clair que le Cothon fût une île.

Après Strabon, nous ne savons plus rien de Carthage, sinon qu'elle étoit devenue une des plus grandes et des plus belles villes du monde. Pline pourtant se contente de dire : *Colonia Carthago, magnæ in vestigiis Carthaginis.* Pomponius Mela, avant Pline, ne paroît pas beaucoup plus favorable : *Jam quidem iterum opulenta, etiam nunc tamen priorum excidio rerum, quam ope præsentium clarior;* mais Solin dit : *Alterum post urbem Romam terrarum decus.* D'autres auteurs la nomment *la Grande* et *l'Heureuse* : *Carthago magna, felicitate reverenda.*

La nouvelle Carthage souffrit d'un incendie sous le règne de Marc-Aurèle; car on voit ce prince occupé à réparer les malheurs de la colonie.

Commode, qui mit une flotte en station à Carthage pour apporter à Rome les blés de l'Afrique, voulut changer le nom de *Carthage* en celui de *la ville Commodiane.* Cette folie de l'indigne fils d'un grand homme fut bientôt oubliée.

Les deux Gordiens ayant été proclamés empereurs en Afrique firent de Carthage la capitale du monde pendant leur règne d'un moment. Il paroît toutefois que les Carthaginois en témoignèrent peu de reconnoissance; car, selon Capitolin, ils se révoltèrent contre les Gordiens en faveur de Capélius. Zosime dit encore que ces mêmes Carthaginois reconnurent Sabinien pour leur maître, tandis que le jeune Gordien succédoit dans Rome à Balbin et à Maxime. Quand on croiroit, d'après Zonare, que Carthage fut favorable aux Gordiens, ces empereurs n'auroient pas eu le temps d'embellir beaucoup cette cité.

Plusieurs inscriptions rapportées par le savant docteur Shaw prouvent qu'Adrien, Aurélien et Septime Sévère élevèrent des monuments en différentes villes du Byzacium, et sans doute ils ne négligèrent pas la capitale de cette riche province.

Le tyran Maxence porta la flamme et le fer en Afrique, et triompha de Carthage comme de l'antique ennemie de Rome. On ne voit pas sans frissonner cette longue suite d'insensés qui, presque sans interruption, ont gouverné le monde depuis Tibère jusqu'à Constantin, et qui vont, après ce dernier prince, se joindre aux monstres de la Byzantine. Les peuples ne valoient guère mieux que les rois. Une effroyable convention sembloit exister entre les nations et les souverains : ceux-ci pour tout oser, celles-là pour tout souffrir.

Ainsi ce que nous savons des monuments de Carthage dans les siècles que nous venons de parcourir se réduit à très peu de chose : nous voyons seulement par les écrits de Tertullien, de saint Cyprien, de Lactance, de saint Augustin, par les canons des conciles de Carthage et par les *Actes des Martyrs*, qu'il y avoit à Carthage des amphithéâtres, des théâtres, des bains, des portiques. La ville ne fut jamais bien fortifiée, car Gordien-le-Vieux ne put s'y défendre; et, long-temps après, Genseric et Bélisaire y entrèrent sans difficulté.

J'ai entre les mains plusieurs monnoies des rois vandales qui prouvent que les arts étoient tout-à-fait perdus sous le règne de ces rois : ainsi il n'est pas probable que Carthage ait reçu aucun embellissement de ses nouveaux maîtres. Nous savons au contraire que Genseric abattit les églises et les théâtres; tous les monuments païens furent renversés par ses ordres : on cite entre autres le temple de Mémoire et la rue consacrée à la déesse Céleste. Cette rue étoit bordée de superbes édifices.

Justinien, après avoir arraché Carthage aux Vandales, y fit construire des portiques, des thermes, des églises et des monastères, comme on le voit dans le livre *des Édifices* de Procope. Cet historien parle encore d'une église bâtie par les Carthaginois, au bord de la mer, en l'honneur de saint Cyprien. Voilà ce que j'ai pu recueillir touchant les monuments d'une ville qui occupe un si haut rang dans l'histoire : passons maintenant à ses débris.

Le vaisseau sur lequel j'étois parti d'Alexandrie étant arrivé au port de Tunis, nous jetâmes l'ancre en face des ruines de Carthage : je les regardois sans pouvoir deviner ce que c'étoit; j'apercevois quelques cabanes de Maures, un ermitage musulman sur la pointe d'un cap avancé, des brebis paissant parmi des ruines; ruines si peu apparentes, que je les distinguois à peine du sol qui les portoit : c'étoit là Carthage :

> Devictæ Carthaginis arces
> Procubuere; jacent infausto in littore turres
> Eversæ. Quantum illa metus, quantum illa laborum
> Urbs dedit insultans Latio et Laurentibus arvis!
> Nunc passim, vix relliquias, vix nomina servans,
> Obruitur, propriis non agnoscenda ruinis.

« Les murs de Carthage vaincue et ses tours ren-
« versées gisent épars sur le rivage fatal. Quelle
« crainte cette ville n'a-t-elle pas jadis inspirée à
« Rome; quels efforts ne nous a-t-elle pas coûté
« lorsqu'elle nous insultoit jusque dans le Latium
« et dans les champs de Laurente! Maintenant on
« aperçoit à peine ses débris, elle conserve à peine
« son nom, et ne peut être reconnue à ses propres
« ruines. »

Pour se retrouver dans ces ruines, il est nécessaire de suivre une marche méthodique. Je suppose donc que le lecteur parte avec moi du fort de la Goulette, lequel, comme on sait et comme je l'ai dit, est situé sur le canal par où le lac de Tunis se dégorge dans la mer. Chevauchant le long du rivage, en se dirigeant est-nord-est, vous trouvez, après une demi-heure de chemin, des salines qui remontent vers l'ouest jusqu'à un fragment de mur assez voisin des grandes citernes. Passant entre les salines et la mer, vous commencez à découvrir des jetées qui s'étendent assez loin sous les flots. La mer et les jetées sont à votre droite; à votre gauche, vous apercevez sur des hauteurs inégales beaucoup de débris; au pied de ces débris est un bassin de forme ronde assez profond, et qui communiquoit autrefois avec la mer par un canal dont on voit encore la trace. Ce bassin doit être, selon moi, le Cothon, ou le port intérieur de Carthage. Les restes des immenses travaux que l'on aperçoit dans la mer indiqueroient, dans ce cas, le môle extérieur. Il me semble même qu'on peut distinguer quelques piles de la levée que Scipion fit construire afin de fermer le port. J'ai remarqué aussi un second canal intérieur, qui sera, si l'on veut, la coupure faite par les Carthaginois lorsqu'ils ouvrirent un autre passage à leur flotte.

Ce sentiment est directement opposé à celui du docteur Shaw, qui place l'ancien port de Carthage au nord et au nord-ouest de la péninsule, dans le marais noyé appelé *El-Mersa*, ou le havre. Il suppose que ce port a été bouché par les vents du nord-est, et par le limon de la Bagrada. D'Anville, dans sa *Géographie ancienne*, et Bélidor, dans son *Architecture hydraulique*, ont suivi cette opinion. Les voyageurs se sont soumis à ces grandes autorités. Je ne sais quelle est à cet égard l'opinion du savant Italien dont je n'ai pas vu l'ouvrage[1].

J'avoue que je suis effrayé d'avoir à combattre des hommes d'un mérite aussi éminent que Shaw et d'Anville. L'un avoit vu les lieux, et l'autre les avoit devinés, si on me passe cette expression. Une chose cependant m'encourage : M. Humberg, commandant-ingénieur à la Goulette, homme très habile, et qui réside depuis long-temps au milieu des ruines de Carthage, rejette absolument l'hypothèse du savant Anglais. Il est certain qu'il faut se défier de ces prétendus changements de lieux, de ces accidents locaux, à l'aide desquels on explique les difficultés d'un plan qu'on n'entend pas. Je ne sais

[1] J'ai indiqué cet ouvrage plus haut.
Son opinion paroît semblable à la mienne. Voyez la Préface de la troisième édition.

donc si la Bagrada a pu fermer l'ancien port de Carthage, comme le docteur Shaw le suppose, ni produire sur le rivage d'Utique toutes les révolutions qu'il indique. La partie élevée du terrain au nord et au nord-ouest de l'isthme de Carthage n'a pas, soit le long de la mer, soit dans l'El-Mersa, la moindre sinuosité qui pût servir d'abri à un bateau. Pour trouver le Cothon dans cette position, il faut avoir recours à une espèce de trou qui, de l'aveu de Shaw, n'occupe pas cent verges en carré. Sur la mer du sud-est, au contraire, vous rencontrez de longues levées, des voûtes qui peuvent avoir été les magasins, ou même les loges des galères ; vous voyez des canaux creusés de main d'hommes, un bassin intérieur assez grand pour contenir les barques des anciens ; et, au milieu de ce bassin, une petite île.

L'histoire vient à mon secours. Scipion l'Africain étoit occupé à fortifier Tunis lorsqu'il vit des vaisseaux sortir de Carthage pour attaquer la flotte romaine à Utique (Tite-Live, liv. X). Si le port de Carthage avoit été au nord, de l'autre côté de l'isthme, Scipion, placé à Tunis, n'auroit pas pu découvrir les galères des Carthaginois ; la terre cache dans cette partie le golfe d'Utique. Mais, si l'on place le port au sud-est, Scipion vit et dut voir appareiller les ennemis.

Quand Scipion l'Émilien entreprit de fermer le port extérieur, il fit commencer la jetée à la pointe du cap de Carthage (App.). Or, le cap de Carthage est à l'orient, sur la baie même de Tunis. Appien ajoute que cette pointe de terre étoit près du port ;

ce qui est vrai si le port étoit au sud-est ; ce qui est faux si le port se trouvoit au nord-ouest. Une chaussée, conduite de la plus longue pointe de l'isthme de Carthage pour enclore au nord-ouest ce qu'on appelle l'*El-Mersa*, est une chose absurde à supposer.

Enfin, après avoir pris le Cothon, Scipion attaqua Byrsa, ou la citadelle (Appien); le Cothon étoit donc au-dessous de la citadelle ; or, celle-ci étoit bâtie sur la plus haute colline de Carthage, colline que l'on voit entre le midi et l'orient. Le Cothon placé au nord-ouest auroit été trop éloigné de Byrsa, tandis que le bassin que j'indique est précisément au pied de la colline du sud-est.

Si je m'étends sur ce point plus qu'il n'est nécessaire à beaucoup de lecteurs, il y en a d'autres aussi qui prennent un vif intérêt aux souvenirs de l'histoire, et qui ne cherchent dans un ouvrage que des faits et des connoissances positives. N'est-il pas singulier que, dans une ville aussi fameuse que Carthage, on en soit à chercher l'emplacement même de ses ports, et que ce qui fit sa principale gloire, soit précisément ce qui est le plus oublié ?

Shaw me semble avoir été plus heureux à l'égard du port marqué dans le premier livre de l'*Énéide*. Quelques savants ont cru que ce port étoit une création du poëte ; d'autres ont pensé que Virgile avoit eu l'intention de représenter, ou le port d'Ithaque, ou celui de Carthagène, ou la baie de Naples ; mais le chantre de Didon étoit trop scrupuleux sur la peinture des lieux pour se permettre une telle licence; il a décrit dans la plus exacte vérité un port à quelque distance de Carthage. Laissons parler le docteur Shaw :

« L'*Arvah-Reah*, l'Aquilaria des anciens, est à
« deux lieues à l'est-nord-est de Seedy-Doude, un
« peu au sud du promontoire de Mercure : ce fut là
« que Curion débarqua les troupes qui furent en-
« suite taillées en pièces par Saburra. Il y a ici di-
« vers restes d'antiquités, mais il n'y en a point qui
« méritent de l'attention. La montagne située entre
« le bord de la mer et le village, où il n'y a qu'un
« demi-mille de distance, est à vingt ou trente pieds
« au-dessus du niveau de la mer, fort artistement
« taillée, et percée en quelques endroits pour faire
« entrer l'air dans les voûtes que l'on y a pratiquées :
« on voit encore dans ces voûtes à des distances ré-
« glées, de grosses colonnes et des arches pour sou-
« tenir la montagne. Ce sont ici les carrières dont
« parle Strabon, d'où les habitants de Carthage,
« d'Utique et de plusieurs autres villes voisines pou-
« voient tirer des pierres pour leurs bâtiments; et,
« comme le dehors de la montagne est tout couvert
« d'arbres, que les voûtes qu'on y a faites s'ouvrent
« du côté de la mer, qu'il y a un grand rocher de
« chaque côté de cette ouverture vis-à-vis laquelle
« est l'île d'Ægimurus, et que de plus on y trouve
« des sources qui sortent du roc, et des reposoirs
« pour les travailleurs, on ne sauroit presque dou-
« ter, vu que les circonstances y répondent si exac-
« tement, que ce ne soit ici la caverne que Virgile
« place quelque part dans le golfe, et dont il fait la

« description dans les vers suivants, quoiqu'il y ait
« des commentateurs qui ont cru que ce n'est qu'une
« pure fiction du poëte :

> Est in secessu longo locus : insula portum
> Efficit objectu laterum ; quibus omnis ab alto
> Frangitur, inque sinus scindit sese unda reductos.
> Hinc atque hinc vastæ rupes, geminique minantur
> In cœlum scopuli, quorum sub vertice late
> Æquora tuta silent : tum sylvis scena coruscis
> Desuper, horrentique atrum nemus imminet umbra.
> Fronte sub adversa, scopulis pendentibus antrum :
> Intus aquæ dulces, vivoque sedilia saxo,
> Nympharum domus, etc.
> (Virg., *Æneid.*, lib. i, v. 163-172.)

A présent que nous connoissons les ports, le reste ne nous retiendra pas long-temps. Je suppose que nous avons continué notre route le long de la mer jusqu'à l'angle d'où sort le promontoire de Carthage. Ce cap, selon le docteur Shaw, ne fut jamais compris dans la cité. Maintenant nous quittons la mer, et, tournant à gauche, nous parcourons en revenant au midi les ruines de la ville, disposées sur l'amphithéâtre des collines.

Nous trouvons d'abord les débris d'un très grand édifice qui semble avoir fait partie d'un palais et d'un théâtre. Au-dessus de cet édifice, en montant à l'ouest, on arrive aux belles citernes qui passent généralement pour être les seuls restes de Carthage : elles recevoient peut-être les eaux d'un aquéduc dont on voit des fragments dans la campagne. Cet aquéduc parcouroit un espace de cinquante milles, et se rendoit aux sources du Zawan[1] et de Zungar. Il y avoit des temples au-dessus de ces sources : les plus grandes arches de l'aquéduc ont soixante-dix pieds de haut; et les piliers de ces arches emportent seize pieds sur chaque face. Les citernes sont immenses : elles forment une suite de voûtes qui prennent naissance les unes dans les autres, et qui sont bordées, dans toute leur longueur, par un corridor : c'est véritablement un magnifique ouvrage.

Pour aller des citernes publiques à la colline de Byrsa, on traverse un chemin raboteux. Au pied de la colline, on trouve un cimetière et un misérable village, peut-être le *Tents* de lady Montague[2]. Le sommet de l'Acropole offre un terrain uni, semé de petits morceaux de marbre, et qui est visiblement l'aire d'un palais ou d'un temple. Si l'on tient pour le palais, ce sera le palais de Didon; si l'on préfère le temple, il faudra reconnoître celui d'Esculape. Là, deux femmes se précipitèrent dans les flammes, l'une pour ne pas survivre à son déshonneur, l'autre à sa patrie.

> Soleil, dont les regards embrassent l'univers,
> Reine des dieux, témoins de mes affreux revers,
> Triple Hécate, pour qui dans l'horreur des ténèbres
> Retentissent les airs des hurlements funèbres;
> Pâles filles du Styx, vous tous, lugubres dieux,
> Dieux de Didon mourante, écoutez tous mes vœux !

---

[1] On prononce dans le pays *Zauvan*.

[2] Les *écuries des éléphants*, dont parle lady Montague, sont des chambres souterraines qui n'ont rien de remarquable.

S'il faut qu'enfin ce monstre, échappant au naufrage,
Soit poussé dans le port, jeté sur le rivage;
Si c'est l'arrêt du sort, la volonté des cieux,
Que du moins assailli d'un peuple audacieux,
Errant dans les climats où son destin l'exile,
Implorant des secours, mendiant un asile,
Redemandant son fils arraché de ses bras,
De ses plus chers amis il pleure le trépas!...
Qu'une honteuse paix suive une guerre affreuse!
Qu'au moment de régner, une mort malheureuse
L'enlève avant le temps! Qu'il meure sans secours,
Et que son corps sanglant reste en proie aux vautours!
Voilà mon dernier vœu! Du courroux qui m'enflamme
Ainsi le dernier cri s'exhale avec mon âme.
Et toi, mon peuple, et toi, prends son peuple en horreur!
Didon au lit de mort te lègue sa fureur!
En tribut à ta reine offre un sang qu'elle abhorre!
C'est ainsi que mon ombre exige qu'on l'honore.
Sors de ma cendre, sors, prends la flamme et le fer,
Toi qui dois me venger des enfants de Teucer!
Que le peuple latin, que les fils de Carthage,
Opposés par les lieux, le soient plus par leur rage!
Que de leurs ports jaloux, que de leurs murs rivaux,
Soldats contre soldats, vaisseaux contre vaisseaux,
Courent ensanglanter et la mer et la terre!
Qu'une haine éternelle éternise la guerre!
. . . .
A peine elle achevoit, que du glaive cruel
Ses suivantes ont vu partir le coup mortel,
Ont vu sur le bûcher la reine défaillante,
Dans ses sanglantes mains l'épée encor fumante.

Du sommet de Byrsa l'œil embrasse les ruines de Carthage, qui sont plus nombreuses qu'on ne le pense généralement : elles ressemblent à celles de Sparte, n'ayant rien de bien conservé, mais occupant un espace considérable. Je les vis au mois de février; les figuiers, les oliviers et les caroubiers donnoient déjà leurs premières feuilles; de grandes

angéliques et des acanthes formoient des touffes de
verdure parmi les débris de marbre de toutes couleurs. Au loin je promenois mes regards sur l'isthme,
sur une double mer, sur des îles lointaines, sur une
campagne riante, sur des lacs bleuâtres, sur des
montagnes azurées; je découvrois des forêts, des
vaisseaux, des aquéducs, des villages maures, des
ermitages mahométans, des minarets et les maisons blanches de Tunis. Des millions de sansonnets,
réunis en bataillons et ressemblant à des nuages,
voloient au-dessus de ma tête. Environné des plus
grands et des plus touchants souvenirs, je pensois à
Didon, à Sophonisbe, à la noble épouse d'Asdrubal;
je contemplois les vastes plaines où sont ensevelies
les légions d'Annibal, de Scipion et de César; mes
yeux vouloient reconnoître l'emplacement d'Utique:
Hélas! les débris des palais de Tibère existent encore à Caprée, et l'on cherche en vain à Utique la
place de la maison de Caton! Enfin, les terribles
Vandales, les légers Maures passoient tour à tour
devant ma mémoire, qui m'offroit pour dernier
tableau saint Louis expirant sur les ruines de Carthage. Que le récit de la mort de ce prince termine
cet *Itinéraire* : heureux de rentrer, pour ainsi dire,
dans ma patrie, par un antique monument de ses
vertus, et de finir au tombeau du roi de sainte mémoire ce long pèlerinage aux tombeaux des grands
hommes.

Lorsque saint Louis entreprit son second voyage
d'outre mer, il n'étoit plus jeune. Sa santé affoiblie
ne lui permettoit ni de rester long-temps à cheval,

ni de soutenir le poids d'une armure; mais Louis n'avoit rien perdu de la vigueur de l'âme. Il assemble à Paris les grands du royaume; il leur fait la peinture des malheurs de la Palestine, et leur déclare qu'il est résolu d'aller au secours de ses frères les chrétiens. En même temps il reçoit la croix des mains du légat, et la donne à ses trois fils aînés.

Une foule de seigneurs se croisent avec lui : les rois de l'Europe se préparent à prendre la bannière. Charles de Sicile, Édouard d'Angleterre, Gaston de Béarn, les rois de Navarre et d'Aragon. Les femmes montrèrent le même zèle : la dame de Poitiers, la comtesse de Bretagne, Iolande de Bourgogne, Jeanne de Toulouse, Isabelle de France, Amicie de Courtenay, quittèrent la quenouille que filoient alors les reines, et suivirent leurs maris outre mer.

Saint Louis fit son testament : il laissa à Agnès, la plus jeune de ses filles, dix mille francs pour se marier, et quatre mille francs à la reine Marguerite; il nomma ensuite deux régents du royaume, Matthieu, abbé de Saint-Denis, et Simon, sire de Nesle; après quoi il alla prendre l'oriflamme.

Cette bannière, que l'on commence à voir paroître dans nos armées sous le règne de Louis-le-Gros, étoit un étendard de soie attaché au bout d'une lance : il étoit *d'un vermeil samit, à guise de gonfanon à trois queues, et avoit autour des houpes de soie verte*. On le déposoit en temps de paix sur l'autel de l'abbaye de Saint-Denis, parmi les tombeaux des rois, comme pour avertir que, de race en race, les François étoient fidèles à Dieu, au prince et à l'honneur. Saint Louis prit cette bannière des mains de l'abbé, selon l'usage. Il reçut en même temps l'escarcelle[1] et le bourdon[2] du pèlerin, que l'on appeloit alors *la consolation et la marque du voyage*[3] : coutume si ancienne dans la monarchie, que Charlemagne fut enterré avec l'escarcelle d'or qu'il avoit habitude de porter lorsqu'il alloit en Italie.

Louis pria au tombeau des martyrs, et mit son royaume sous la protection du patron de la France. Le lendemain de cette cérémonie, il se rendit pieds nus, avec ses fils, du Palais de Justice à l'église de Notre-Dame. Le soir du même jour il partit pour Vincennes, où il fit ses adieux à la reine Marguerite, *gentille, bonne reine, pleine de grand simplece*, dit Robert de Sainceriaux; ensuite il quitta pour jamais ces vieux chênes, vénérables témoins de sa justice et de sa vertu.

« Mainte fois ai vu que le saint homme roi s'alloit
« ébattre au bois de Vincennes, et s'asseyoit au pied
« d'un chêne, et nous faisoit seoir auprès de lui, et
« tous ceux qui avoient affaire à lui venoient lui
« parler sans qu'aucun huissier leur donnât empê-
« chement... Aussi plusieurs fois ai vu qu'au temps
« d'été le bon roi venoit au jardin de Paris, vêtu
« d'une cotte de camelot, d'un surcot de tiretaine
« sans manche et d'un mantel par-dessus de sandal
« noir, et fesoit là étendre des tapis pour nous as-

---

[1] Une ceinture.

[2] Un bâton.   [3] *Solatia et indicia itineris.*

« seoir auprès de lui, et là fesoit dépêcher son peuple
« diligemment comme au bois de Vincennes[1]. »

Saint Louis s'embarqua à Aigues-Mortes le mardi 1ᵉʳ juillet 1270. Trois avis avoient été ouverts dans le conseil du roi avant de mettre à la voile : d'aborder à Saint-Jean-d'Acre, d'attaquer l'Égypte, de faire une descente à Tunis. Malheureusement saint Louis se rangea au dernier avis par une raison qui sembloit assez décisive.

Tunis étoit alors sous la domination d'un prince que Geoffroy de Beaulieu et Guillaume de Nangis nomment *Omar-el-Muley-Moztanca*. Les historiens du temps ne disent point pourquoi ce prince feignit de vouloir embrasser la religion des chrétiens ; mais il est assez probable qu'apprenant l'armement des Croisés, et ne sachant où tomberoit l'orage, il crut le détourner en envoyant des ambassadeurs en France, et flattant le saint roi d'une conversion à laquelle il ne pensoit point. Cette tromperie de l'infidèle fut précisément ce qui attira sur lui la tempête qu'il prétendoit conjurer. Louis pensa qu'il suffiroit de donner à Omar une occasion de déclarer ses desseins, et qu'alors une grande partie de l'Afrique se feroit chrétienne à l'exemple de son prince.

Une raison politique se joignoit à ce motif religieux : les Tunisiens infestoient les mers ; ils enlevoient les secours que l'on faisoit passer aux princes chrétiens de la Palestine ; ils fournissoient des chevaux, des armes et des soldats aux soudans d'Égypte ;

[1] Sire de Joinville.

ils étoient le centre des liaisons que Bondoc-Dari entretenoit avec les Maures de Maroc et de l'Espagne. Il importoit donc de détruire ce repaire de brigands, pour rendre plus faciles les expéditions en Terre-Sainte.

Saint Louis entra dans la baie de Tunis au mois de juillet 1270. En ce temps-là un prince maure avoit entrepris de rebâtir Carthage : plusieurs maisons nouvelles s'élevoient déjà au milieu des ruines, et l'on voyoit un château sur la colline de Byrsa. Les Croisés furent frappés de la beauté du pays couvert de bois d'oliviers. Omar ne vint point au-devant des François; il les menaça au contraire de faire égorger tous les chrétiens de ses États si l'on tentoit le débarquement. Ces menaces n'empêchèrent point l'armée de descendre; elle campa dans l'isthme de Carthage, et l'aumônier d'un roi de France prit possession de la patrie d'Annibal en ces mots : *Je vous dis le ban de Notre-Seigneur Jésus-Christ, et de Louis, roi de France, son sergent.* Ce même lieu avoit entendu parler le gétule, le tyrien, le latin, le vandale, le grec et l'arabe, et toujours les mêmes passions dans des langues diverses.

Saint Louis résolut de prendre Carthage avant d'assiéger Tunis, qui étoit alors une ville riche, commerçante et fortifiée. Il chassa les Sarrasins d'une tour qui défendoit les citernes : le château fut emporté d'assaut, et la nouvelle cité suivit le sort de la forteresse. Les princesses qui accompagnoient leurs maris débarquèrent au port; et, par une de ces révolutions que les siècles amènent, les grandes dames de France s'établirent dans les ruines des palais de Didon.

Mais la prospérité sembloit abandonner saint Louis dès qu'il avoit passé les mers ; comme s'il eût toujours été destiné à donner aux infidèles l'exemple de l'héroïsme dans le malheur. Il ne pouvoit attaquer Tunis avant d'avoir reçu les secours que devoit lui amener son frère, le roi de Sicile. Obligée de se retrancher dans l'isthme, l'armée fut attaquée d'une maladie contagieuse qui en peu de jours emporta la moitié des soldats. Le soleil de l'Afrique dévoroit des hommes accoutumés à vivre sous un ciel plus doux. Afin d'augmenter la misère des Croisés, les Maures élevoient un sable brûlant avec des machines : livrant au souffle du midi cette arène embrasée, ils imitoient pour les chrétiens les effets du kansim ou du terrible vent du désert : ingénieuse et épouvantable invention, digne des solitudes qui en firent naître l'idée, et qui montre à quel point l'homme peut porter le génie de la destruction. Des combats continuels achevoient d'épuiser les forces de l'armée : les vivants ne suffisoient pas à enterrer les morts ; on jetoit les cadavres dans les fossés du camp, qui en furent bientôt comblés.

Déjà les comtes de Nemours, de Montmorency et de Vendôme n'étoient plus ; le roi avoit vu mourir dans ses bras son fils chéri, le comte de Nevers. Il se sentit lui-même frappé. Il s'aperçut dès le premier moment que le coup étoit mortel ; que ce coup abattroit facilement un corps usé par les fatigues de la guerre, par les soucis du trône et par ces veilles religieuses et royales que Louis consacroit à son Dieu et à son peuple. Il tâcha néanmoins de dissimuler son mal et de cacher la douleur qu'il ressentoit de la perte de son fils. On le voyoit, la mort sur le front, visiter les hôpitaux, comme un de ces Pères de la Merci consacrés dans les mêmes lieux à la rédemption des captifs et au salut des pestiférés. Des œuvres du saint il passoit aux devoirs du roi, veilloit à la sûreté du camp, montroit à l'ennemi un visage intrépide, où, assis devant sa tente, rendoit la justice à ses sujets comme sous le chêne de Vincennes.

Philippe, fils aîné et successeur de Louis, ne quittoit point son père qu'il voyoit près de descendre au tombeau. Le roi fut enfin obligé de garder sa tente : alors, ne pouvant plus être lui-même utile à ses peuples, il tâcha de leur assurer le bonheur dans l'avenir, en adressant à Philippe cette instruction qu'aucun François ne lira jamais sans verser des larmes. Il l'écrivit sur son lit de mort. Du Cange parle d'un manuscrit qui paroît avoir été l'original de cette instruction : l'écriture en étoit grande, mais altérée : elle annonçoit la défaillance de la main qui avoit tracé l'expression d'une âme si forte.

« Beau fils, la première chose que je t'enseigne et
« commande à garder, si est que de tout ton cœur tu
« aimes Dieu. Car sans ce, nul homme ne peut être
« sauvé. Et garde bien de faire chose qui lui dé-
« plaise. Car tu devrois plutôt désirer à souffrir
« toutes manières de tourments, que de pécher
« mortellement.

« Si Dieu t'envoie adversité, reçois-la bénigne-
« ment, et lui en rends grâce : et pense que tu l'as
« bien desservi, et que le tout te tournera à ton
« preu. S'il te donne prospérité, si l'en remercie
« très humblement, et garde que pour ce tu n'en
« sois pas pire par orgueil, ne autrement. Car on
« ne doit pas guerroyer Dieu de ses dons.

« Prends-toi bien garde que tu aies en ta com-
« pagnie prudes gens et loyaux, qui ne soient point
« pleins de convoitises, soit gens d'église, de reli-
« gion, séculiers ou autres. Fuis la compagnie des
« mauvais, et t'efforce d'écouter les paroles de Dieu,
« et les retiens en ton cœur.

« Aussi fais droiture et justice à chacun, tant aux
« pauvres comme aux riches. Et à tes serviteurs sois
« loyal, libéral et roide de paroles, à ce qu'ils te
« craignent et aiment comme leur maître. Et si au-
« cune controversité ou action se meut, enquiers-
« toi jusqu'à la vérité, soit tant pour toi que contre
« toi. Si tu es averti d'avoir aucune chose d'autrui,
« qui soit certaine, soit par toi ou par tes prédéces-
« seurs, fais-la rendre incontinent.

« Regarde en toute diligence comment les gens et
« sujets vivent en paix et en droiture dessous toi,
« par espécial ès bonnes villes et cités, et ailleurs.
« Maintiens tes franchises et libertés, esquelles tes
« anciens les ont maintenues et gardées, et les tiens
« en faveur et amour.

« Garde-toi d'émouvoir guerre contre hommes
« chrétiens sans grand conseil, et qu'autrement tu
« n'y puisses obvier. Si guerre et débats y a entre

« tes sujets, apaise-les au plus tôt que tu pourras.

« Prends garde souvent à tes baillifs, prévôts et
« autres officiers, et t'enquiers de leur gouverne-
« ment, afin que, si chose y a en eux à reprendre,
« que tu le fasses.

« Et te supplie, mon enfant, que, en ma fin, tu
« aies de moi souvenance, et de ma pauvre âme; et
« me secoures par messes, oraisons, prières, au-
« mônes et bienfaits, par tout ton royaume. Et
« m'octroie partage et portion en tous tes bienfaits,
« que tu feras.

« Et je te donne toute bénédiction que jamais père
« peut donner à enfant, priant à toute la Trinité du
« paradis, le Père, le Fils et le Saint-Esprit, qu'ils
« te gardent et défendent de tous maux; à ce que
« nous puissions une fois, après cette mortelle vie,
« être devant Dieu ensemble, et lui rendre grâce et
« louange sans fin. »

Tout homme près de mourir, détrompé sur les
choses du monde, peut adresser de sages instructions à ses enfants; mais, quand ces instructions
sont appuyées de l'exemple de toute une vie d'innocence; quand elles sortent de la bouche d'un grand
prince, d'un guerrier intrépide, et du cœur le plus
simple qui fut jamais; quand elles sont les dernières expressions d'une âme divine qui rentre aux
éternelles demeures, alors heureux le peuple qui
peut se glorifier en disant : « L'homme qui a écrit
« ces instructions étoit le roi de mes pères ! »

La maladie faisant des progrès, Louis demanda
l'extrême-onction. Il répondit aux prières des ago-

nisants avec une voix aussi ferme que s'il eût donné des ordres sur un champ de bataille. Il se mit à genoux au pied de son lit pour recevoir le saint viatique, et on fut obligé de soutenir par les bras ce nouveau saint Jérôme, dans cette dernière communion. Depuis ce moment il mit fin aux pensées de la terre, et se crut acquitté envers ses peuples. Eh, quel monarque avoit jamais mieux rempli ses devoirs! Sa charité s'étendit alors à tous les hommes : il pria pour les infidèles qui firent à la fois la gloire et le malheur de sa vie; il invoqua les saints patrons de la France, de cette France si chère à son âme royale. Le lundi matin, 25 août, sentant que son heure approchoit, il se fit coucher sur un lit de cendres, où il demeura étendu les bras croisés sur la poitrine, et les yeux levés vers le ciel.

On n'a vu qu'une fois, et l'on ne reverra jamais un pareil spectacle : la flotte du roi de Sicile se montroit à l'horizon; la campagne et les collines étoient couvertes de l'armée des Maures. Au milieu des débris de Carthage le camp des chrétiens offroit l'image de la plus affreuse douleur : aucun bruit ne s'y faisoit entendre; les soldats moribonds sortoient des hôpitaux, et se traînoient à travers les ruines, pour s'approcher de leur roi expirant. Louis étoit entouré de sa famille en larmes, des princes consternés, des princesses défaillantes. Les députés de l'empereur de Constantinople se trouvoient présents à cette scène : ils purent raconter à la Grèce la merveille d'un trépas que Socrate auroit admiré. Du lit de cendres où saint Louis rendoit le dernier

8.

soupir, on découvroit le rivage d'Utique : chacun pouvoit faire la comparaison de la mort du philosophe stoïcien et du philosophe chrétien. Plus heureux que Caton, saint Louis ne fut point obligé de lire un traité de l'immortalité de l'âme pour se convaincre de l'existence d'une vie future : il en trouvoit la preuve invincible dans sa religion, ses vertus et ses malheurs. Enfin, vers les trois heures de l'après-midi, le roi, jetant un grand soupir, prononça distinctement ces paroles : « Seigneur, « j'entrerai dans votre maison, et je vous adorerai « dans votre saint temple[1] ; » et son âme s'envola dans le saint temple qu'il étoit digne d'habiter.

On entend alors retentir la trompette des Croisés de Sicile : leur flotte arrive pleine de joie et chargée d'inutiles secours. On ne répond point à leur signal. Charles d'Anjou s'étonne et commence à craindre quelque malheur. Il aborde au rivage, il voit des sentinelles, la pique renversée, exprimant encore moins leur douleur par ce deuil militaire que par l'abattement de leur visage. Il vole à la tente du roi son frère : il le trouve étendu mort sur la cendre. Il se jette sur les reliques sacrées, les arrose de ses larmes, baise avec respect les pieds du saint, et donne des marques de tendresse et de regrets qu'on n'auroit point attendues d'une âme si hautaine. Le visage de Louis avait encore toutes les couleurs de la vie, et ses lèvres même étoient vermeilles.

Charles obtint les entrailles de son frère, qu'il

[1] *Psalm.*

fit déposer à Montréal près de Salerne. Le cœur et les ossements du prince furent destinés à l'abbaye de Saint-Denis ; mais les soldats ne voulurent point laisser partir avant eux ces restes chéris, disant que les cendres de leur souverain étoient le salut de l'armée. Il plut à Dieu d'attacher au tombeau du grand homme une vertu qui se manifesta par des miracles. La France, qui ne pouvoit se consoler d'avoir perdu sur la terre un tel monarque, le déclara son protecteur dans le ciel. Louis, placé au rang des saints, devint ainsi pour la patrie une espèce de roi éternel. On s'empressa de lui élever des églises et des chapelles plus magnifiques que les simples palais où il avoit passé sa vie. Les vieux chevaliers qui l'accompagnèrent à sa première croisade furent les premiers à reconnoître la nouvelle puissance de leur chef : « Et j'ai fait faire, dit le « sire de Joinville, un autel en l'honneur de Dieu « et de monseigneur saint Loys. »

La mort de Louis, si touchante, si vertueuse, si tranquille, par où se termine l'histoire de Carthage, semble être un sacrifice de paix offert en expiation des fureurs, des passions et des crimes dont cette ville infortunée fut si long-temps le théâtre. Je n'ai plus rien à dire aux lecteurs; il est temps qu'ils rentrent avec moi dans notre commune patrie.

Je quittai M. Devoise, qui m'avoit si noblement donné l'hospitalité. Je m'embarquai sur le schooner américain, où, comme je l'ai dit, M. Lear m'avoit fait obtenir un passage. Nous appareillâmes de la Goulette le lundi 9 mars 1807, et nous fîmes voile pour l'Espagne. Nous prîmes les ordres d'une frégate américaine dans la rade d'Alger. Je ne descendis point à terre. Alger est bâti dans une position charmante, sur une côte qui rappelle la belle colline du Pausilype. Nous reconnûmes l'Espagne le 19 à sept heures du matin, vers le cap de Gatte, à la pointe du royaume de Grenade. Nous suivîmes le rivage, et nous passâmes devant Malaga. Enfin nous vînmes jeter l'ancre, le vendredi-saint, 27 mars, dans la baie de Gibraltar.

Je descendis à Algésiras le lundi de Pâques. J'en partis le 4 avril pour Cadix, où j'arrivai deux jours après, et où je fus reçu avec une extrême politesse par le consul et le vice-consul de France, MM. Leroi et Canclaux. De Cadix je me rendis à Cordoue : j'admirai la mosquée, qui fait aujourd'hui la cathédrale de cette ville. Je parcourus l'ancienne Bétique, où les poëtes avoient placé le bonheur. Je remontai jusqu'à Andujar, et je revins sur mes pas pour voir Grenade. L'Alhambra me parut digne d'être regardé, même après les temples de la Grèce. La vallée de Grenade est délicieuse, et ressemble beaucoup à celle de Sparte : on conçoit que les Maures regrettent un pareil pays.

Je partis de Grenade pour Aranjuès ; je traversai la patrie de l'illustre chevalier de la Manche, que je tiens pour le plus noble, le plus brave, le plus aimable et le moins fou des mortels. Je vis le Tage à Aranjuès, et j'arrivai le 21 avril à Madrid.

M. de Beauharnois, ambassadeur de France à la cour d'Espagne, me combla de bontés ; il avoit connu autrefois mon malheureux frère, mort sur l'échafaud avec son illustre aïeul[1]. Je quittai Madrid le 24. Je passai à l'Escurial, bâti par Philippe II sur les montagnes désertes de la Vieille-Castille. La cour vient chaque année s'établir dans ce monastère, comme pour donner à des solitaires morts au monde le spectacle de toutes les passions, et recevoir d'eux ces leçons dont les passions ne profitent jamais. C'est là que l'on voit encore la chapelle funèbre où les rois d'Espagne sont ensevelis dans des tombeaux pareils, disposés en échelons; de sorte que toute cette poussière est étiquetée et rangée en ordre comme les curiosités d'un muséum. Il y a des sépulcres vides pour les souverains qui ne sont point encore descendus dans ces lieux.

De l'Escurial je pris ma route pour Ségovie; l'aquéduc de cette ville est un des plus grands ouvrages des Romains; mais il faut laisser M. de La Borde nous décrire ces monuments dans son beau *Voyage*. A Burgos, une superbe cathédrale gothique m'annonça l'approche de mon pays. Je n'oubliai point les cendres du Cid :

>   Don Rodrigue surtout n'a trait à son visage
>   Qui d'un homme de cœur ne soit la haute image,
>   Et sort d'une maison si féconde en guerriers,
>   Qu'ils y prennent naissance au milieu des lauriers.
>   . . . . Il adoroit Chimène.

A Miranda, je saluai l'Èbre qui vit le premier pas

---

[1] M. de Malesherbes.

de cet Annibal dont j'avois si long temps suivi les traces.

Je traversai Vittoria et les charmantes montagnes de la Biscaye. Le 3 de mai je mis le pied sur les terres de France : j'arrivai le 5 à Bayonne, après avoir fait le tour entier de la Méditerranée, visité Sparte, Athènes, Smyrne, Constantinople, Rhodes, Jérusalem, Alexandrie, le Caire, Carthage, Cordoue, Grenade et Madrid.

Quand les anciens pèlerins avoient accompli le voyage de la Terre-Sainte, ils déposoient leur bourdon à Jérusalem, et prenoient pour le retour un bâton de palmier : je n'ai point rapporté dans mon pays un pareil symbole de gloire, et je n'ai point attaché à mes derniers travaux une importance qu'ils ne méritent pas. Il y a vingt ans que je me consacre à l'étude au milieu de tous les hasards et de tous les chagrins, *diversa exilia et desertas quærere terras :* un grand nombre de feuilles de mes livres ont été tracées sous la tente, dans les déserts, au milieu des flots; j'ai souvent tenu la plume sans savoir comment je prolongerois de quelques instants mon existence : ce sont là des droits à l'indulgence, et non des titres à la gloire. J'ai fait mes adieux aux Muses dans les *Martyrs*, et je les renouvelle dans ces Mémoires, qui ne sont que la suite ou le commentaire de l'autre ouvrage. Si le ciel m'accorde un repos que je n'ai jamais goûté, je tâcherai d'élever en silence un monument à ma patrie; si la Providence me refuse ce repos, je ne dois songer qu'à mettre mes derniers jours à l'abri des soucis qui ont empoisonné les premiers. Je ne suis plus jeune; je n'ai plus l'amour du bruit; je sais que les lettres, dont le commerce est si doux quand il est secret, ne nous attirent au dehors que des orages : dans tous les cas, j'ai assez écrit, si mon nom doit vivre; beaucoup trop, s'il doit mourir.

FIN DE L'ITINÉRAIRE.

NOTES.

NOTE A.

Cette note faisoit partie du texte dans les deux premières éditions.

« Cependant la barque s'approcha, et Septimius se leva
« le premier en pieds qui salua Pompeius, en langage ro-
« main du nom d'*Imperator,* qui est à dire, souverain capi-
« taine, et Achillas le salua aussi en langage grec, et luy dit
« qu'il passast en sa barque, pource que le long du rivage
« il y avoit force vase et des bans de sable, tellement qu'il
« n'y avoit pas assez eau pour sa galère; mais en mesme
« temps on voyoit de loing plusieurs galères de celles du
« roy, qu'on armoit en diligence, et toute la coste couverte
« de gens de guerre, tellement que quand Pompeius et
« ceulx de sa compagnie eussent voulu changer d'advis, ils
« n'eussent plus sceu se sauver, et si y avoit d'avantage
« qu'en monstrant de se deffier, ilz donnoient au meurtrier
« quelque couleur d'exécuter sa meschanceté. Parquoy pre-
« nant congé de sa femme Cornelia, laquelle desjà avant
« le coup faisoit les lamentations de sa fin, il commanda à
« deux centeniers qu'ilz entrassent en la barque de l'Égyp-
« tien devant luy, et à un de ses serfs affranchiz qui s'ap-
« peloit *Philippus,* avec un autre esclave qui se nommoit
« *Scymes.* Et comme jà Achillas luy tendoit la main de de-
« dans sa barque, il se retourna devers sa femme et son
« filz, et leur dit ces vers de Sophocle:

> Qui en maison de prince entre, devient
> Serf, quoy qu'il soit libre quand il y vient.

« Ce furent les dernières paroles qu'il dit aux siens, quand
« il passa de sa galère en la barque : et pource qu'il y avoit
« loing de sa galère jusqu'à la terre ferme, voyant que par

«le chemin personne ne lui entamoit propos d'amiable en-
«tretien, il regarda Septimius au visage, et luy dit : «Il me
«semble que je te recognois, compagnon, pour avoir au-
«trefois esté à la guerre avec moy.» L'autre luy feit signe
«de la teste seulement qu'il étoit vray, sans luy faire autre
«réponse ne caresse quelconque : parquoy n'y ayant plus
«personne qui dist mot, il prist en sa main un petit livret,
«dedans lequel il avoit escript une harengue en langage
«grec, qu'il vouloit faire à Ptolemæus, et se met à la lire.
«Quand ilz vindrent à approcher de la terre, Cornelia,
«avec ses domestiques et familiers amis, se leva sur ses
«pieds, regardant en grande détresse quelle seroit l'issue.
«Si luy sembla qu'elle devoit bien espérer, quand elle
«aperceut plusieurs des gens du roy, qui se présentèrent
«à la descente comme pour le recueillir et l'honorer : mais
«sur ce poinct ainsi comme il prenoit la main de son af-
«franchy Philippus pour se lever plus à son aise, Septi-
«mius vint le premier par derrière qui luy passa son espée
«à travers le corps, après lequel Salvius et Achillas des-
«gaiunèrent aussi leurs espées, et adonc Pompeius tira sa
«robe à deux mains au-devant de sa face, sans dire ny
«faire aucune chose indigne de luy, et endura vertueuse-
«ment les coups qu'ilz luy donnèrent, en soupirant un
«peu seulement ; estant aagé de cinquante-neuf ans, et
«ayant achevé sa vie le jour ensuivant celuy de sa nati-
«vité. Ceulx qui estoient dedans les vaisseaux à la rade,
«quand ilz aperceurent ce meurtre jettèrent une si grande
«clameur, que l'on l'entendoit jusques à la coste, et le-
«vant en diligence les anchres se mirent à la voile pour
«s'enfouir, à quoy leur servit le vent qui se leva inconti-
«nent frais aussi tost qu'ilz eurent gaigné la haute mer, de
«manière que les Égyptiens qui s'appareilloient pour vo-
«guer après eulx, quand ilz veirent cela, s'en déportèrent,
«et ayant coupé la teste en jettèrent le tronc du corps hors
«de la barque, exposé à qui eut envie de voir un si misé-
«rable spectacle.

«Philippus son affranchy demoura toujours auprès, jus-

« ques à ce que les Égyptiens furent assouvis de le regar-
« der, et puis l'ayant lavé de l'eau de la mer, et enveloppé
« d'une sienne pauvre chemise, pource qu'il n'avoit autre
« chose, il chercha au long de la grève, où il trouva quel-
« que demourant d'un vieil bateau de pescheur, dont les
« pièces estoient bien vieilles, mais suffisantes pour brusler
« un pauvre corps nud, et encore non tout entier. Ainsi
« comme il les amassoit et assembloit, il survint un Romain
« homme d'aage, qui en ses jeunes ans avoit esté à la
« guerre sous Pompeius : si luy demanda, « Qui es tu, mon
« amy, qui fais cest apprest pour les funérailles du grand
« Pompeius ? » Philippus lui respondit qu'il estoit un sien
« affranchy. « Ha, dit le Romain, tu n'auras pas tout seul
« cest honneur, et te prie, veuille-moy recevoir pour com-
« pagnon en une si saincte et si dévote rencontre, afin que
« je n'aie point occasion de me plaindre en tout et par
« tout de m'estre habitué en pays estranger, ayant, en ré-
« compense de plusieurs maulx que j'y ay endurez, rencon-
« tré au moins ceste bonne adventure de pouvoir toucher
« avec mes mains, et aider à ensepvelir le plus grand capi-
« taine des Romains. » Voilà comment Pompeius fut ense-
« pulturé. Le lendemain Lucius Lentulus ne sachant rien de
« ce qui estoit passé, ains venant de Cypre, alloit cinglant
« au long du rivage, et aperceut un feu de funérailles, et
« Philippus auprès, lequel il ne recogneut pas du pre-
« mier coup : si luy demanda, « Qui est celuy qui, ayant ici
« achevé le cours de sa destinée, repose en ce lieu ? » Mais
« soudain, jettant un grand soupir, il ajouta : « Hélas ! à
« l'adventure est-ce toi, grand Pompeius ? » Puis descendit
« en terre, là où tantost après il fut pris et tué. Telle fut la
« fin du grand Pompeius.

« Il ne passa guère de temps après que Cæsar n'arrivast
« en Égypte ainsi troublée et estonnée, là où luy fut la teste
« de Pompeius présentée ; mais il tourna la face arrière pour
« ne la point veoir, et ayant en horreur celui qui la luy pré-
« sentoit comme un meurtrier excommunié, se prit à plo-
« rer : bien prit-il l'anneau duquel il cachettoit ses lettres, qui

«luy fut aussi présenté, et où il y avoit engravé en la pierre
«un lion tenant une espée ; mais il feit mourir Achillas
«et Pothinus : et leur roy mesme Ptolomæus ayant esté
«desfait dans une bataille au long de la rivière du Nil,
«disparut, de manière qu'on ne sceut oncques puis ce qu'il
«estoit devenu. Quant au rhétoricien Theodotus, il eschappa
«la punition de Cæsar : car il s'enfouit de bonne-heure,
«et s'en alla errant çà et là par le pays d'Égypte, estant
«misérable et haï de tout le monde. Mais depuis, Marcus
«Brutus, après avoir occis Cæsar, se trouvant le plus fort en
«Asie, le rencontra par cas d'adventure, et après lui avoir
«feit endurer tous les tourments dont il se peut adviser,
«le feit finalement mourir. Les cendres du corps de Pom-
«peius furent depuis rapportées à sa femme Cornelia, la-
«quelle les posa en une sienne terre qu'il avoit près la ville
«de Alba. »

NOTE B.

Fragment d'une Lettre de J. B. d'Ansse de Villoison, membre de l'Institut de France, au professeur Millin, sur l'inscription grecque de la prétendue colonne de Pompée.

Le professeur Jaubert vient de rapporter d'Alexandrie une copie de l'inscription fruste qui porte faussement le nom de *Pompée*. Cette copie est parfaitement conforme à une autre que j'avois déjà reçue. La voici avec mes notes et avec ma traduction :

1 ΤΟ... ΩΤΑΤΟΝΑΥΤΟΚΡΑΤΟΡΑ
2 ΤΟΝΠΟΛΙΟΥΧΟΝΑΛΕΞΑΝΔΡΕΙΑC
3 ΔΙΟΚ.Η.ΙΑΝΟΝΤΟΝ.... ΤΟΝ
4 ΠΟ...ΕΠΑΡΧΟCΑΙΚΥΠΤΟΥ.

Ligne première, ΤΟ. Il est évident que c'est l'article τοῦ. *Ibidem*, ligne première,... ΩΤΑΤΟΝΑΥΤΟΚΡΑΤΟΡΑ. Il est également clair que c'est une épithète donnée à l'empereur Dioclétien ; mais, pour la trouver, il faut chercher un superlatif qui se termine en ὠτατον, par un *oméga* (et non par un *omicron,* ce qui seroit plus facile et plus commun), et ensuite qui convienne particulièrement à ce prince. Je crois que c'est ὁσιώτατον, *très saint :* qu'on ne soit pas surpris de cette épithète ; je la vois donnée à Dioclétien sur une inscription grecque découverte dans la vallée de Thymbra (aujourd'hui *Thimbrek-Déré*), près la plaine de Bounar - Bachi, et rapportée par Lechevalier, n° 1, page 256 de son *Voyage dans la Troade,* seconde édition, Paris, an VII, in-8°. On y lit : ΤΩΝ ΟCΙΩΤΑΤΩΝ ΗΜΩΝ ΑΥΤΟΚΡΑΤΟΡΩΝ ΔΙΟΚΛΗΤΙΑΝΟΥ ΚΑΙ ΜΑΞΙΜΙΑΝΟΥ ; c'est-à-dire *de nos très saints empereurs Dioclétien et Maximien.* Sur une autre inscription d'une colonne voisine, ils partagent avec Constance Chlore ce même titre, ὁσιώτατοι, *très saints,* dont les empereurs grecs et chrétiens du Bas-Empire ont hérité, comme je l'ai observé *ibidem*, page 249.

Ligne 2, ΤΟΝ ΠΟΛΙΟΥΧΟΝ ΑΛΕΞΑΝΔΡΕΙΑC. C'est proprement *le protecteur, le génie tutélaire d'Alexandrie.* Les Athéniens donnoient le nom de πολιοῦχος à Minerve, qui présidoit à leur ville et la couvroit de son égide. Voyez ce que dit *Spanheim* sur le 53ᵉ vers de l'hymne de Callimaque, *sur les bains de Pallas,* page 668 et suiv., tome II, édition d'Ernesti.

Ligne 3, ΔΙΟΚ.Η.ΙΑΝΟΝ. Le Λ et le Τ sont détruits ; mais on reconnoît tout de suite le nom de *Dioclétien,* ΔΙΟΚΛΗΤΙΑΝΟΝ.

Ibid., ligne 3, ΤΟΝ...ΤΟΝ. Je crois qu'il faut suppléer CEBACTON, *c'est-à-dire* Auguste, τὸν σεβαστόν. Tout le monde sait que Dioclétien prend les deux titres d'εὐσεβὴς et de σεβαστὸς, *pius Augustus,* sur plusieurs médailles, et celui de σεβαστὸς, AUGUSTE, sur presque toutes, notamment sur celles d'Alexandrie, et le place immédiatement après son nom. Voyez M. Zoëga, pag. 335 et suiv. de ses *Nummi Ægypti imperatorii, Romæ,* 1787, *in-*4°.

Quatrième et dernière ligne, ΠΟ. C'est l'abréviation si

connue de Πόβλιος, Publius. Voyez Corsini, pag. 55, col. 1, *De notis Græcorum, Florentiæ,* 1749, *in-folio; Gennaro Sisti,* pag. 51 de son *Indirizzo per la lettura greca dalle sue oscurità rischiarata, in Napoli,* 1758, *in-8°, etc.* Les Romains rendoient le même nom de *Publius* par ces deux lettres P.V. Voyez page 328 d'un ouvrage fort utile, et totalement inconnu en France, intitulé: *Notæ et siglæ quæ in nummis et lapidibus apud Romanos obtinebant, explicatæ,* par mon savant et vertueux ami feu M. Jean-Dominique Coletti, ex-jésuite vénitien, dont je regretterai sans cesse la perte. Ses estimables frères, les doctes MM. Coletti, les Aldes de nos jours, ont donné cet ouvrage classique à Venise, 1785, in-4°.

Peut-être la lettre initiale du nom suivant, entièrement effacé, de ce préfet d'Egypte, étoit-elle un м, qu'on aura pu joindre mal à propos dans cette occasion aux lettres précédentes ΠΟ. Alors on aura pu croire que ΠΟΜ étoit une abréviation de ΠΟΜΠΗΙΟC, Pompée, dont le nom est quelquefois indiqué par ces trois lettres, comme dans une inscription de Sparte, rapportée n° 248, page xxxviii des *Inscriptiones et Epigrammata græca et latina, reperta a Cyriaco Anconitano,* recueil publié à Rome, *in-fol.,* en 1654, par Charles Moroni, bibliothécaire du cardinal Albani. Voyez aussi Maffei, pag. 66 de ses *Siglæ Græcorum lapidariæ, Veronæ,* 1746, *in-8°; Gennaro Sisti,* l. c., p. 51, etc. Cette erreur en auroit engendré une autre, et auroit donné lieu à la dénomination vulgaire et fausse de *colonne de Pompée.* Les seules lettres ΠΟ suffisaient pour accréditer cette opinion dans les siècles d'ignorance.

Quoi qu'il en soit de cette conjecture, les historiens qui ont parlé du règne de Dioclétien ne m'apprennent pas le nom totalement détruit de ce préfet d'Égypte, et me laissent dans l'impossibilité de suppléer cette petite lacune, peu importante, et la seule qui reste maintenant dans cette inscription. Seroit-ce Pomponius Januarius, qui fut consul, en 288, avec Maximien?

Je soupçonne, au reste, que ce gouverneur a pris une

ancienne colonne, monument d'un âge où les arts fleurissoient, et l'a choisie pour y placer le nom de *Dioclétien, et* lui faire sa cour aux dépens de l'antiquité.

À la fin de cette inscription, il faut nécessairement sous-entendre, suivant l'usage constant, ἀνέθηκεν, ἀνέστησεν, ou τιμήσεν, ou ἀφιέρωσεν, ou quelque autre verbe semblable, qui désigne que ce préfet a érigé, a consacré ce monument à la gloire de Dioclétien. L'on feroit un volume presque aussi gros que le recueil de Gruter, si l'on vouloit entasser toutes les pierres antiques et accumuler toutes les inscriptions grecques où se trouve cette ellipse si commune dont plusieurs antiquaires ont parlé, et cette construction avec l'accusatif sans verbe. C'est ainsi que les Latins omettent souvent le verbe POSVIT.

Il ne reste plus qu'à tâcher de déterminer la date précise de cette inscription. Elle ne paroît pas pouvoir être antérieure à l'année 296 ou 297, époque de la défaite et de la mort d'Achillée, qui s'étoit emparé de l'Égypte, et s'y soutint pendant environ six ans. Je serois tenté de croire qu'elle est de l'an 302, et a rapport à la distribution abondante de pain que l'empereur Dioclétien fit faire à une foule innombrable d'indigents de la ville d'Alexandrie, dont il est appelé, pour cette raison, le génie tutélaire, le conservateur, le protecteur, πολιοῦχος. Ces immenses largesses continuèrent jusqu'au règne de Justinien, qui les abolit. Voyez le *Chronicon Paschale*, à l'an 302, page 276 de l'édition de Du Cange, et l'*Histoire secrète* de Procope, ch. xxvi, page 77, édition du Louvre.

Je crois maintenant avoir éclairci toutes les difficultés de cette inscription fameuse. Voici la manière dont je l'écrirois en caractères grecs ordinaires cursifs; j'y joins ma version latine et ma traduction françoise :

Τὸν ὁσιώτατον αὐτοκράτορα,
Τὸν πολιοῦχον Ἀλεξανδρείας,
Διοκλητιανὸν τὸν σεβαστὸν,
Πόβλιος... ἔπαρχος Αἰγύπτου.

NOTES.

SANCTISSIMO IMPERATORI,
PATRONO CONSERVATORI ALEXANDRIÆ,
DIOCLETIANO AVGVSTO,
PVBLIVS... PRÆFECTUS ÆGYPTO.

C'est-à-dire : Publius... (ou Pomponius), préfet d'Égypte, a consacré ce monument à la gloire du très saint empereur Dioclétien Auguste, le génie tutélaire d'Alexandrie.

Ce 29 juin 1803

ITINERARIUM

A BURDIGALA HIERUSALEM USQUE,

ET AB HERACLEA.

PER AULONAM, ET PER URBEM ROMAM,

MEDIOLANUM USQUE;

ANTE ANNOS MILLE ET TRECENTOS

SIMPLICI SERMONE SCRIPTUM;

EX ANTIQUISSIMO P. PITHOEI EXEMPLARI EDITUM.

N° Ier.

ITINERARIUM

A

BURDIGALA HIERUSALEM USQUE,

ET AB HERACLEA

PER AULONAM, ET PER URBEM ROMAM,

MEDIOLANUM USQUE;

SIC:

CIVITAS BURDIGALA, UBI EST FLUVIUS GARONNA, PER QUEM FACIT MARE OCEANUM ACCESSA ET RECESSA, PER LEUCAS PLUS MINUS CENTUM.

Mutatio Stomatas................................	Leuc. VII.
Mutatio Sirione....................................	L. VIIII.
Civitas Vasatas....................................	L. VIIII.
Mutatio Tres Arbores...........................	L. V.
Mutatio Oscineio.................................	L. VIII.
Mutatio Scittio.....................................	L. VIII.
Civitas Elusa.......................................	L. VIII.
Mutatio Vanesia...................................	L. XII.
Civitas Auscius....................................	L. VIII.
Mutatio ad Sextum...............................	L. VI.
Mutatio Hungunverro...........................	L. VII.
Mutatio Bucconis.................................	L. VII.
Mutatio ad Jovem................................	L. VII.

Civitas Tholosa	L. VII.
Mutatio ad Nonum	M. VIIII.
Mutatio ad Vicesimum	M. XI.
Mansio Elusione	M. VIIII.
Mutatio Sostomago	M. VIIII.
Vicus Hebromago	M. X.
Mutatio Cedros	M. VI.
Castellum Carcassone	M. VIII.
Mutatio Tricensimum	M. VIII.
Mutatio Hosverbas	M. XV.
Civitas Narbone	M. XV.
Civitas Biterris	M. XVI.
Mansio Cessarone	M. XII.
Mutatio foro Domiti	M. XVIII.
Mutatio Sostantione	M. XVII.
Mutatio Ambrosio	M. XV.
Civitas Nemauso	M. XV.
Mutatio Ponte Ærarium	M. XII.
Civitas Arellate	M. VIII.

Fit a Burdigala Arellate usque Millia CCCLXXI; Mutationes XXX; Mansiones XI.

Mutatio Arnagine	M. VIII.
Mutatio Bellinto	M. X.
Civitas Avenione	M. V.
Mutatio Cypresseta	M. V.
Civitas Arausione	M. XV.
Mutatio ad Lectoce	M. XIII.
Mutatio Novem Craris	M. X.
Mansio Acuno	M. XV.
Mutatio Vancianis	M. XII.
Mutatio Umbenno	M. XII.
Civitas Valentia	M. VIIII.
Mutatio Cerebelliaca	M. XII.
Mansio Augusta	M. X.
Mutatio Darentiaca	M. XII.

Civitas Dea Vocontiorum. . . . . M. XVI.
Mansio Luco. . . . . M. XII.
Mutatio Vologatis. . . . . M. VIIII.

Inde ascenditur Gaura Mons.

Mutatio Cambono. . . . . M. VIII.
Mansio Monte Seleuci. . . . . M. VIII.
Mutatio Daviano. . . . . M. VIII.
Mutatio ad Fine. . . . . M. XII.
Mansio Vapineo. . . . . M. XI.
Mansio Catoricas. . . . . M. XII.
Mansio Hebriduno. . . . . M. XVI.

Inde incipiunt Alpes Cottiæ.

Mutatio Rame. . . . . M. XVII.
Mansio Byrigantum. . . . . M. XVII.

Inde ascendis Matronam.

Mutatio Gesdaone. . . . . M. X.
Mansio ad Marte. . . . . M. VIIII.
Civitas Secussione. . . . . M. XVI.

Inde incipit Italia.

Mutatio ad Duodecimum. M. XII.
Mansio ad Fines. . . . . M. XII.
Mutatio ad Octavum. . . . . M. VIII.
Civitas Taurinis. . . . . M. VIII.
Mutatio ad Decimum. . . . . M. X.
Mansio Quadratis. . . . . M. XII.
Mutatio Ceste. . . . . M. XI.
Mansio Rigomaco. . . . . M. VIII.
Mutatio ad Medias. . . . . M. X.
Mutatio ad Cottias. . . . . M. XIII.
Mansio Laumello. . . . . M. XII.

Mutatio Duriis.............................. M. VIIII.
Civitas Ticeno.............................. M. XII.
Mutatio ad Decimum.......................... M. X.
Civitas Mediolanum.......................... M. X.
Mansio Fluvio Frigido .... M. XII.

Fit ab Arellato ad Mediolanum usque, Millia CCCLXXV;
Mutationes LXIII; Mansiones XXII.

Mutatio Argentia............................ M. X.
Mutatio Ponte Aurioli....................... M. X.
Civitas Vergamo............................. M. XIII.
Mutatio Tollegatæ........................... M. XII.
Mutatio Tetellus............................ M. X.
Civitas Brixa............................... M. X.
Mansio ad Flexum............................ M. XI.
Mutatio Beneventum.......................... M. X.
Civitas Verona.............................. M. X.
Mutatio Cadiano............................. M. X.
Mutatio Auræos.............................. M. X.
Civitas Vincentia .... M. XI.
Mutatio ad Finem .... M. XI.
Civitas Patavi.............................. M. X.
Mutatio ad Duodecimum....................... M. XII.
Mutatio ad Nonum............................ M. XI.
Civitas Altino .... M. VIIII.
Mutatio Sanos............................... M. X.
Civitas Concordia........................... M. VIIII.
Mutatio Apicilia............................ M. VIIII.
Mutatio ad Undecimum........................ M. X.
Civitas Aquileia............................ M. XI.

Fit a Mediolano Aquileiam usque, Millia CCLI;
Mutationes XXIV; Mansiones VIIII.

Mutatio ad Undecimum .... M. XI.
Mutatio ad Fornolus......................... M. XII.
Mutatio castra.............................. M. XII.

Inde sunt Alpes Juliæ.

AD PIRUM SUMMAS ALPES	M. VIIII.
MANSIO LONGATICO	M. XII.
MUTATIO AD NONUM	M. VIII.
CIVITAS EMONA	M. XIII.
MUTATIO AD QUARTODECIMO	M. X.
MANSIO HADRANTE	M. XIII.

Fines Italiæ et Norci.

MUTATIO AD MEDIAS	M. XIII.
CIVITAS CELEIA	M. XIII.
MUTATIO LOTODOS	M. XII.
MANSIO RAGINDONE	M. XII.
MUTATIO PULTOVIA	M. XII.
CIVITAS PETOVIONE	M. XII.

Transis pontem, intras Pannoniam inferiorem.

MUTATIO RAMISTA	M. VIIII.
MANSIO AQUA VIVA	M. VIIII.
MUTATIO POPOLIS	M. X.
CIVITAS JOVIA	M. VIIII.
MUTATIO SUNISTA	M. VIIII.
MUTATIO PERITUR	M. XII.
MANSIO LENTOLIS	M. XII.
MUTATIO CARDONO	M. X.
MUTATIO COCCONIS	M. XII.
MANSIO SEROTA	M. X.
MUTATIO BOLENTIA	M. X.
MANSIO MAURIANIS	M. VIIII.

Intras Pannoniam superiorem.

MUTATIO SERENA	M. VIII.
MANSIO VEREIS	M. X.

Mutatio Jovalia	M. VIII.
Mutatio Mersella	M. VIII.
Civitas Mursa	M. X.
Mutatio Leutuoano	M. XII.
Civitas Cibalis	M. XII.
Mutatio Celena	M. XI.
Mansio Ulmo	M. XI.
Mutatio Spaneta	M. X.
Mutatio Vedulia	M. VIII.
Civitas Sirmium	M. VIII.

Fit ab Aquileia Sirmium usque, Millia CCCCXII; Mutationes XXXVIIII; Mansiones XVII.

Mutatio Fossis	M. VIIII
Civitas Bassianis	M. X.
Mutatio Noviciani	M. XII.
Mutatio Altina	M. XI.
Civitas Singiduno	M. VIII.

Finis Pannoniæ et Mysiæ.

Mutatio ad Sextum	M. VI.
Mutatio Tricornia Castra	M. VI.
Mutatio ad Sextum Miliare	M. VII.
Civitas Aureo Monte	M. VI.
Mutatio Vingeio	M. VI.
Civitas Margo	M. VIIII.
Civitas Viminatio	M. X.

Ubi Diocletianus occidit Carinum.

Mutatio ad Nonum	M. VIIII.
Mansio Municipio	M. VIIII.
Mutatio Jovis Pago	M. X.
Mutatio Bao	M. VII.
Mansio Idomo	M. VIIII.

Mutatio ad Octavum	M. VIIII.
Mansio Oromago	M. VIII.

Finis Mysiæ et Daciæ.

Mutatio Sarmatorum	M. XII.
Mutatio Cametas	M. XI.
Mansio Ipompeis	M. VIIII.
Mutatio Rappiana	M. XII.
Civitas Naisso	M. XII.
Mutatio Redicibus	M. XII.
Mutatio Ulmo	M. VII.
Mansio Romansiana	M. VIIII.
Mutatio Latina	M. VIIII.
Mansio Turribus	M. VIIII.
Mutatio Translitis	M. XII.
Mutatio Ballanstra	M. X.
Mansio Meldia	M. VIIII.
Mutatio Scretisca	M. XII.
Civitas Serdica	M. XI.

Fit a Sirmio Serdicam usque, Millia CCCXIIII; Mutationes XXIV; Mansiones XIII.

Mutatio Extvomne	M. VIII.
Mansio Buragara	M. VIIII.
Mutatio Sparata	M. VIII.
Mansio Ilica	M. X.
Mutatio Soneio	M. VIIII.

Finis Daciæ et Thraciæ.

Mutatio Ponteucasi	M. VI.
Mansio Bonamans	M. VI.
Mutatio Alusore	M. VIIII.
Mansio Basapare	M. XII.
Mutatio Tugugero	M. VIIII.

Civitas Eilopopuli............................	M. XII.
Mutatio Syrnota	M. X.
Mutatio Paramuole...........................	M. VIII.
Mansio Cillio................................	M. XII.
Mutatio Carassura...........................	M. VIIII.
Mansio Azzo.................................	M. XI.
Mutatio Palæ................................	M. VII.
Mansio Castozobra...........................	M. XI.
Mutatio Rhamis..............................	M. VII.
Mansio Burdista..............................	M. XI.
Mutatio Daphabæ............................	M. XI.
Mansio Nicæ.................................	M. VIIII.
Mutatio Tarpodizo............................	M. X.
Mutatio Urisio...............................	M. VII.
Mansio Virgolis..............................	M. VII.
Mutatio Nargo...............................	M. VIII.
Mansio Drizupara............................	M. VIIII.
Mutatio Tipso................................	M. X.
Mansio Turonullo............................	M. XI
Mutatio Beodizo.............................	M. VIII.
Civitas Heraclia..............................	M. VIIII.
Mutatio Baunne	M. XII.
Mansio Salamembria	M. X.
Mutatio Callum	M. X.
Mansio Atyra................................	M. X.
Mansio Regio................................	M. XII.
Civitas Constantinopoli......................	M. XII.

Fit a Serdica Constantinopolim usque, Mil. CCCCXIII; Mutationes XII; Mansiones XX.

Fit omnis summa a Burdigala Constantinopolim vicies bis centena vigenti unum Millia; Mutationes CCXXX; Mansiones CXII.

Item ambulavimus Dalmatio et Dalmaticei, Zenofilo Cons. III kal. jun. a Calcedonia.

Et reversi sumus Constantinopolim VII kal. jan. Consule suprascripto.

A Constantinopoli transis Pontum, venis Calcedoniam, ambulas provinciam Bithyniam.

Mutatio Nassete	M. VII. S.
Mansio Pandicia	M. VII. S.
Mutatio Pontamus	M. XIII.
Mansio Libissa	M. VIIII.

Ibi positus est Rex Annibalianus, qui fuit Afrorum.

Mutatio Brunga	M. XII.
Civitas Nicomedia	M. XIII.

Fit a Constantinopoli Nicomediam usque, Millia VIII; Mutationes VII; Mansiones III.

Mutatio Hyribolum	M. X.
Mansio Libum	M. XI.
Mutatio Liada	M. XII.
Civitas Nicia	M. VIII.
Mutatio Schinæ	M. VIII.
Mansio Mido	M. VII.
Mutatio Chogeæ	M. VI.
Mutatio Thateso	M. X.
Mutatio Tutaio	M. VIIII
Mutatio Protunica	M. XI.
Mutatio Artemis	M. XII.
Mansio Dablæ	M. VI.
Mansio Ceratæ	M. VI.

Finis Bithyniæ et Galatiæ.

Mutatio Finis	M. X.
Mansio Dadastan	M. VI.
Mutatio Transmonte	M. VI.
Mutatio Milia	M. XI.

Civitas Juliopolis.................................. M. VII.
Mutatio Hycropontamum...................... M. XIII.
Mansio Agannia................................... M. XI.
Mutatio Ipetobrogen............................ M. VI.
Mansio Mnizos..................................... M. X.
Mutatio Prasmon.................................. M. XII.
Mutatio Cenaxepalidem........................ M. XIII.
Civitas Anchira Galatiæ........................

Fit a Nicomedia Anchiram Galatiæ usque, Millia CCLVIII;
Mutationes XXVI; Mansiones XII.

Mutatio Delemna.................................. M. X.
Mansio Curveunta................................ M. XI.
Mutatio Rosolodiaco............................. M. XII.
Mutatio Aliassum................................. M. XIII.
Civitas Arpona..................................... M. XVIII.
Mutatio Galea...................................... M. XIII.
Mutatio Andrapa.................................. M. VIIII.

Finis Galatiæ et Cappadociæ.

Mansio Parnasso.................................. M. XIII.
Mansio Iogola...................................... M. XVI.
Mansio Nitatis..................................... M. XVIII.
Mutatio Argustana............................... M. XIII.
Civitas Colonia.................................... M. XVI.
Mutatio Momoasson............................. M. XII.
Mansio Anathianco............................... M. XII.
Mutatio Chusa..................................... M. XII.
Mansio Saismam.................................. M. XII.
Mansio Andavilis.................................. M. XVI.

Ibi est villa Pampali, unde veniunt equi curules.

Civitas Thiana.....................................

JUSTIFICATIVES.

Inde fuit Apollonius magus.

Civitas Faustinopoli............................	M. XII.
Mutatio Cæna..................................	M. XIII.
Mansio Opodanda..............................	M. XII.
Mutatio Pilas..................................	M. XIV.

Finis Cappadociæ et Ciliciæ.

Mansio Mansuerine.............................	M. XII.
Civitas Tharso.................................	M. XII.

Inde fuit Apostolus Paulus.

Fit ab Anchira Galatiæ Tharson usque, Millia CCCXLIII; Mutationes XXV; Mansiones XVIII.

Mutatio Pargais................................	M. XIII.
Civitas Adana..................................	M. XIV.
Civitas Mansista...............................	M. XVIII.
Civitas Tardequeia.............................	M. XV.
Mansio Catavolomis............................	M. XVI.
Mansio Baiæ...................................	M. XVII.
Mansio Alexandria Scabiosa....................	M. XVI.
Mutatio Pictanus...............................	M. VIIII.

Finis Ciliciæ et Syriæ.

Mansio Pangrios...............................	M. VIII.
Civitas Antiochia...............................	M. XVI.

Fit a Tharso Ciliciæ Antiochiam (usque), Millia CLXI; Mutationes X; Mansiones VII.

Ad palatium Dafne.............................	M. V.
Mutatio Hysdata...............................	M. XI.
Mansio Platanus...............................	M. VIII.
Mutatio Bachaias..............................	M. VIII.
Mansio Cattelas................................	M. XVI.

Civitas Ladica...........................	M. XVI.
Civitas Gavala...........................	M. XIV.
Civitas Balaneas.........................	M. XIII.

Finis Syriæ Cœlis et Fœnicis.

Mutatio Maraccas.........................	M. X.
Mansio Antaradus.........................	M. XVI.

Est civitas in mare a ripa M. II.

Mutatio Spiclin...........................	M. XII.
Mutatio Basiliscum........................	M. XII.
Mansio Arcas.............................	M. VIII.
Mutatio Bruttus...........................	M. IIII.
Civitas Tripoli............................	M. XII.
Mutatio Tridis............................	M. XII.
Mutatio Bruttosalia........................	M. XII.
Mutatio Alcobile..........................	M. XII.
Civitas Berito............................	M. XII.
Mutatio Heldua...........................	M. XII.
Mutatio Parphirion........................	M. VIII.
Civitas Sidona............................	M. VIII.

Ibi Helias ad viduam ascendit, et petiit sibi cibum.

Mutatio ad Nonum.........................	M. IIII.
Civitas Tyro..............................	M. XII.

Fit ab Antiochiæ Tyrum usque, Millia CLXXIIII;
Mutationes XX; Mansiones XI.

Mutatio Alexandroschene...................	M. XII.
Mutatio Ecdeppa..........................	M. XII.
Civitas Ptolemaida........................	M. VIII.
Mutatio Calamon..........................	M. XII.
Mansio Sicamenos.........................	M. III.

Ibi est mons Carmelus; ibi Helias sacrificium faciebat.

Mutatio Certa............................ M. VIII.

Finis Syriæ et Palestinæ.

Civitas Cæsarea Palestina, id est Judæ........ M. VIII.

Fit a Tyro Cæsaream Palestinam usque, Millia LXXIII; Mutationes II; Mansiones III.

Ibi est balneus Cornelii centurionis, qui multas eleemosynas faciebat.

In tertio milliario est mons Syna, ubi fons est in quem mulier, si laverit, gravida fit.

Civitas Maxianopoli........................ M. XVII.
Civitas Stradela .... M. X.

Ibi sedit Achab rex, et Helias prophetavit.
Ibi est campus ubi David Goliath occidit.

Civitas Sciopoli........................... M. XII.
Aser, ubi fuit villa Job.................... M. VI.
Civitas Neapoli............................ M. XV.

Ibi est mons *Agazaren*. Ibi ducunt Samaritani *Abraham sacrificium* obtulisse, et ascenduntur usque ad summum montem *gradus num. CCC.*

Indè *ad pedem montis* ipsius locus est, cui nomen est *Sechim.*

Ibi positum est monumentum, ubi positus est Joseph *in villa*, quam dedit ei Jacob pater ejus. Inde rapta est et Dina filia Jacob, a *filiis Amorrœorum*.

Inde passus mille, locus est cui nomen *Secher*, unde descendit mulier Samaritana ad eumdem locum, ubi Jacob puteum fodit, ut de eo *aqua impleret*, et Dominus noster

Jesus Christus cum ea loquutus est. Ubi sunt *arbores platani,* quos plantavit Jacob, et balneus qui de eo puteo lavatur.

INDE MILLIA XVIII EUNTIBUS HIERUSALEM.

In parte sinistra est villa, quæ dicitur *Bethar.*

Inde passus mille est locus, ubi Jacob, cum iret in Mesopotamiam, addormivit, et ibi est arbor *amigdala*, et vidit visum, et *Angelus* cum eo luctatus est. Ibi fuit rex Hieroboam, ad quem *missus fuit propheta* ut converteretur ad Deum excelsum : et *jussum fuerat prophetæ*, ne cum pseudopropheta, quem secum Rex habebat, manducaret. Et quia seductus est à pseudopropheta, et cum eo manducavit, rediens occurrit prophetæ leo in via, et occidit eum leo.

INDE HIERUSALEM MILLIA XII.

Fit a Cæsarea Palestinæ Hierusalem usque, Millia CXVI; Mansiones IV; Mutationes IV.

Sunt in Hierusalem piscinæ magnæ duæ ad latus Templi, id est, una ad dexteram, alia ad sinistram, quas Salomon fecit. *Interius vero civitatis* sunt *piscinæ gemellares,* quinque porticus habentes, quæ appellantur *Betsaida.* Ibi ægri multorum annorum sanabantur. Aquam autem habent eæ piscinæ *in modum coccini turbatam.* Est ibi et crypta *ubi Salomon dæmones* torquebat. Ibi est angelus turris excelsissimæ, ubi Dominus ascendit, et dixit ei is *qui tentabat* eum*. Et ait ei Dominus : Non tentabis Dominum Deum tuum, sed illi soli servies. Ibi est et lapis angularis magnus, de quo *dictum est :* Lapidem quem reprobaverunt ædificantes. Item ad caput anguli, et sub pinna turris ipsius, sunt cubicula plurima ubi Salomo palatium habebat. Ibi etiam *constat cubiculus*, in quo sedit et sapientiam descripsit : ipse vero

---

* Deficiunt hoc loco quæ Matth., c. iv, 6, reperies.
(*Note de P. Wesseling.*)

cubiculus uno lapide est tectus. Sunt ibi et *exceptoria magna*
aquæ subterraneæ, et piscinæ magno opere ædificatæ, et
in æde ipsa ubi Templum fuit, quod Salomon ædificavit,
in marmore ante aram *sanguinem Zachariæ**, ibi dicas hodie
fusum. Etiam parent vestigia *clavarum militum* qui eum oc-
ciderunt, in totam aream, ut putes in cera fixum esse. Sunt
ibi et statuæ *duæ Hadriani*. Est et non longe de statuis *lapis
pertusus*, ad quem veniunt Judæi *singulis annis*, et unguent
eum, et *lamentant* se cum gemitu, et vestimenta sua scin-
dunt, et sic recedunt. Et ibi et domus Ezechiæ Regis
Judæ. Item exeunti in Hierusalem, ut ascendas Sion, in
parte sinistra, et deorsum in valle juxta murum, est piscina, quæ dicitur *Siloa, habet quadriporticum*, et alia piscina,
grandis foras. Hic fons *sex diebus atque noctibus* currit : sep-
tima vero die est sabbathum; in totum nec nocte nec die
currit. In eadem ascenditur Sion, et paret *ubi fuit domus
Caiphæ* sacerdotis, et *columna adhuc* ibi est, in qua Christum flagellis ceciderunt. Intus autem intra murum Sion,
paret locus ubi palatium habuit David, et *septem synagogæ*,
quæ illic fuerunt; una tantum remansit, reliquæ autem
arantur et seminantur, sicut Isaias propheta dixit. Inde ut eas
foris murum de Sione euntibus ad portam Neapolitanam,
ad partem dextram, deorsum in valle sunt parietes, ubi
domus fuit sive *prætorium Pontii* Pilati. Ibi Dominus auditus
est antequam pateretur. A sinistra autem parte est *monticulus Golgotha*, ubi Dominus crucifixus est. Inde quasi *ad
lapidem missum*, est crypta, ubi corpus ejus positum fuit
et tertia die resurrexit. Ibidem *modo jussu Constantini* imperatoris basilica facta est, id est *Dominicum miræ pulchritudinis*, habens ad latus exceptoria unde aqua levatur, et
balneum a tergo, ubi *infantes lavantur*. Item ab Hierusalem
euntibus ad portam quæ est contra orientem, ut ascen-
datur in montem Oliveti, *vallis quæ dicitur* Josaphat ad

---

* Asteriscus quo hæc signata sunt, deesse aliquid monet; quan-
quam si voculam *ibi* tolleres, sana videri possent.

(*Note du P. Wesseling.*)

partem sinistram ubi sunt vineæ. Est et petra, ubi *Juda Scarioth* Christum tradidit. A parte vero dextra est arbor palmæ, de qua infantes ramos tulerunt, et *veniente Christo* substraverunt. Inde non longe quasi ad lapidis missum, sunt monumenta duo* *monubiles* miræ pulchritudinis facta. In unum positus est Isaias propheta, *qui est vere monolithus*, et in alium Ezechias rex Judæorum. Inde ascendis in montem Oliveti, ubi Dominus ante passionem Apostolos docuit. Ibi facta est *basilica jussu Constantini*. Inde non longe est *monticulus ubi Dominus* ascendit orare, et apparuit illic Moyses et Helias, quando Petrum et Joannem secum duxit. Inde ad *orientem passus mille* quingentos, est villa quæ appellatur *Bethania*. Est ibi crypta ubi Lazarus positus fuit, quem Dominus suscitavit.

ITEM AB HIERUSALEM IN HIERICHO MILLIA XVIII.

Descendentibus montem in parte dextra, retro monumentum est *arbor sycomori*, in quam Zachæus ascendit, ut Christum videret. A civitate passus mille quingentos est fons Helisæi prophetæ; antea si qua mulier ex ipsa aqua bibebat, *non faciebat natos*. Ad latus est vas fictile Helisæi; misit in eo sales, et venit, et stetit super fontem, et dixit: Hæc dixit Dominus, sanavi aquas has; ex eo si qua mulier inde biberit, filios faciet. Supra eumdem vero fontem est domus Rachab *fornicariæ*, ad quam exploratores introierunt, et occultavit eos, quando Hiericho *versa est sola* evasit. Ibi fuit civitas Hiericho, cujus muros gyraverunt cum arca Testamenti filii Israel; et ceciderunt muri. Ex eo non paret nisi locus ubi fuit *arca Testamenti et lapides* 12, quos filii Israel de Jordane levaverunt. Ibidem Jesus Filius Nave *circumcidit filios Israel*, et circumcisiones eorum sepelivit.

* Asteriscus defectum videtur indicare. Cæteroqui, si post vocem *pulchritudinis* distinguas, non male cohærent.

(*Note de P. Wesseling.*)

ITEM AB HIERICHO AD MARE MORTUUM, MILLIA IX.

Est aqua ipsius *valde amarissima*, ubi' in totum nullius generis piscis est, nec *aliqua navis*, et si quis hominum miserit se ut natet, ipsa aqua eum versat.

INDE AD JORDANEM UBI DOMINUS A JOANNE BAPTIZATUS EST MILLIA V.

Ibi est *locus super flumen* monticulus in illa ripa, ubi raptus est Helias in cœlum. Item ab Hierusalem euntibus Bethleem *millia quatuor, super strata* in parte dextra, est monumentum, ubi Rachel posita est uxor Jacob. Inde millia duo a parte sinistra est Bethleem, ubi natus est Dominus noster Jesus Christus; *ibi basilica* façta est jussu Constantini. Inde non longe est *monumentum Ezechiel*, Asaph, Job et Jesse, David, Salomon, et habet in ipsa crypta ad latus deorsum descendentibus, *Hebræis scriptum* nomina superscripta.

INDE BETHAZORA MILLIA XIV.

Ubi est fons, in quo Philippus Eunuchum baptizavit.

INDE TEREBINTHO MILLIA IX.

Ubi *Abraham habitavit* et *puteum fodit* sub arbore Terebintho, et cum angelis locutus est, et cibum sumpsit. *Ibi basilica* facta est jussu Constantini miræ pulchritudinis.

INDE TEREBINTHO CEDRON MILLIA II.

Ubi est *memoria* per quadrum ex lapidibus miræ pulchritudinis, *in qua positi* sunt Abraham, Isaac, Jacob, Sara, Rebecca et Lia.

ITEM AD HIEROSOLYMA SIC:

Civitas Nicopoli............................	M. XXII.
Civitas Lidda...............................	M. X.
Mutatio Antipatrida........................	M. X.
Mutatio Betthar............................	M. X.
Civitas Cæsarea............................	M. XVI.

Fit omnis summa a Constantinopoli usque Hierusalem millia undecies centena LXIIII Millia; Mutationes LXVIIII; Mansiones LVIII.

Item per Nicopolim Cæsaream, Millia LXXIII; S. Mutationes V; Mansiones III.

Item ab Heraclea per Macedoniam Mut. aerea Millia XVI.

Mansio Registo.............................	M. XII.
Mutatio Bediso.............................	M. XII.
Civitas Apris...............................	M. XII.
Mutatio Zesutera...........................	M. XII.

Finis Europæ et Rhodopeæ.

Mansio Sirogellis...........................	M. X.
Mutatio Drippa.............................	M. XIIII.
Mansio Gipsila.............................	M. XII.
Mutatio Demas.............................	M. XII.
Civitas Trajanopoli.........................	M. XIII.
Mutatio Adunimpara.......................	M. VIII.
Mutatio Salei...............................	M. VII. S.
Mutatio Melalico...........................	M. VIII.
Mansio Berozica............................	M. VV.
Mutatio Breierophara.......................	M. X.
Civitas Maximianopoli......................	M. X.
Mutatio Adstabulodio.......................	M. XII.

Mutatio Rumbodona.......................... M. X.
Civitas Epyrum............................. M. X.
Mutatio Purdis............................. M. VIII.

Finis Rhodopeæ et Macedoniæ.

Mansio Hercontroma......................... M. VIIII.
Mutatio Neapolim........................... M. VIIII.
Civitas Philippis.......................... M. X.

Ubi Paulus et Sileas in carcere fuerant.

Mutatio ad Duodecim........................ M. XII.
Mutatio Domeros............................ M. VII.
Civitas Amphipolim......................... M. XIII.
Mutatio Pennana............................ M. X.
Mutatio Peripidis.......................... M. X.

Ibi positus est Euripides poeta.

Mansio Apollonia........................... M. XI.
Mutatio Heracleustibus..................... M. XI.
Mutatio Duodea............................. M. XIV.
Civitas Thessalonica....................... M. XIII.
Mutatio ad Decimum......................... M. X.
Mutatio Gephira............................ M. X.
Civitas Pelli, unde fuit Alexander magnus Macedo. M. X.
Mutatio Scurio............................. M. XV.
Civitas Edissa............................. M. XV.
Mutatio ad Duodecimum...................... M. XII.
Mansio Cellis.............................. M. XVI.
Mutatio Grande............................. M. XIV.
Mutatio Melitonus.......................... M. XIV.
Civitas Heraclea........................... M. XIII.
Mutatio Parambole.......................... M. XII.
Mutatio Brucida............................ M. XIX.

Finis Macedoniæ et Epyri.

Civitas Cledo............................	M. XIII.
Mutatio Patras.........................	M. XII.
Mansio Claudanon......................	M. IIII.
Mutatio Tabernas.......................	M. VIIII.
Mansio Granda Via.....................	M. VIIII.
Mutatio Trajecto.......................	M. VIIII.
Mansio Hiscampis.......................	M. VIIII.
Mutatio ad Quintum....................	M. VI.
Mansio Coladiana.......................	M. XV.
Mansio Marusio.........................	M. XIII.
Mansio Absos...........................	M. XIV.
Mutatio Stefana........................	M. XII.
Civitas Apollonia.......................	M. XVIII.
Mutatio Stefana........................	M. XII.
Mansio Aulona Trajectum...............	M. XII.

Fit omnis summa ab Heraclea per Macedoniam Aulonam usque, Millia DCLXXVIII; Mutationes LVIII; Mansiones XV.

Trans mare stadia mille. Quod facit millia centum.

ET VENIS ODRONTO MANSIONES MILLE PASSUS.

Mutatio ad Duodecimum.................	M. XIII.
Mansio Clipeas.........................	M. XII.
Mutatio Valentia.......................	M. XIII.
Civitas Brindisi........................	M. XI.
Mansio Spitenaees......................	M. XIIII.
Mutatio ad Decimum....................	M. XI.
Civitas Leonatiæ.......................	M. X.
Mutatio Turres Aurilianas..............	M. XV.
Mutatio Turres Julianas................	M. VIIII.
Civitas Beroes.........................	M. XI.
Mutatio Botontones.....................	M. XI.

Civitas Rubos.	M. XI.
Mutatio ad Quintum Decimum.	M. XV.
Civitas Canusio.	M. XV.
Mutatio Undecimum.	M. XI.
Civitas Serdonis.	M. XV.
Civitas Aecas.	M. XVIII.
Mutatio Aquilonis.	M. X.

Finis Apuliæ et Campaniæ.

Mutatio ad Equum magnum.	M. VIII.
Mutatio Vicus Forno novo.	M. XII.
Civitas Benevento.	M. X.
Civitas et Mansio Claudiis.	M. XII.
Mutatio Novas.	M. VIIII.
Civitas Capua.	M. VII.

Fit summa ab Aulona usque Capuam Millia CCLXXXIX; Mutationes XXV; Mansiones XIII.

Mutatio ad Octavum.	M. VIII.
Mutatio Ponte Campano.	M. VIIII.
Civitas Sonuessa.	M. VIIII.
Civitas Menturnas.	M. VIIII.
Civitas Formis.	M. VIIII.
Civitas Fondis.	M. XII.
Civitas Terracina.	M. XIII.
Mutatio ad Medias.	M. X.
Mutatio Appi foro.	M. VIIII.
Mutatio Sponsas.	M. VII.
Civitas Aricia et Albona.	M. XIIII.
Mutatio ad Nono.	M. VII.
In Urbe Roma.	M. VIIII.

Fit a Capua ad Urbem Romam Millia CXXXVI;
Mutationes XIV ; Mansiones IX.

Fit ab Heraclea per Aulonam in urbem Romam usque, Millia undecies centena XIII; Mut. XVII; Mansiones XLVI.

AB URBE MEDIOLANUM.

Mutatio Rubras..........................	M. VIIII.
Mutatio ad Vicencimum.................	M. XI.
Mutatio Aqua viva......................	M. XII.
Civitas Vericulo........................	M. XII.
Civitas Narniæ.........................	M. XII.
Civitas Interamna......................	M. VIIII.
Mutatio Tribus Tabernis................	M. III.
Mutatio Fani fugitivi...................	M. X.
Civitas Spolitio........................	M. VII.
Mutatio Sacraria.......................	M. VIII.
Civitas Trevis.........................	M. IV.
Civitas Fulginis........................	M. V.
Civitas Foro Flamini...................	M. III.
Civitas Noceria........................	M. XII.
Civitas Ptanias........................	M. VIII.
Mansio Herbelloni.....................	M. VII.
Mutatio Adhesis.......................	M. X.
Mutatio ad Cale.......................	M. XIV.
Mutatio Intercisa......................	M. VIIII.
Civitas Foro Simproni..................	M. VIIII.
Mutatio ad Octavum...................	M. VIIII.
Civitas Fano Fortunæ..................	M. VIII.
Civitas Pisauro........................	M. XXIV.

Usque Ariminum.

Mutatio Conpetu.......................	M. XII.
Civitas Cesena.........................	M. VI.

Civitas Foropopuli..........................	M. VI.
Civitas Forolivi............................	M. VI.
Civitas Faventia...........................	M. V.
Civitas Foro Corneli.......................	M. X.
Civitas Claterno...........................	M. XIII.
Civitas Bononia............................	M. X.
Mutatio ad Medias.........................	M. XV.
Mutatio Victuriolas........................	M. X.
Civitas Mutena.............................	M. III.
Mutatio Ponte Secies......................	M. V.
Civitas Regio..............................	M. VIII.
Mutatio Canneto...........................	M. X.
Civitas Parmæ.............................	M. VIII.
Mutatio ad Turum.........................	M. VII.
Mansio Fidentiæ...........................	M. VIII.
Mutatio ad Fonteclos......................	M. VIII.
Civitas Placentia...........................	M. XIII.
Mutatio ad Rota............................	M. XI.
Mutatio Tribus Tabernis...................	M. V.
Civitas Laude..............................	M. VIIII.
Mutatio ad Nonum.........................	M. VII.
Civitas Mediolanum........................	M. VII.

*Fit omnis summa ab urbe Roma Mediolanum usque,
Millia CCCCXVI; Mutationes XLII; Mansiones XXIIII.*

EXPLICIT ITINERARIUM.

EX EODEM V. C. DE VERBIS GALLICIS.

Lugdunum, Desideratum-Montem.

Aremorici, ante mare, aræ, ante; More dicunt Mare, et ideo Morini Marini.

Arverni, ante obsta.

Rhodanum, violentum. Nam Rho nimium, Dan judicem, hoc et Gallice, hoc et Hebraice dicitur.

DISSERTATION

SUR L'ÉTENDUE

DE L'ANCIENNE JÉRUSALEM,

PAR M. D'ANVILLE.

DISSERTATION

SUR L'ÉTENDUE

DE L'ANCIENNE JÉRUSALEM

ET DE SON TEMPLE,

ET SUR LES MESURES HÉBRAÏQUES DE LONGUEUR.

Les villes qui tiennent un rang considérable dans l'histoire exigent des recherches particulières sur ce qui les regarde dans le détail; et on ne peut disconvenir que Jérusalem ne soit du nombre de celles qui méritent de faire l'objet de notre curiosité. C'est ce qui a engagé plusieurs savants à traiter ce sujet fort amplement et dans toutes ses circonstances, en cherchant à retrouver les différents quartiers de cette ville, ses édifices publics, ses portes, et presque généralement tous les lieux dont on trouve quelque mention dans les livres saints et autres monuments de l'antiquité. Quand même les recherches de ces savants ne paroîtroient pas suivies partout d'un parfait succès, leur zèle n'en mérite pas moins des éloges et de la reconnaissance.

Ce qu'on se propose principalement dans cet écrit est de fixer l'étendue de cette ville, sur laquelle on ne trouve encore rien de bien déterminé, et qui semble même en général fort exagérée. L'emploi du local devoit en décider;

et c'est parce qu'on l'a négligé, que ce point est demeuré à discuter. S'il est difficile et comme impossible de s'éclaircir d'une manière satisfaisante sur un grand nombre d'articles de détail concernant la ville de Jérusalem, ce que nous mettons ici en question peut être excepté, et se trouve susceptible d'une grande évidence.

Pour se mettre à portée de traiter cette matière avec précision, il faut commencer par reconnoître ce qui composoit l'ancienne Jérusalem. Cet examen ne laissera aucune incertitude dans la distinction entre la ville moderne de Jérusalem et l'ancienne. L'enceinte de celle-ci paroîtra d'autant mieux déterminée, que la disposition naturelle des lieux en fait juger infailliblement. C'est dans cette vue que nous insérons ici le calque très fidèle d'un plan actuel de Jérusalem, levé vraisemblablement par les soins de M. Deshayes, et qui a été publié dans la Relation du voyage qu'il entreprit au Levant en 1621, en conséquence des commissions dont il étoit chargé par le roi Louis XIII auprès du grand-seigneur. Un des articles de ces commissions étant de maintenir les religieux latins dans la possession des saints lieux de la Palestine, et d'établir un consul à Jérusalem, il n'est pas surprenant qu'un pareil plan se rencontre plutôt dans ce Voyage que dans tout autre. L'enceinte actuelle de la ville, ses rues, la topographie du sol, sont exprimées dans ce plan, et mieux que partout ailleurs, que je sache. Nous n'admettons dans notre calque, pour plus de netteté, ou moins de distraction à l'égard de l'objet principal, que les circonstances qui intéressent particulièrement la matière de cette Dissertation. L'utilité, la nécessité même d'un plan en pareil sujet, sont une juste raison de s'étonner qu'on n'ait encore fait aucun usage de celui dont nous empruntons le secours.

JUSTIFICATIVES.

I.

DISCUSSION DES QUARTIERS DE L'ANCIENNE JÉRUSALEM.

Josèphe nous donne une idée générale de Jérusalem, en disant (livre VI de *la Guerre des Juifs*, ch. VI) que cette ville étoit assise sur deux collines en face l'une de l'autre, et séparée par une vallée; que ce qui étoit appelé *la Haute-Ville* occupoit la plus étendue ainsi que la plus élevée de ces collines, et celle que l'avantage de sa situation avoit fait choisir par David pour sa forteresse; que l'autre colline, nommée *Acra*, servoit d'assiette à la Basse-Ville. Or, nous voyons que la montagne de Sion, qui est la première des deux collines, se distingue encore parfaitement sur le plan. Son escarpement plus marqué regarde le midi et l'occident, étant formé par une profonde ravine, qui dans l'Écriture est nommée *Ge-ben-Hinnom*, ou *la Vallée-des-Enfants-d'Hinnom*. Ce vallon, courant du couchant au levant, rencontre à l'extrémité du mont de Sion la vallée de Kedron, qui s'étend du nord au sud. Ces circonstances locales, et dont la nature même décide, ne prennent aucune part aux changements que le temps et la fureur des hommes ont pu apporter à la ville de Jérusalem. Et par-là nous sommes assurés des limites de cette ville dans la partie que Sion occupoit. C'est le côté qui s'avance le plus vers le midi; et non-seulement on est fixé de manière à ne pouvoir s'étendre plus loin de ce côté-là, mais encore l'espace que l'emplacement de Jérusalem peut y prendre en largeur se trouve déterminé, d'une part, par la pente ou l'escarpement de Sion qui regarde le couchant, et de l'autre, par son extrémité opposée vers Cédron et l'orient. Celui des murs de Jérusalem que Josèphe appelle *le plus ancien*, comme étant attribué à David et à Salomon, bordoit la crête du rocher, selon le témoignage de cet historien. A quoi se rapportent aussi ces paroles de Tacite, dans la description qu'il fait de Jérusalem (*Hist.*, liv. V, ch. XI):

Duos colles, immensum editos, claudebant muri.... extrema rupis abrupta. D'où il suit que le contour de la montagne sert encore à indiquer l'ancienne enceinte, et à la circonscrire.

La seconde colline s'élevoit au nord de Sion, faisant face par son côté oriental au mont Moria, sur lequel le Temple étoit assis, et dont cette colline n'étoit séparée que par une cavité, que les Hasmonéens comblèrent en partie, en rasant le sommet d'Acra, comme on l'apprend de Josèphe (au même endroit que ci-dessus). Car, ce sommet ayant vue sur le Temple, et en étant très voisin, selon que Josèphe s'en explique, Antiochus-Épiphanes y avoit construit une forteresse, pour brider la ville et incommoder le Temple; laquelle forteresse, ayant garnison grecque ou macédonienne, se soutint contre les Juifs jusqu'au temps de Simon, qui la détruisit, et aplanit en même temps la colline. Comme il n'est même question d'Acra que depuis ce temps-là, il y a toute apparence que ce nom n'est autre chose que le mot grec Ἄκρα, qui signifie un lieu élevé, et qui se prend quelquefois aussi pour une forteresse, de la même manière que nous y avons souvent employé le terme de *Roca,* la Roche. D'ailleurs, le terme de *Hakra,* avec aspiration, paroît avoir été propre aux Syriens, ou du moins adopté par eux, pour désigner un lieu fortifié. Et dans la paraphrase chaldaïque (Samuel, liv. II, ch. II, v. 7), Hakra-Dsiun est la forteresse de Sion. Josèphe donne une idée de la figure de la colline dans son assiette, par le terme de ἀμφίκυρτος, lequel, selon Suidas, est propre à la lune dans une de ses phases entre le croissant et la pleine lune, et, selon Martianus-Capella, entre la demi-lune et la pleine. Une circonstance remarquable dans le plan qui nous sert d'original, est un vestige de l'éminence principale d'Acra entre Sion et le Temple; et la circonstance est d'autant moins équivoque que, sur le plan même, en tirant vers l'angle sud-ouest du Temple, on a eu l'attention d'écrire *lieu-haut.*

Le mont Moria, que le Temple occupoit, n'étant d'abord

qu'une colline irrégulière, il avoit fallu, pour étendre les dépendances du Temple sur une surface égale et augmenter l'aire du sommet, en soutenir les côtés, qui formoient un carré, par d'immenses constructions. Le côté oriental bordoit la vallée de Cédron, dite communément *de Josaphat*, et très profonde. Le côté du midi, dominant sur un terrain très enfoncé, étoit revêtu de bas en haut d'une forte maçonnerie, et Josèphe ne donne pas moins de trois cents coudées d'élévation à cette partie du Temple : de sorte même que, pour sa communication avec Sion, il avoit été besoin d'un pont, comme le même auteur nous en instruit. Le côté occidental regardoit Acra, dont l'aspect pour le Temple est comparé à un théâtre par Josèphe. Du côté du nord, un fossé creusé, τάφρος δὲ ὀρώρυκτο, dit notre historien, séparoit le Temple d'avec une colline nommée *Bezetha*, qui fut dans la suite jointe à la ville par un agrandissement de son enceinte. Telle est la disposition générale du mont Moria dans l'étendue de Jérusalem.

La fameuse tour Antonia flanquoit l'angle du Temple qui regardoit le N.-O. Assise sur un rocher, elle avoit d'abord été construite par Hyrcan, premier du nom, et appelée Βάρεις, terme grec selon Josèphe, mais que saint Jérôme dit avoir été commun dans la Palestine, et jusqu'à son temps, pour désigner des maisons fortes et construites en forme de tours. Celle-ci reçut de grands embellissements de la part d'Hérode, qui lui fit porter le nom d'Antoine son bienfaiteur; et avant l'accroissement de Bezetha, l'enceinte de la ville ne s'étendoit pas au-delà du côté du nord. Il faut même rabaisser un peu vers le sud, à une assez petite distance de la face occidentale du Temple, pour exclure de la ville le Golgotha ou Calvaire, qui, étant destiné au supplice des criminels, n'étoit point compris dans l'enceinte de la ville. La piété des chrétiens n'a souffert en aucun temps que ce lieu demeurât inconnu, même avant le règne du grand Constantin. Car l'auroit-il été à ces Juifs convertis au christianisme, que saint Épiphane dit avoir repris leur demeure dans les débris de Jérusalem, après la destruction de cette ville par Tite, et qui y menèrent une vie édifiante? Constantin, selon le témoignage d'Eusèbe, couvrit le lieu même d'une basilique, l'an 326, de laquelle parle très convenablement à ce témoignage l'auteur de l'*Itinerarium a Burdigala Hierusalem usque*, lui qui étoit à Jérusalem en 333, suivant le consulat qui sert de date à cet Itinéraire : *ibidem* modo *jussu Constantini Imperatoris, Basilica facta est, id est Dominicum, miræ pulchritudinis*. Et bien qu'au commencement du onzième siècle, Almansor-Hakimbillâ, calife de la race des Fatimites d'Égypte, eût fait détruire cette église, pour ne vouloir tolérer la supercherie du prétendu feu saint des Grecs la veille de Pâques; cependant l'empereur grec Constantin-Monomaque acquit trente-sept ans après, et en 1048, du petit-fils de Hakim, le droit de réédifier la même église; et il en fit la dépense, comme on l'apprend de Guillaume, archevêque de Tyr (liv. I, ch. VII). D'ailleurs, la conquête de Jérusalem par Godefroy de Bouillon en 1099 ne laisse pas un grand écoulement de temps depuis l'accident dont on vient de parler. Or, vous remarquerez que les circonstances précédentes qui concernent l'ancienne Jérusalem n'ont rien d'équivoque, et sont aussi décisives que la disposition du mont de Sion du côté opposé.

Il n'y a aucune ambiguïté à l'égard de la partie orientale de Jérusalem. Il est notoire et évident que la vallée de Cédron servoit de bornes à la ville, sur la même ligne, ou à peu près, que la face du Temple, tournée vers le même côté, décrivoit au bord de cette vallée. On sait également à quoi s'en tenir pour le côté occidental de la ville quand on considère sur le plan du local que l'élévation naturelle du terrain, qui borne l'étendue de Sion de ce côté-là, comme vers le midi, continue, en se prolongeant vers le nord, jusqu'à la hauteur du Temple. Et il n'y a aucun lieu de douter que ce prolongement de pente, qui commande sur un vallon au dehors de la ville, ne soit le côté d'Acra contraire à celui qui regarde le Temple. La situation avantageuse que les murs de la ville conservent sur l'escarpement justifie pleinement cette opinion. Elle est même appuyée du témoignage formel de Brocardus, religieux dominicain, qui étoit en Palestine l'an 1283, comme il nous l'apprend dans la description qu'il a faite de ce pays. C'est à la partie occidentale de l'enceinte de Jérusalem prolongée depuis Sion vers le nord, que se rapportent ces paroles tirées de la Description spéciale de cette ville : *Vorago seu vallis, quæ procedebat versus aquilonem, faciebatque fossam civitatis juxta longitudinem ejus, usque ad plagam aquilonis ; et super eam erat intrinsecus rupes eminens, quam Josephus Acram appellat, quæ sustinebat murum civitatis superpositum, cingentem ab occidente civitatem, usque ad portam Ephraïm, ubi curvatur contra orientem.* Cet exposé de la part d'un auteur qui a écrit en vertu des connoissances qu'il avoit prises sur le lieu même, est parfaitement conforme à ce que la représentation du terrain, par le plan qui en est donné, vient de nous dicter : *rupes imminens voragini, sive fossæ, procedenti versus aquilonem, sustinebat murum civitatis, cingentem eam ab occidente usque dum curvatur versus orientem.* En voilà suffisamment pour connoître les différents quartiers qui composoient l'ancienne Jérusalem, leur assiette et situation respective.

II.

ENCEINTE DE L'ANCIENNE JÉRUSALEM.

Le détail dans lequel Josèphe est entré des diverses murailles qui enveloppaient Jérusalem renferme des circonstances qui achèvent de nous instruire sur l'enceinte de cette ville.

Cet historien distingue trois murailles différentes. Celle qu'il nomme *la plus ancienne* couvroit non-seulement Sion à l'égard des dehors de la ville, mais elle séparoit encore cette partie d'avec la ville inférieure ou Acra ; et c'est même par cet endroit que Josèphe entame la description de cette muraille. Il dit que la tour nommée *Hippicos*, appuyant le côté qui regardoit le nord, ἀρχόμενον δὲ κατὰ βορέαν ἀπὸ τοῦ Ἱππικοῦ, *incipiens ad boream ab Hippico*; elle s'étendoit de là jusqu'au portique occidental du Temple, par où nous devons entendre, comme le plan en fait juger, son angle sud-ouest. On voit clairement que cette partie de muraille fait une séparation de la Haute-Ville d'avec la Basse. Elle paroît répondre à l'enceinte méridionale de la ville moderne de Jérusalem, qui exclut Sion ; en sorte qu'il y a tout lieu de présumer que la tour Hippicos, dont on verra par la suite que la position nous importe, étoit élevée vers l'angle sud-ouest de l'enceinte actuelle de Jérusalem. Si on en croit plusieurs relations, cette enceinte est un ouvrage de Soliman, qui en 1520 succéda à son père Sélim, auquel les Turcs doivent la conquête de la Syrie et de l'Égypte. Cependant El-Edrisi, qui écrivoit sa géographie pour Roger Ier, roi de Sicile, mort en 1151, représente Jérusalem dans un état conforme à celui d'aujourd'hui, en disant qu'elle s'étend en longueur d'occident en orient. Il exclut même formellement de son enceinte le mont de Sion ; puisqu'aux termes de sa description, pour aller à un temple où les chrétiens prétendoient dès lors que Jésus-Christ avoit célébré la Cène, et qui est situé sur ce mont, il faut sortir de la ville par une porte dite *de Sion Bab-Seihun*, ce qui s'accorde à l'état actuel de Jérusalem. Benjamin de Tudèle, dont le voyage est daté de l'an 1173, remarque qu'il n'y avoit alors d'autre édifice entier sur le mont de Sion que cette église. Et ce qui se lit dans le Voyage fait par Willebrand d'Oldenbourg, en 1211, à l'égard du mont de Sion, *Nunc includitur muris civitatis, sed tempore Passionis Dominicæ excludebatur*, doit être pris au sens contraire, quand ce ne seroit que par rapport à ce dernier membre, *excludebatur tempore Passionis.* Il est très vraisemblable, en général, que, dans les endroits où les parties de l'ancienne enceinte prennent quelque rapport à l'enceinte moderne, la disposition des lieux, les vestiges même d'anciens fondements, ayant déterminé le passage de cette enceinte moderne, elle nous indique par conséquent la trace de l'ancienne. Il y a même une circonstance particulière qui autorise cette observation générale, pour la séparation de Sion d'avec Acra. C'est ce coude rentrant à l'égard de Sion, que vous remarquerez sur le plan, en suivant l'enceinte actuelle et méridionale de la ville de Jérusalem, dans la partie plus voisine de l'emplacement du Temple, ou du mont Moria. Car, si l'on y prend garde, ce n'est en effet que de cette manière que le quartier de Sion pouvoit être séparé d'Acra, puisque, comme nous l'avons observé en parlant d'Acra, l'endroit marqué *haut-lieu* sur le plan, et duquel le coude dont il s'agit paroit dépendre, désigne indubitablement une partie de l'éminence qui portoit le nom d'*Acra*, et vraisemblablement celle qui dominoit davantage, et qui par conséquent se distinguoit le plus d'avec Sion.

Josèphe, ayant décrit la partie septentrionale de l'enceinte de Sion, depuis la tour Hippicos jusqu'au Temple, la reprend à cette tour, pour la conduire par l'occident, et ensuite nécessairement par le midi, jusque vers la fontaine de Siloé. Cette fontaine est dans le fond d'une ravine profonde, qui coupe la partie inférieure de Sion prolongée jusque sur le bord de la vallée de Cédron, et qui la sépare d'avec une portion de la ville située le long de cette vallée, jusqu'au pied du Temple. A cette ravine venoit aboutir l'enfoncement ou vallon qui distinguoit le mont de Sion d'avec la colline d'Acra, et que Josèphe appelle τῶν τυροποιῶν, *caseariorum*, ou des fromagers. Edrisi fait mention de ce vallon, et très distinctement, disant qu'à la sortie de la porte dont il a fait mention sous le nom de *Sion*, on descend dans un creux (*in fossam*, selon la version des Maronites) qui se nomme, ajoute-t-il, *la Vallée d'enfer*, et dans laquelle est la fontaine Seluan (ou Siloan). Cette fontaine n'étoit pas renfermée dans l'enceinte de la ville : saint Jérôme nous le fait connoître par ces paroles (*in Matth.* XXIII, 25) : *In portarum exitibus, quæ Siloam ducunt.* Le vallon dans l'enfoncement duquel est Siloé remontant du sud-est au nord-ouest, Josèphe doit nous paroitre très exact lorsqu'il dit que la muraille qui domine sur la fontaine de Siloé court d'un côté vers le midi, et de l'autre vers l'orient. Car c'est ainsi, selon le plan même du local, et presque à la rigueur, que cette muraille suivoit le bord des deux escarpements qui forment la ravine. L'*Itinéraire de Jérusalem* s'explique convenablement sur la fontaine de Siloé : *Deorsum in valle, juxta murum, est piscina quæ dicitur Siloa.* Remarquons même la mention qui est faite de ce mur dans un écrit de l'âge du grand Constantin. On en peut inférer que le rétablissement de Jérusalem, après la destruction de cette ville par Tite, rétablissement qu'on sait être l'ouvrage d'Adrien, sous le nouveau nom d'*Ælia Capitolina*, s'étendit à Sion comme au reste de la ville. De sorte que la ruine de Sion, telle qu'elle paroît aujourd'hui, ne peut avoir de première cause que dans ce que souffrit cette ville de la part de Chosroès, roi de Perse, qui la prit en 614. Ce seroit donc à tort qu'on prendroit à la lettre ce qu'a dit Abulpharage (*Dynast.* 7), que l'Ælia d'Adrien étoit auprès de la Jérusalem détruite. Cela ne doit signifier autre chose, sinon que l'emplacement de cette ville, conforme à son état présent du temps de cet historien, et depuis l'établissement du mahométisme, ne répond pas exactement à celui d'un âge plus reculé. Il ne faut pas imaginer que l'usage du nom d'*Ælia*, employé par Abulpharage, se renferme étroitement dans la durée de la puissance romaine, puisque les écrivains orientaux emploient quelquefois la dénomination d'*Ilia* pour désigner Jérusalem.

Mais, pour reprendre la trace du mur à la suite de Siloé, ce mur étoit prolongé au travers d'Ophla, venant aboutir et se terminer à la face orientale du Temple, ce qui nous conduit en effet à son angle entre l'orient et le midi. Il est mention d'Olph'l ou Ophel en plusieurs endroits de l'Écriture. Ce terme est même employé métaphoriquement, mais sans qu'on puisse décider par le sens de la phrase du texte original, s'il signifie plutôt présomption ou orgueil qu'aveuglement. Les commentateurs sont partagés, les uns voulant qu'Ophel désigne un lieu élevé, les autres un lieu profond. La contrariété de cette interprétation n'a, au reste, rien de plus extraordinaire que ce qu'on observera dans l'usage du mot latin *altus*, qui s'emploie quelquefois pour profondeur comme pour élévation. La version grecque (*Reg.* IV, v. 24) a traduit Ophel σκοτεινήν, lieu couvert, et pour ainsi dire ténébreux; et, en effet, si l'on remarque qu'Ophla, dans Josèphe, se rencontre précisément au passage de la muraille dans ce terrain si profond, sur lequel il a été dit, en parlant du mont Moria, que dominoit la face méridionale du Temple, on ne pourra disconvenir que l'interprétation du nom *Ophel* comme d'un lieu enfoncé, ne soit justifiée par une circonstance de cette nature, et hors de toute équivoque.

L'emplacement que prend Ophel paroîtra convenable à ce que dit Josèphe (liv. VI *de la Guerre des Juifs*, ch. VII) parlant des factions ou partis qui tenoient Jérusalem divisée; savoir que l'un de ces partis occupoit le Temple, et Ophla et la vallée de Cédron. Dans *les Paralipomènes* (II, XXXIII, 14), le roi Manassé est dit avoir renfermé Ophel dans l'enceinte de la ville; ce qui est d'autant plus remarquable qu'il s'ensuivroit que la cité de David n'avoit point jusque-là excédé les limites naturelles de la montagne de Sion, qui est réellement bornée par la ravine de Siloé. Voici la traduction littérale du texte: *Ædificavit murum exteriorem civitati David, ab occidente Gihon, in torrente, procedendo usque ad portam Piscium, et circuivit Ophel, et munivit eum*. Ces paroles: *Murum exteriorem civitati David*, feroient allusion à la conséquence que l'on vient de tirer de l'accroissement d'Ophel, *circuivit. Gihon*, selon les commentateurs, est la même chose que Siloé; et, en ce cas, *ab occidente* doit s'entendre depuis ce qui est au couchant de Siloé, c'est-à-dire depuis Sion, dont la position est véritablement occidentale à l'égard de cette fontaine, jusqu'au bord du torrent, *in torrente*, lequel il est naturel de prendre pour celui de Cédron. Je ne vois rien que la disposition du lieu même puisse approuver davantage que cette interprétation, laquelle nous apprend à mettre une distinction entre ce qui étoit proprement

Cité de David et ce qui a depuis été compris dans le même quartier de Sion. Nous avons donc suivi la trace de l'enceinte qui renfermoit ce quartier tout entier, et avec ce qui en dépendoit jusqu'au pied du Temple.

Le second mur dont parle Josèphe n'intéresse point notre sujet, par la raison qu'il étoit renfermé dans la ville même. Il commençoit à la porte appelée *Genath*, ou *des Jardins*, comme ce mot peut s'interpréter ; laquelle porte étoit ouverte dans le premier des murs, ou celui qui séparoit Sion d'avec Acra. Et ce second mur, s'avançant vers la partie septentrionale de la ville, se reploit sur la tour Antonia, où il venoit aboutir. Donc ce mur n'étoit qu'une coupure dans l'étendue d'Acra, appuyée d'un côté sur le mur de Sion, de l'autre sur la tour qui couvroit l'angle nord-ouest du Temple. La trace de ce mur pourroit répondre à une ligne ponctuée que l'on trouvera tracée sur le plan, dans l'espace qu'Acra occupe. Il est naturel de croire qu'il n'existoit que parce qu'il avoit précédé un mur ultérieur, ou tel que celui qui donne plus de grandeur au quartier d'Acra, et dont il nous reste à parler. J'ajoute seulement que c'est à ce mur moins reculé qu'il convient de s'attacher par préférence, si l'on veut suivre le détail de la réédification de l'enceinte de Jérusalem par Néhémie ; étant plus vraisemblable d'attribuer aux princes Hasmonéens, et au temps même de la plus grande prospérité de leurs affaires, l'ouvrage d'un nouveau mur qui double celui-là, et qui embrasse plus d'espace.

Le troisième mur, qui, joint au premier, achèvera la circonscription de l'enceinte de Jérusalem, se prend, en suivant Josèphe, à la tour Hippicos. La description de la première muraille nous a déjà servi à connoître le lieu de cette tour. Ce que le même historien dit de la muraille dont il s'agit à présent confirme cet emplacement. Commençant donc à la tour Hippicos, cette muraille s'étendoit en droiture vers le septentrion jusqu'à une autre tour fort considérable, nommée *Psephina*. Or, nous voyons encore que l'enceinte actuelle de Jérusalem, conservant l'avantage d'être élevée sur la pente de la colline qui servoit d'assiette à la Basse-Ville ancienne, s'étend du midi au septentrion, depuis l'angle boréal de Sion, où il convient de placer l'Hippicos, jusqu'au château qu'on nomme *des Pisans*. La tour Psephina, selon que Josèphe en parle ailleurs, ne cédoit à aucune de celles qui entroient dans les fortifications de Jérusalem. Le Castel-Pisano est encore aujourd'hui une espèce de citadelle à l'égard de cette ville. C'est là que logent l'aga et la garnison qu'il commande. Le Grec Phocas, qui visita les saints lieux de la Palestine l'an 1185, et dont le Voyage a été mis au jour par Allatius, *in Symmictis sive Opusculis*, dit que cette tour, ou plutôt ce château, pour répondre aux termes dont il se sert, πύργος μαμμεγεθέστατος : *Turris insigni admodum magnitudine*, étoit appelée par ceux de Jérusalem, *la Tour de David*. Il la place au nord de la ville; Épiphane l'hagiopolite, près de la porte qui regarde le couchant, ce qui est le plus exact, eu égard surtout à la ville moderne de Jérusalem. Selon la relation du moine Brocard, que j'ai citée précédemment, la tour de David auroit été comprise dans l'étendue de Sion, et élevée vers l'encoignure que le vallon qui séparoit ce mont d'avec Acra faisoit avec l'escarpement occidental de Sion, situation plus convenable à l'Hippicos qu'à Psephina. Mais cela n'empêche pas que, dans cette même relation, on ne trouve une mention particulière du lieu qui se rapporte au Castel-Pisano. On le reconnoît distinctement dans ces paroles : *Rupes illa, super quam ex parte occidentis erat exstructus murus civitatis, erat valde eminens, præsertim in angulo, ubi occidentalis muri pars connectebatur aquilonari; ubi et turris* Neblosa *dicta, et propugnaculum valde firmum, cujus ruinæ adhuc visuntur, unde tota Arabia, Jordanis, mare Mortuum, et alia plurima loca, sereno cœlo videri possunt*. Cette dernière circonstance, qui fait voir tout l'avantage de la situation du lieu, est bien propre à déterminer notre opinion sur l'emplacement qui peut mieux convenir à l'ancienne tour Psephina, comme au Castel-Pisano d'aujourd'hui. Disons plus : ce que Brocard nous rapporte ici est conforme à ce qu'on lit dans Josèphe (l. vi *de la Guerre des Juifs*, ch. vi), qu'au lever du soleil, la tour Psephina découvroit l'Arabie, la mer, et le pays le plus reculé de la Judée. Et, quoiqu'il n'y ait point de vraisemblance que le château, de la manière dont il existe, soit encore le même que celui dont il tient la place, et qu'on eût tort, comme Phocas l'a bien remarqué, de le rapporter à David même, cependant il ne s'ensuit pas qu'il fût différent quant au lieu et à l'assiette. Benjamin de Tudèle prétend même que les murailles construites par les Juifs ses ancêtres subsistoient encore de son temps, c'est-à-dire dans le douzième siècle, à la hauteur de dix coudées.

S'il paroît déjà tant de convenance entre Castel-Pisano et la tour Psephina, voici ce qui en décide d'une manière indubitable. Josèphe dit formellement que cette tour flanquoit l'angle de la ville tourné vers le nord et le couchant, et comme on vient de voir que Brocard s'explique sur le lieu que nous y faisons correspondre, *ubi occidentalis muri pars connectebatur aquilonari*. Or, vous remarquerez qu'à la hauteur de la face septentrionale de Castel-Pisano, ou de la porte du couchant qui joint cette face, on ne peut exclure de l'ancienne ville le lieu du Calvaire, sans se replier du côté du levant. Donc le Castel-Pisano, auquel nous avons été conduits par le cours de la muraille depuis la tour Hippicos, ou par une ligne tendante vers le nord, prend précisément cet angle de l'ancienne enceinte. Il faut ensuite tomber d'accord que, si le lieu de l'Hippicos avoit besoin de confirmation, il la trouveroit dans une détermination aussi précise de Psephina, en conséquence du rapport de situation.

Quant au nom de *Castel-Pisano* (car on peut vouloir savoir la raison de cette dénomination), j'avoue n'avoir point rencontré dans l'histoire de fait particulier qui y ait un rapport direct. Il est constant néanmoins, qu'en vertu de la part que les Pisans, très puissants autrefois, prirent aux guerres saintes, ils eurent des établissements et concessions à Acre, Tyr, et autres lieux de la Palestine. L'auteur des *Annales de Pise*, Paolo Tronci (page 35), attribue même à deux de ses compatriotes l'honneur d'avoir escaladé les premiers la muraille de Jérusalem, lors de la prise de cette ville par Godefroy de Bouillon. On peut encore remarquer que le premier prélat latin qui fut installé dans la chaire patriarcale de Jérusalem après cette conquête, fut un évêque de Pise nommé *Daibert*. Je pense, au reste, qu'il a pu suffire de trouver quelques écussons aux armes de Pise en quelque endroit du château, pour lui faire donner dans les derniers temps le nom qu'il porte. Du temps que Brocard étoit en Palestine, c'est-à-dire vers la fin du treizième siècle, nous voyons que ce château se nommoit *Neblosa*, qui est la forme que le nom de *Neapolis* prend communément dans le langage des Levantins. Il n'est pas surprenant que ce religieux en parle comme d'un lieu ruiné ou fort délabré, puisqu'il est vrai qu'environ trente-trois ans après la prise de Jérusalem par Saladin, et en l'an de l'hégire 616, de Jésus-Christ 1219, Isa, neveu de ce prince, régnant à Damas, fit démolir les fortifications de Jérusalem, et que David, fils de celui-ci, détruisit, vingt ans après, une forteresse que les François avoient rétablie en cette ville.

A la suite de Psephina, Josèphe achève de tracer l'enceinte de Jérusalem dans sa partie septentrionale. Avant que Bezetha fît un agrandissement à la ville, il n'eût été question, pour terminer l'enceinte de ce côté-là, que de se rendre à la tour Antonia, près de l'angle nord-ouest du Temple. Aussi n'est-il fait aucune mention de cette tour dans ce qui regarde la troisième muraille. Josèphe y indique un angle pour revenir à la ligne de circonférence sur le bord du Cédron; et nous voyons en effet que l'enceinte moderne, dans laquelle le terrain de Bezetha est conservé, donne cet angle, et même à une assez grande distance de l'angle nord-est du Temple, où il convient d'aboutir. L'enceinte actuelle de Jérusalem, par son reculement à l'égard de la face septentrionale du Temple, fournit à Bezetha une étendue qui ne cède guère à celle de la Basse-Ville, ce qui a tout lieu de paroître convenable et bien suffisant. Josèphe nous indique les Grottes-Royales comme un lieu situé vis-à-vis du passage de l'enceinte, dans cette partie qui regarde le septentrion. Ces grottes se retrouvent dans le voisinage de celle que l'on nomme *de Jérémie*; et on ne peut serrer de plus près cette grotte qu'en prenant la trace de l'enceinte actuelle, comme il s'ensuit du plan de Jérusalem. Josèphe prétend que le nom de *Bezetha* revient à la dénomination grecque de καινή-πόλις, la Nouvelle-Ville, ce qui lui est contesté par Villalpando et par Lami, qui produisent d'autres interprétations. Agrippa, le premier qui régna sous ce nom, commença sous l'empire de Claude l'enceinte qui renfermoit ce quartier; et ce qu'il n'avoit osé achever, qui étoit d'élever ce nouveau mur à une hauteur suffisante pour la défense, fut exécuté dans la suite par les Juifs.

C'est ainsi que non-seulement les différents quartiers qui composoient la ville de Jérusalem dans le plus grand espace qu'elle ait occupé, mais encore que les endroits mêmes par lesquels passoit son enceinte se font reconnoître. Avant que toutes ces circonstances eussent été déduites et réunies sous un point de vue, qu'elles fussent vérifiées par leur application à la disposition même du local, un préjugé d'incertitude sur les moyens de fixer ses idées touchant l'état de l'ancienne Jérusalem pouvoit induire à croire qu'il étoit difficile de conclure son étendue, d'une comparaison avec l'état actuel et moderne. Bien loin que cette incertitude puisse avoir lieu, on verra, par la suite de cet écrit, que les mesures du circuit de l'ancienne Jérusalem qui s'empruntent de l'antiquité même, ne prennent point d'autre évaluation que celle qui résulte d'une exacte combinaison avec la mesure actuelle et fournie par le local. Il est clair qu'une convenance de cette nature suppose nécessairement qu'on ne se soit point mépris en ce qui regarde l'ancienne Jérusalem.

III.

MESURE ACTUELLE DU PLAN DE JÉRUSALEM.

L'échelle du plan de M. Deshayes demandant quelques éclaircissements, je rendrai un fidèle compte de ce qu'un examen scrupuleux m'y a fait remarquer. On y voit une petite verge, définie *cent pas*, et nous en donnons la répétition sur le plan ci-joint. A côté de cette verge en est une plus longue, avec le nombre de *cent*, et dont la moitié est subdivisée en parties de dix en dix. Par la combinaison de longueur entre ces deux verges, il est aisé de reconnoître en gros que l'une indique des pas communs, l'autre des toises. Mais je ne dissimulerai point qu'il n'y a pourtant pas une exacte proportion entre ces mesures. L'échelle des pas communs m'a paru donner, en suivant le pourtour de la ville, environ cinq mille cent pas, lesquels à deux pieds et demi, selon la définition du pas commun, fournissent douze mille sept cent cinquante pieds, ou deux mille cent vingt-cinq toises. Or, par l'échelle en toise, on n'en compte qu'environ deux mille, savoir : dans la partie septentrionale, et de l'angle nord-est à l'angle nord-ouest, six cent soixante-dix-sept; dans la partie occidentale, jusqu'à l'angle sud-ouest, trois cent cinquante-cinq; dans la partie méridionale, cinq cent quarante-quatre; et de l'angle sud-est, en regagnant le premier par la partie orientale, quatre cent vingt-huit. Total, deux mille quatre. Dans ces mesures, on a cru devoir négliger la saillie des tours et quelques petits redans que fait l'enceinte en divers endroits; mais tous les changements de direction et autres détours marqués ont été suivis. Et ce qu'on ne fait point ici, par rapport à la mesure prise selon l'échelle des pas, qui est d'entrer dans le détail des quatre principaux aspects suivant lesquels l'emplacement de Jérusalem se trouve disposé, a paru devoir être déduit préférablement selon l'échelle des toises, par la raison que cette échelle semble beaucoup moins équivoque que l'autre. Nonobstant cette préférence, qui trouvera sa justification dans ce qui doit suivre, il faut, pour tout dire, accuser la verge de cette échelle des toises d'être subdivisée peu correctement dans l'espace pris pour cinquante toises, ou pour la moitié de cette verge; car cette partie se trouve trop courte, eu égard au total de la verge; et j'ai étendu l'examen jusqu'à m'instruire que par cette portion de verge le circuit de Jérusalem monteroit à deux mille deux cents toises.

Quoiqu'on ne puisse disconvenir que ces variétés ne donnent quelque atteinte à la précision de l'échelle du plan de Jérusalem, il ne conviendroit pas néanmoins de s'en autoriser pour rejeter totalement cette échelle. Je dis que la verge des cent toises me paroit moins équivoque que le reste. La mesure du tour de Jérusalem dans son état moderne, et tel que le plan de M. Deshayes le représente, est donnée par Maundrell, Anglois, dans son *Voyage d'Alep à Jérusalem*, un des meilleurs morceaux sans contredit qu'on ait en ce genre. Cet habile et très exact voyageur a compté quatre mille six cent trente de ses pas dans le circuit extérieur des murailles de Jérusalem; et il remarque que la défalcation d'un dixième sur ce nombre donne la mesure de ce circuit à quatre mille cent soixante-sept verges angloises, c'est-à-dire que dix pas font l'équivalent de neuf verges. En composant une toise angloise de deux verges, puisque la verge est de trois pieds, cette toise revient à huit cent onze lignes de la mesure du pied françois, selon la plus scrupuleuse évaluation, ce qui ajoute même quelque chose aux comparaisons précédemment faites entre le pied françois et le pied anglois, comme je l'ai remarqué dans le *Traité des Mesures itinéraires*. Conséquemment, les quatre mille cent soixante-sept verges, ou deux mille quatre-vingt-trois et demi toises angloises fourniront un million six cent quatre-vingt-neuf mille sept cent dix-huit lignes, qui produisent cent quarante mille huit cent dix pouces, ou onze mille sept cent trente-quatre pieds deux pouces, ou mille neuf cent cinquante-cinq toises quatre pieds deux pouces. Or, si nous mettons cette mesure à mille neuf cent soixante toises de compte rond, et que nous prenions de la même manière celle du plan de M. Deshayes à deux mille, la moyenne proportionnelle ne sera qu'à vingt toises de distance des points extrêmes, ou à un centième du tout. Et que peut-on désirer de plus convenable sur le sujet dont il est question ? On ne trouveroit peut-être pas de moindres contrariétés entre les divers plans de nos places et villes frontières. Il convient de regarder comme une preuve du choix et de la préférence que demande la verge des cent toises, que, quoique son écart des autres indications de l'échelle du plan consiste à donner moins de valeur de mesure, toutefois elle pèche plutôt en abondance qu'autrement, par comparaison à la mesure prise sur le terrain par Maundrell.

IV.

MESURE DE L'ENCEINTE DE L'ANCIENNE JÉRUSALEM.

Après avoir discuté et reconnu la mesure positive de l'espace sur le plan actuel de Jérusalem, voyons les mesures que plusieurs écrivains de l'antiquité nous ont laissées du circuit de Jérusalem. On peut conclure, tant de l'exposition ci-dessus faite de son état ancien que de la disposition même du terrain, et des circonstances locales qui n'ont pu éprouver de changement, qu'il n'y a point à craindre de méprise sur les anciennes limites de cette ville. Elles se circonscrivent sur le lieu, non-seulement en conséquence des points de fait qui s'y rapportent, mais encore par ce qui convient au lieu même. Ce qui a fait dire à Brocard : *Quum, ob locorum munitionem, transferri non possit (Jerusalem) a pristino situ.* De sorte qu'on juge assez positivement de son circuit par le plan du local, pour pouvoir se permettre de tracer sur ce plan une ligne de circonférence ou d'enceinte qui soit censée représenter la véritable.

C'est ce dont on a pu se convaincre en suivant sur le plan ce qui a été exposé en détail sur l'ancienne Jérusalem. Il doit donc être maintenant question des mesures qu'on vient d'annoncer.

Eusèbe, dans sa *Préparation évangélique* (liv. IX, XXXVI), nous apprend, d'après un arpenteur syrien, τοῦ τῆς Συρίας σχοινομέτρου, que la mesure de l'enceinte de Jérusalem est de vingt-sept stades. D'un autre côté, Josèphe (liv. VI *de la Guerre des Juifs*, ch. VI) compte trente-trois stades dans le même pourtour de la ville. Selon le témoignage du même Eusèbe, Timocharès avoit écrit, dans une histoire du roi Antiochus-Épiphanès, que Jérusalem avoit quarante stades de circuit. Aristéas, auteur d'une histoire des septante interprètes qui travaillèrent sous Ptolémée-Philadelphe, convient sur cette mesure avec Timocharès. Enfin, Hécatée, cité par Josèphe dans son livre Ier contre Appion, donnoit à Jérusalem cinquante stades de circonférence. Les nombres des stades ici rapportés roulent de vingt-sept à cinquante. Quelle diversité! Comment reconnoître de la convenance dans des indications qui varient jusqu'à ce point? Je ne sache pas que cette convenance ait encore été développée. Elle a jusqu'à présent fort embarrassé les savants; témoin Réland, un des plus judicieux entre tous ceux qui ont traité ce sujet, et qui, après avoir déféré à la mesure de Josèphe, de trente-trois stades, s'explique ainsi, page 837 : *Non confirmabo sententiam nostram testimonio* τοῦ τῆς Συρίας σχοινομέτρου, *qui ambitum Hierosolymæ viginti et septem stadiis definivit apud Eusebium*, etc.

Cette mesure de vingt-sept stades, la première que nous alléguions, semble néanmoins mériter une déférence particulière, puisque c'est l'ouvrage d'un arpenteur qui a mesuré au cordeau, σχοινομέτρου. Un plus petit nombre de stades que dans les autres mesures indiquées doit naturellement exiger la plus grande portée du stade, qui est sans difficulté celle du stade le plus connu, et que l'on nomme *olympique*. Son étendue se définit à quatre vingt-quatorze toises deux pieds huit pouces, en vertu des six cents pieds grecs dont il est composé, et de l'évaluation du pied grec à mille trois cent soixante parties du pied de Paris divisé en mille quatre cent quarante, ou onze pouces quatre lignes. Les vingt-sept stades reviennent donc à deux mille cinq cent cinquante toises. Or, la trace de l'ancienne enceinte de Jérusalem, dans le plus grand espace qu'elle puisse embrasser, paroîtra consumer environ deux mille six cents toises de l'échelle prise sur le plan de M. Deshayes. On s'en éclaircira si l'on veut par soi-même en prenant le compas. Mais remarquez au surplus que, par la mesure de Maundrell, qui ne donne que mille neuf cent soixante au lieu de mille, dans le circuit actuel de Jérusalem, ou un cinquantième de moins, l'enceinte dont il s'agit se réduit à deux mille cinq cent cinquante toises, conformément au produit des vingt-sept stades. Ainsi, ayant divisé, pour la commodité du lecteur, la trace d'enceinte de l'ancienne Jérusalem en parties égales et au nombre de cinquante et une, chacune de ces parties prend à la lettre l'espace de cinquante toises, selon la mesure de Maundrell; et le pis-aller sera que quarante-neuf en valent cinquante, selon l'échelle du plan.

Mais, dira-t-on, ce nombre de stades étant aussi convenable à la mesure de l'enceinte de Jérusalem, il faut donc n'avoir aucun égard à toute autre indication. Je répondrai que les anciens ont usé de différentes mesures de stade dans des temps différents, et quelquefois même dans un seul et même temps. Ils les ont souvent employées indistinctement, et sans y faire observer aucune diversité d'étendue. Ils nous ont laissés dans la nécessité de démêler, par de l'application et de la critique, les espèces plus convenables aux circonstances des temps et des lieux. On ne peut mieux faire que de calculer les trente-trois stades de la mesure de Josèphe sur le pied d'un stade plus court d'un cinquième que le stade olympique, et dont la connoissance est développée dans le petit *Traité* que j'ai publié *sur les Mesures itinéraires*. Il semble que le raccourcissement de ce stade le rendit même plus propre aux espaces renfermés dans l'enceinte des villes, qu'aux plus grands qui se répandent dans l'étendue d'une région ou contrée. La mesure que Diodore de Sicile et Pline ont donnée de la longueur du grand Cirque de Rome ne convient qu'à ce stade, et non au stade olympique. Ce stade s'évaluant sur le pied de soixante-quinze toises trois pieds quatre pouces, le nombre de trente-trois stades de cette mesure produit deux mille quatre cent quatre-vingt-treize toises deux pieds. Or, que s'en faut-il que ce calcul ne tombe dans celui des vingt-sept stades précédents? cinquante et quelques toises. Une fraction de stade, une toise de plus, si l'on veut, sur l'évaluation du stade, ne laisseroient, à la rigueur, aucune diversité dans le montant d'un pareil calcul.

On exigera peut-être que, indépendamment d'une convenance de calcul, il y ait encore des raisons pour croire que l'espèce de mesure soit par elle-même applicable à la circonstance en question. Comme le sujet qu'on s'est proposé de traiter dans cet écrit doit conduire à la discussion des mesures hébraïques, on trouvera ci-après que le mille des Juifs se compare à sept stades et demi, selon ce que les Juifs eux-mêmes en ont écrit; et que ce mille étant composé de deux mille coudées hébraïques, l'évaluation qui en résulte est de cinq cent soixante-neuf toises deux pieds huit pouces. Conséquemment le stade employé par les Juifs revient à soixante-treize toises moins quelques pouces, et ne peut être censé différent de celui qu'on a fait servir au calcul ci-dessus. L'évaluation actuelle ayant même quelque chose de plus que celle qui m'étoit donnée précédemment de cette espèce de stade, les trente-trois stades du circuit de Jérusalem passeront deux mille cinq cents toises, et ne seront qu'à quarante et quelques toises au-dessous du premier montant de ce circuit. Mais on peut aller plus loin, et vérifier l'emploi que Josèphe personnellement fait de la mesure du stade dont il s'agit, par l'exemple que voici : au livre XX de ses *Antiquités*, ch. VI, il dit que la montagne des Oliviers est éloignée de Jérusalem de cinq stades. Or, en mesurant sur le plan de M. Deshayes, qui s'étend jusqu'au sommet de cette montagne, la trace de deux voies qui en descendent, et cette mesure étant continuée jusqu'à l'angle le plus voisin du Temple, on trouve dix-neuf parties de vingt toises, selon que la verge de cent toises, divisée en cinq parties, les fournit; donc, trois cent quatre-vingts toises; par conséquent cinq stades de l'espèce qui a été produite, puisque la division de trois cent quatre-vingts par cinq donne soixante-seize. Il n'est point ambigu que, pour prendre la distance dans le sens le plus étendu, on ne peut porter le terme plus loin que le sommet de la montagne. Ce n'est donc point l'effet du hasard, ou un emploi arbitraire, c'est une raison d'usage qui donne lieu à la convenance du calcul des trente-trois stades sur le pied qu'on vient de voir.

Je passe à l'indication de l'enceinte de Jérusalem à quarante stades. L'évaluation qu'on en doit faire demande deux observations préalables : la première, que les auteurs de qui nous la tenons ont écrit sous les princes macédoniens qui succédèrent à Alexandre dans l'Orient; la seconde, que la ville de Jérusalem, dans le temps de ces princes, ne comprenoit point encore le quartier nommé *Bezetha*, situé au nord du Temple et de la tour Antonia, puisque Josèphe nous apprend que ce fut seulement sous l'empire de Claude que ce quartier commença à être renfermé dans les murs de la ville. Il paroîtra singulier que, pour appliquer à l'enceinte de Jérusalem un plus grand nombre de stades que les calculs précédents n'en admettent, il convienne néanmoins de prendre cette ville dans un état plus resserré. En conséquence du plan qui nous est donné, j'ai reconnu que l'exclusion de Bezetha apportoit une déduction d'environ trois cent soixante-dix toises sur le circuit de l'enceinte, par la raison que la ligne qui exclut Bezetha ne valant qu'environ trois cents toises, celle qui renferme le même quartier en emporte six cent soixante-dix. Si l'enceinte de Jérusalem, y compris

Bezetha, se monte à deux mille cinq cent cinquante toises, selon le calcul des vingt-sept stades ordinaires, auquel la mesure de Maundrell se rapporte précisément, ou à deux mille six cents pour le plus, selon l'échelle du plan de M. Deshayes : donc, en excluant Bezetha, cette enceinte se réduit à environ deux mille cent quatre-vingts toises ou deux mille deux cent vingt-quatre au plus.

A ces observations j'ajouterai qu'il est indubitable qu'un stade particulier n'ait été employé dans la mesure des marches d'Alexandre, stade tellement abrégé par comparaison aux autres stades, qu'à en juger sur l'évaluation de la circonférence du globe donnée par Aristote, précepteur d'Alexandre, il entrera mille cent onze stades dans l'étendue d'un degré de grand cercle. On trouvera quelques recherches sur le stade qui se peut appeler *macédonien*, dans le *Traité des Mesures itinéraires*. L'évaluation qui résulteroit de la mesure d'Aristote n'y a point été adoptée à la lettre et sans examen; mais, en conséquence d'une mesure particulière de pied, qui paroît avoir été propre et spéciale à ce stade, l'étendue du stade s'établit de manière que mille cinquante sont suffisants pour remplir l'espace d'un degré. Ce stade, par une suite de la connoissance de son élément, ayant sa définition avec quelque précision à cinquante-quatre toises deux pieds cinq pouces, les quarante stades fournissent ainsi deux mille cent soixante-seize toises. Or, n'est-ce pas là positivement le résultat de ce qui précède? Et en rétablissant les trois cent soixante-dix toises que l'exclusion de Bezetha fait soustraire, ne retrouve-t-on pas le montant du calcul qui résulte de la première mesure des vingt-sept stades?

Qu'il me soit néanmoins permis de remarquer, en passant, que l'on ne sauroit supposer qu'il pût être question en aucune manière de ménager des convenances par rapport à l'enceinte de Jérusalem, dans les définitions qui ont paru propres à chacune des mesures qu'on y voit entrer. Si toutefois ces convenances sont d'autant plus frappantes qu'elles sont fortuites, n'est-on pas en droit d'en conclure que les définitions mêmes acquièrent par là l'avantage d'une vérification ?

Il reste une mesure de cinquante stades, attribuée à Hécatée. On n'auroit pas lieu de s'étonner que cet auteur, eu faisant monter le nombre des habitants de Jérusalem à plus de deux millions, environ deux millions cent mille, eût donné plus que moins à son étendue, qu'il y eût compris des faubourgs ou habitations extérieures à l'égard de l'enceinte. Mais ce qui pouvoit être vrai du nombre des Juifs qui affluoient à Jérusalem dans le temps pascal ne convient point du tout à l'état ordinaire de cette ville. D'ailleurs, si nous calculons ces cinquante stades sur le pied du dernier stade, selon ce qui paroit plus à propos, la supputation n'ira guère qu'à deux mille sept cents toises; ainsi l'évaluation ne passera que d'environ cent toises, ce qui résulte de l'échelle du plan de M. Deshayes.

En s'attachant à ce qu'il y a de plus positif dans tout ce corps de combinaison, il est évident que la plus grande enceinte de Jérusalem n'alloit qu'à environ deux mille cinq cent cinquante toises. Outre que la mesure actuelle et positive le veut ainsi, le témoignage de l'antiquité y est formel. Par une suite de cette mesure, nous connoîtrons que le plus grand espace qu'occupoit cette ville, ou sa longueur, n'alloit qu'à environ neuf cent cinquante toises, sa largeur à la moitié. On ne peut comparer son étendue qu'à la sixième partie de Paris, en n'admettant même dans cette étendue aucun des faubourgs qui sont au dehors des portes. Au reste, il ne conviendroit peut-être pas de tirer de cette comparaison une réduction proportionnelle du nombre ordinaire des habitants de Jérusalem. A l'exception de l'espace du Temple, qui même avoit ses habitants, la ville de Jérusalem pouvoit être plus également serrée partout que ne l'est une ville comme Paris, qui contient des maisons plus spacieuses et des jardins plus vastes qu'il n'est convenable de les supposer dans l'ancienne Jérusalem, et dont on composeroit l'étendue d'une grande ville.

V.

OPINIONS PRÉCÉDENTES SUR L'ÉTENDUE DE JÉRUSALEM.

La mesure de l'enceinte de Jérusalem ayant tiré sa détermination de la comparaison du local même, avec toutes et chacune des anciennes mesures qui sont données, il n'est pas hors de propos de considérer jusqu'à quel point on s'étoit écarté du vrai sur ce sujet. Villalpando a prétendu que les trente-trois stades marqués par Josèphe se rapportoient à l'étendue seule de Sion, indépendamment du reste de la ville. J'ai combiné qu'il s'ensuivroit d'une pareille hypothèse que le circuit de Jérusalem consumeroit par proportion soixante-quinze stades. Et sans prendre d'autres mesures de stade que celle qui paroît propre aux trente-trois stades en question, la supputation donnera cinq mille sept cents toises. Ce sera pis encore, si l'on ne fait point la distinction des stades, et qu'on y emploie le stade ordinaire, d'autant que les autres ont été peu connus jusqu'à présent. La mesure de ce stade fera monter le calcul à près de sept mille deux cents toises, ce qui triple presque la vraie mesure. Or, je demande si la disposition du local, et la mesure d'espace qui y est propre, peuvent admettre une étendue analogue à de pareils décomptes? Pouvons-nous déborder l'emplacement de Sion? Ne sommes-nous pas arrêtés d'un côté par la vallée de Cédron, de l'autre par le lieu du Calvaire? D'ailleurs, Josèphe ne détruit-il pas cette opinion, comme le docte et judicieux Réland l'a bien remarqué, en disant que le circuit des lignes dont Tite investit Jérusalem entière, étoit de trente-neuf stades? Dans un juste calcul de l'ancienne enceinte de cette cité, on ne se trouve point dans le besoin de recourir au moyen d'oppositions, qui s'emploie d'ordinaire, lorsque les mesures données par les anciens démentent une hypothèse, qui est de vouloir qu'il y ait erreur de chiffres dans le texte.

Le père Lami, dans son grand ouvrage *De sancta Civitate et Templo*, conclut la mesure du circuit de Jérusalem à soixante stades ; se fondant sur la supposition que cette enceinte contenoit cent vingt tours, dont chacune, avec sa courtine, fourniroit deux cents coudées, ou un demi-stade. Il est vrai que ce nombre de coudées d'une tour à l'autre se tire de Josèphe. Mais, comme le même historien parle de cent soixante-quatre tours, distribuées en trois murailles différentes ; que dans l'étendue de ces murailles est comprise une séparation de Sion d'avec Acra ; qu'Acra étoit divisée par un mur intérieur, et avoit sa séparation d'avec Bezetha, il est difficile de statuer quelque chose de positif sur un pareil fondement ; et il resteroit toujours beaucoup d'incertitude sur ce point, quand même la mesure actuelle des espaces n'y feroit aucun obstacle. On peut encore observer que le savant auteur que nous citons ne se trouve point d'accord avec lui-même, quand on compare avec son calcul le plan qu'il a donné de Jérusalem. Car il y a toute apparence que les stades qu'il emploie sont les stades ordinaires, puisque, dans le *Traité des Mesures*, qui sert de préliminaire à son ouvrage, il ne donne point de définition de plus d'une espèce de stade. Sur ce pied, l'enceinte de Jérusalem, dans le calcul du père Lami, s'évalue cinq mille six cent soixante et quelques toises. Or, selon le plan dont je viens de parler, le circuit de Jérusalem est aux côtés du carré du Temple comme quarante et un est à deux ; et l'échelle qui manque à ce plan se supplée par celle que l'auteur a appliquée à son Ichnographie particulière du Temple, dont les côtés sont évalués environ mille cent vingt pieds françois. Conséquemment le circuit de la ville, dans le plan, ne peut aller qu'à environ vingt-trois mille pieds, ou trois mille huit cent trente et quelques toises, qui n'équivalent qu'à quarante et un stades au plus. Si même on a égard à ce que le plan du père Lami semble conforme à une sorte de perspective, et que la partie du Temple s'y trouve dans le reculement, il doit s'ensuivre que ce qui est sur le devant prend moins d'espace, ce qui réduit encore par conséquent le calcul de l'enceinte. Le plan de M. Deshayes étoit donné au père Lami; la mesure prise sur le lieu par Maundrell avoit été publiée. Seroit-ce que les savants veulent devoir tout à leurs recherches, et ne rien admettre que ce qui entre dans un genre d'érudition qui leur est réservé?

Ce qu'on vient d'observer dans deux célèbres auteurs, qui sont précisément ceux qui ont employé le plus de savoir et de recherches sur ce qui concerne l'ancienne Jérusalem, justifie, ce semble, ce qu'on a avancé dans le préambule de ce Mémoire, que l'étendue de cette ville n'avoit point été déterminée jusqu'à présent avec une sorte de précision, et qu'on avoit surtout exagéré beaucoup en ce point.

VI.

MESURE DE L'ÉTENDUE DU TEMPLE.

Maundrell, qui a donné la longueur et la largeur du terrain compris dans l'enceinte de la fameuse mosquée qui occupe l'emplacement du Temple, ne paroît pas avoir fait une juste distinction entre ces deux espaces, à en juger par le plan de M. Deshayes. Il donne à la longueur cinq cent soixante-dix, de ses pas, qui, selon l'estimation par lui appliquée à la mesure de l'enceinte, reviendroient à cinq cent treize verges angloises, dont on déduit deux cent quarante toises. Cependant on n'en trouve qu'environ deux cent quinze sur le plan. L'erreur pourroit procéder, du moins en partie, de ce que Maundrell auroit jugé l'encoignure de cet emplacement plus voisine de la porte dite de *Saint-Étienne*. Mais ce qu'il y a d'essentiel, cette erreur ne tire point du tout à conséquence pour ce qui regarde l'enceinte de la ville; car, dans la mesure de Maundrell, la partie de cette enceinte comprise entre la porte dont on vient de parler et l'angle sud-est de la ville, qui est en même temps celui du terrain de la mosquée, se trouve employée pour six cent vingt des pas de ce voyageur; et, selon son estimation, ce sont cinq cent cinquante-huit verges angloises, dont le calcul produit deux cent soixante-deux toises, à quelques pouces près. Or, l'échelle du plan paroît fournir deux cent soixante-cinq toises, qui en valent environ deux cent soixante, en se servant à la rigueur de la proportion reconnue entre cette échelle et la mesure de Maundrell.

Dans les extraits tirés des *Géographes orientaux*, par l'abbé Renaudot, et qui sont manuscrits entre mes mains, la longueur du terrain de la mosquée de Jérusalem est marquée de sept cent quatre-vingt-quatorze coudées. C'est de la coudée arabique qu'il est ici question. Pour ne nous point distraire de notre objet actuel par la discussion particulière que cette coudée exigeroit, je m'en tiendrai, quant à présent, à ce qui en feroit le résumé; et ce que j'aurois à exposer en détail pour y conduire et lui servir de preuve peut faire la matière d'un article séparé à la suite des mesures hébraïques. Qu'il suffise ici qu'un moyen non équivoque de connoître la coudée d'usage chez les Arabes est de la déduire du mille arabique. Il étoit composé de quatre mille coudées : et, vu que, par la mesure de la terre prise sous le calife Al-Mamoun, le mille ainsi composé s'évalue sur le pied de cinquante-six deux tiers dans l'espace d'un degré, il s'ensuit que ce mille revient à environ mille six toises, à raison de cinquante-sept mille toises par degré, pour ne point entrer dans une délicatesse de distinction sur la mesure des degrés. Donc mille coudées arabiques sont égales à deux cent cinquante toises, et de plus neuf pieds qui se peuvent négliger ici. Et, en supposant huit cents coudées de compte rond au lieu de sept cent quatre-vingt-quatorze, il en résulte deux cents toises de bonne mesure. Ainsi le compte de deux cent quinze toises, qui se tire du plan de Jérusalem figuré dans toutes ces circonstances, est préférable à une plus forte supputation.

La largeur du terrain de la mosquée est, selon Maundrell, de trois cent soixante-dix pas, dont on déduit cent cinquante-six toises quatre pieds et demi. Or, la mesure du plan revient à environ cent soixante-douze. Et ce qu'on observe ici est que la mesure de Maundrell perd en largeur la plus grande partie de ce qu'elle avoit de trop sur sa longueur. D'où l'on peut conclure que le défaut de précision en ces mesures consiste moins dans leur produit en général que dans leur distribution. Il y a toute apparence que les édifices adhérents à l'enceinte de la mosquée, dans l'intérieur de la ville, ont rendu la mesure de cette enceinte plus difficile à bien prendre que celle de la ville. Maundrell avoue même que c'est d'une supputation faite sur les dehors qu'il a tiré sa mesure. Et le détail dans lequel nous n'avons point évité d'entrer sur cet article fera voir que, notre examen s'étant porté sur toutes les circonstances qui se trouvoient données, il n'y a rien de dissimulé ni d'ajusté dans le compte qu'on en rend.

La mosquée qui remplace le Temple est singulièrement respectée dans l'islamisme. Omar, ayant pris Jérusalem la quinzième année de l'hégire (de J. C. 637), jeta les fondements de cette mosquée, qui reçut de grands embellissements de la part du calife Abd-el-Melik, fils de Mervân. Les mahométans ont porté la vénération pour ce lieu jusqu'au point de le mettre en parallèle avec leur sanctuaire de la Mecque, le nommant *Alacsa*, ce qui signifie *extremum* sive *ulterius*, par opposition à ce sanctuaire ; et il y a toute apparence qu'ils se sont fait un objet capital de renfermer dans son enceinte tout l'emplacement du Temple judaïque, *totum antiqui Sacri fundum*, dit Golius dans ses notes savantes sur l'*Astronomie* de l'Alfergane, page 136. Phocas, que j'ai déjà cité, et qui écrivoit dans le douzième siècle, est précisément de cette opinion, que tout le terrain qui environne la mosquée est l'ancienne aire du Temple, παλαιὸν τοῦ μεγάλου ναοῦ δάπεδον. Quoique ce Temple eût été détruit, il n'étoit pas possible qu'on ne retrouvât des vestiges, qu'on ne reconnût pour le moins la trace de ces bâtisses prodigieuses qui avoient été faites pour égaler les côtés du Temple et son aire entière, au terrain du Temple même, placé sur le sommet du mont Moria. Les quatre côtés qui partageoient le circuit du Temple étoient tournés vers les points cardinaux du monde; et on avoit eu en vue que l'ouverture du Temple fût exposée au soleil levant, en tournant le *Sancta Sanctorum* vers le côté opposé. En cela on s'étoit conformé à la disposition du tabernacle; et ces circonstances ne souffrent point de difficultés. Or, la disposition des quatre faces se remarque encore dans l'enceinte de la mosquée de Jérusalem, dont les côtés sont à treize ou quatorze degrés près, orientés conformément à la boussole placée sur le plan de M. Deshayes. Supposé même que la disposition de cette boussole dépende du nord de l'aimant, et qu'elle doive souffrir une déclinaison occidentale; que de plus cette position ne soit pas de la plus grande justesse, il peut s'ensuivre encore plus de précision dans l'orientement dont il s'agit. On trouve dans Sandys, voyageur anglois, un petit plan de Jérusalem qui, ne pouvant être mis en parallèle pour le mérite avec celui de M. Deshayes, tire néanmoins beaucoup d'avantage d'une conformité assez générale avec ce plan; et, selon les aires de vent marquées sur le plan de Sandys, chaque face du carré du Temple répond exactement à ce qui est indiqué N., S., E., W.

Mais il semble qu'il y ait une égalité établie entre les côtés du Temple judaïque, ce qui forme un carré plus régulier que le terrain actuel de la mosquée mahométane. On convient généralement que la mesure d'Ézéchiel donne à chacun des côtés cinq cents coudées. Quoique dans l'hébreu on lise des verges pour des coudées, et dans *la Vulgate*, *calamos* pour *cubitos*, la méprise saute aux yeux, d'autant que le *calamus* ne comprenoit pas moins de six coudées; et d'ailleurs la version grecque, faite apparemment sur un texte plus correct, dit précisément, πήχεις πεντακοσίους. Rabbi-Jehuda, auteur de la *Misna*, et qui a ramassé les traditions des Juifs sur le Temple, dans un temps peu éloigné de sa destruction (il vivoit sous Antonin-Pie), s'accorde sur le même point, dans le traité particulier intitulé *Middoth* ou *la Mesure*. On ne peut donc révoquer en doute que telle étoit en effet l'étendue du Temple.

Nous avons une seconde observation à faire, qui est que cette mesure ne remplira point non-seulement la longueur, mais même la largeur ou plus courte dimension du terrain de la mosquée, quelque disposé que l'on puisse être à ne point épargner sur la longueur de la coudée. Ézéchiel doit nous porter en effet à supposer cette mesure de coudée plutôt forte que foible, disant aux Juifs captifs en Babylone (XL, 5, et XLIII, 13), que, dans la construction d'un nouveau Temple, dans le rétablissement de l'autel, ils doivent employer la coudée sur une mesure plus forte d'un travers de main, ou d'une palme, que la coudée, εν πήχει τοῦ πήχεως καὶ παλαιςῆς, dit la version grecque, *in cubito cubiti et palmi*. Plusieurs savants, entre autres le P. Lami, ont pensé que la coudée hébraïque pouvoit être la même mesure, ou à peu près, que le *dérah* ou la coudée égyptienne, dont l'emploi dans la mesure du débordement du Nil a dû maintenir dans tous les temps la longueur sans altération (vu les conséquences), et la rendre invariable, malgré les changements de dominations. Greaves, mathématicien anglois, et Cumberland, évêque de Peterborough, trouvent dans l'application du dérah à divers espaces renfermés dans la grande Pyramide, où cette mesure s'emploie complète et convient sans fraction, une preuve de sa haute antiquité. Il est fort probable, au surplus, que les Israélites, qui ne devinrent un peuple, par la multiplication d'une seule famille, que pendant leur demeure en Égypte, et qui furent même employés aux ouvrages publics dans ce pays, en durent tirer les mesures dont on se servoit dans ces ouvrages. Auparavant cela, les patriarches de cette nation ne bâtissant point, n'étant même point attachés à des possessions d'héritages, il n'y a pas d'apparence qu'ils eussent en partage, et pour leur usage propre, des mesures particulières assujetties à des étalons arrêtés et fixés avec grande précision, puisque les choses de cette espèce n'ont pris naissance qu'avec le besoin qu'on s'en est fait. Moïse, élevé dans les sciences des Égyptiens, a dû naturellement tirer de leur mathématique ce qui pouvoit y avoir du rapport dans les connoissances qu'il avoit acquises. Quoi qu'il en soit, une circonstance hors de toute équivoque dans l'emploi du dérah, est qu'on ne peut donner plus d'étendue à ce qui prend le nom de *coudée*. Greaves, ayant pris sur le nilomètre du Caire la mesure du dérah, en a fait la comparaison au pied anglois; et, en supposant ce pied divisé en mille parties, le dérah prend mille huit cent vingt-quatre des mêmes parties. Par la comparaison du pied anglois au pied françois, dans laquelle le pied anglois est d'un sixième de ligne plus fort qu'on ne l'avoit estimé par le passé, le dérah équivaut à vingt pouces et demi de bonne mesure du pied françois. Partant, les cinq cents coudées, sur la mesure du dérah, font dix mille deux cent cinquante pouces, qui fournissent huit cent cinquante-quatre pieds, ou cent quarante-deux toises deux pieds. Ainsi, on a été bien fondé à dire que la mesure du Temple est inférieure à l'espace du terrain de la mosquée, puisque cette mesure n'atteint pas même celle des dimensions de ce terrain qui prend moins d'étendue, où sa largeur. Que seroit-ce si on refusoit à la coudée hébraïque, considérée étroitement comme coudée, autant de longueur que le dérah en contient?

Cependant, quand on fait réflexion que le sommet du mont Moria n'a pris l'étendue de son aire que par la force de l'art, on a peine à se persuader qu'on ait ajouté à cet égard aux travaux du peuple juif; travaux qui, à diverses reprises, ont coûté plusieurs siècles comme Josèphe l'a remarqué. L'édifice octogone de la mosquée étant contenu dans l'espace d'environ quarante-cinq toises, selon l'échelle du plan, l'espèce de cloître intérieur qui renferme cette mosquée n'ayant qu'environ cent toises en carré, on ne présume pas que les mahométans eussent quelque motif pour étendre l'enceinte extérieure au-delà des bornes que les Juifs n'avoient prises qu'en surmontant la nature. Ces considérations donnent tout lieu de croire que le terrain que l'on voit dépendant de la mosquée appartenoit en entier au Temple; duquel terrain la superstition mahométane a bien pu ne vouloir rien perdre, sans vouloir s'étendre plus loin. Le père Lami, dans la distribution des parties du Temple, distinguant et séparant l'*Atrium Gentium* d'avec celui des Israélites, en quoi il diffère de Villalpando, a jugé que cet *Atrium* des Gentils étoit extérieur au lieu mesuré par Ézéchiel. Or, il semble que la discussion dans laquelle nous venons d'entrer favorise cette opinion, et que cette même opinion fournisse l'emploi convenable du terrain qui se trouve surabondant. Lightfoot, dans ce qu'il a écrit sur le Temple, cite un endroit du *Talmud* ajouté au *Middoth*, qui dit que le mont Moria surpassoit la mesure des cinq cents coudées; mais ce qui sortoit de cette mesure n'étoit pas réputé saint comme ce qui y étoit renfermé. Cette tradition juive prouveroit deux choses : l'une que l'aire du mont Moria avoit été accrue au-delà même de ce qui se renferme dans la mesure d'Ézéchiel, ainsi qu'en effet nous remarquons que l'espace actuel est plus grand; l'autre que l'excédant de cette mesure ne peut mieux s'entendre que du lieu destiné ou permis aux Gentils qu'un motif de vénération pour le Dieu d'Israël conduisoit à son Temple, mais qui n'étoient pas regardés comme de véritables adorateurs. Ces circonstances ont une singulière convenance à ce qui est dit au chap. xi de l'*Apocalypse*, où saint Jean, ayant reçu ordre de mesurer le Temple de Dieu, *datus est mihi calamus similis virgæ, et dictum est mihi : Metire Templum Dei, altare, et adorantes in eo,* ajoute: *Atrium vero quod est foris Templum... ne metiaris illud, quoniam datum est Gentibus.* Cet article, *ne metiaris*, nous donne à entendre que, dans la mesure du Temple, on a pu et dû même se renfermer dans un espace plus étroit que l'aire entière du Temple; et ce qui précède, savoir *Atrium quod est foris*, nous fait néanmoins connoître un supplément d'espace à cette mesure, et nous apprend en même temps sa destination, *quoniam datum est Gentibus.* Cet endroit de l'*Apocalypse* peut avoir un fondement absolu et de comparaison (indépendamment de tout sens mystique ou figuré) sur la connoissance que saint Jean avoit conservée du Temple même de Jérusalem. Josèphe, qui attribue au Temple une triple enceinte, désigne indubitablement par-là trois espaces différents. De manière qu'outre l'*Atrium Sacerdotum* et l'*Atrium Israelitarum*, desquels on ne peut disputer, il faut de nécessité admettre un troisième espace, tel en effet qu'il se manifeste ici.

Le père Lami, que l'habileté en architecture a beaucoup servi dans sa description du Temple, appliquant la mesure des cinq cents coudées à l'enceinte de l'*Atrium* des Israélites, et pratiquant un *Atrium* extérieur avec une sorte de combinaison dans les proportions des parties du Temple, se trouve conduit par-là à attribuer environ deux mille six cent vingt coudées hébraïques au pourtour de son *Ichnographie du Temple*. Ce nombre de coudées, sur le même pied que ci-dessus, revient à sept cent quarante-six toises. Or, rappelons-nous que la longueur du terrain de la mosquée de Jérusalem, déduite du plan de cette ville, a été donnée d'environ deux cent quinze toises : la largeur d'environ cent soixante-douze. Multipliez chacune de ces sommes par deux, vous aurez au total sept cent soixante-quatorze toises. Sur quoi on peut vouloir rabattre un cinquantième, ou quinze à seize toises pour mettre l'échelle du plan au niveau de ce qui a paru plus convenable dans la mesure totale de l'enceinte de Jérusalem. Et sur ce pied il n'y aura que treize ou quatorze toises de plus ou de moins dans la supputation du circuit du terrain qui appartient au Temple. Il est vrai que le père Lami a employé en quatre côtés égaux la quantité de mesure qui a quelque inégalité de partage dans ce que fournit le local. Mais qui ne voit que la parfaite égalité dans le père Lami n'a d'autre fondement qu'une imitation ou répétition de ce qui étoit propre au corps du Temple, isolé de l'*Atrium* extérieur des Gentils? Et, vu qu'aucune circonstance de fait ne sert de preuve à une semblable répétition, plus aisée vraisemblablement à imaginer que propre au terrain, elle ne peut être regardée comme positive.

Après avoir reconnu quelle étoit l'étendue du Temple, on ne peut s'empêcher d'être extrêmement surpris que ce qu'on trouve dans Josèphe sur ce sujet soit peut conforme au vrai. On ne comprend pas que cet historien, qui, dans les autres circonstances, cherche avec raison à donner une haute idée de cet édifice, ait pu se tenir fort au-dessous de ce qu'il convient d'attribuer à son étendue. Les côtés du carré du Temple sont comparés à la longueur d'un stade, en quoi il paroît s'être mépris comme du rayon au diamètre ; et, dans un autre endroit, le circuit du terrain entier, y compris même la tour Antonia, qui tenoit à l'angle nord-ouest de l'enceinte du Temple, est estimé six stades. Il auroit pu écrire δέκα au lieu d'ἕξ, en usant du stade qui lui paroît propre dans la mesure de l'enceinte de Jérusalem, et dont les dix fournissent sept cent soixante toises, ce qui prend le juste milieu des supputations qu'on vient de voir.

VII.

DES MESURES HÉBRAÏQUES DE LONGUEUR.

Je terminerai cet écrit par quelque discussion des mesures hébraïques propres aux espaces. Cette discussion se lie d'autant mieux à ce qui précède, qu'elle fournit des preuves sur plusieurs points. Il ne paroît pas équivoque que la coudée, dite en hébreu *ameh* (*per aleph, mem, he*) en langue chaldaïque *ametha*, appelée par les Grecs πῆχυς, d'où est venu le mot de *pic*, et autrement ὠλένη, d'où les Latins ont pris le mot d'*ulna*, ne soit un élément de mesure qu'il soit très essentiel de vérifier. La mesure que cette coudée a prise ci-dessus par rapport à l'étendue du Temple paroît assez convenable pour qu'elle en tire déjà grand avantage. Voyons si elle se peut répéter d'ailleurs, ou déduire de quelque autre moyen.

Si l'on s'en rapporte au rabbin Godolias sur l'opinion de Maïmonides, la coudée hébraïque se compare à l'aune de Bologne ; et, de cette comparaison, le docteur Cumberland, évêque de Peterborough, a conclu la coudée de vingt et un pouces anglois et sept cent trente-cinq millièmes de pouce, comme je l'apprends d'Arbuthnot (*Traité des pieds, monnoies et mesures*), ce qui revient à vingt pouces et environ cinq lignes du pied de Paris, et ne diffère par conséquent que d'une ligne en déduction, de l'évaluation propre au dérah ou à la coudée égyptienne.

Mais un moyen de déterminer la mesure de la coudée hébraïque, duquel je ne sache point qu'on ait fait usage, tout décisif qu'il puisse paroître, est celui-ci : Les Juifs conviennent à définir l'*iter sabbaticum*, ou l'étendue de chemin qu'ils se permettoient le jour du Sabbat, en dérogeant au précepte du xvie chapitre de l'*Exode*, v. 30: *Nullus egrediatur de loco suo die septimo*; ils conviennent, dis-je, sur le pied de deux milles coudées. L'auteur de la *Paraphrase Chaldaïque* s'en explique positivement, à l'occasion du v. 6 du chap. 1er du livre de *Ruth*. OEcumenius confirme cette mesure par le témoignage d'Origène, lorsqu'il dit que le mille, étant égal au chemin sabbatique, comprend δισχιλίων πηχῶν. Le *Traité des mesures judaïques* composé par saint Épiphane, qui, étant né Juif et dans la Palestine, devoit être bien instruit du fait dont il s'agit, nous apprend que l'espace du chemin sabbatique revient à la mesure de six stades. Pour donner à la coudée en question plus que moins d'étendue, on ne peut mieux faire que d'employer ici le stade ordinaire, dont huit remplissent l'espace d'un mille romain, et qui semble même avoir prévalu sur tout autre stade dans les bas temps. La mesure de ce stade, définie à quatre-vingt-quatorze toises deux pieds huit pouces, étant multipliée par six, fournit cinq cent soixante-six toises quatre pieds. En décomposant ce calcul en pieds, on y trouve trois mille quatre cents pieds, qui renferment quarante mille huit cents pouces. Et, en divisant cette somme de pouces en deux mille parties, chacune de ces parties se trouve de vingt pouces et deux cinquièmes de pouces. Or, le produit de ce calcul sembleroit en quelque sorte fait exprès pour servir de vérification à la mesure déduite ci-dessus. Que s'en faut-il même que l'évaluation qui vient d'être conclue ne soit précisément la même que celle que nous avons employée précédemment pour la coudée hébraïque, en la croyant une même mesure avec le dérah ou la coudée égyptienne? La diversité d'une ligne et un cinquième ne doit-elle pas être censée de petite considération dans une combinaison de cette espèce. Outre que la diversité ne va pas à un deux-centième sur le contenu, il faudroit, pour que cette diversité pût être regardée à la rigueur comme un défaut de précision dans l'emploi du dérah pour la coudée hébraïque, qu'on fût bien assuré que les six stades faisoient étroitement et sans aucun déficit le juste équivalent des deux mille coudées. Il ne conviendroit pas aussi de trouver à redire à la compensation que saint Épiphane donne de six stades pour deux mille coudées, sur ce qu'il peut avoir négligé d'y ajouter un trente-quatrième de stade, où la valeur de seize à dix-sept pieds.

Les Juifs ont eu une mesure d'espace à laquelle, outre le terme de *berath*, que quelques commentateurs croient lui être propre, ils ont adapté celui de *mil* (*mem*, *jod*, *lamed*) au pluriel *milin*. Quoiqu'on ne puisse douter que cette dénomination ne soit empruntée des Romains, cela n'empêche pas que, chez les Juifs, le mille n'ait sa définition distincte et particulière, laquelle est donnée sur le pied de deux mille coudées; ce qui se rapporte précisément à ce que dit OEcumenius, que l'on vient de citer. Plusieurs endroits de la *Gémare*, indiqués par Reland (*Palæstina*, vol. 1er, pag. 400), nous apprennent que les Juifs compensent la mesure du mille par sept stades et demi. Le terme dont ils se servent pour exprimer le stade est *ris* (*resch*, *jod*, *samech*), au pluriel *risin*. Il peut s'interpréter par le latin *curriculum*, qui est propre à la carrière du stade, *curriculum stadii*, dans Aulu-Gelle (*Noct. Atticar.*; lib. 1, cap. 1): La jonction de quatre *milia* compose chez les Juifs une espèce de lieue nommée *parseh* (*pe*, *resch*, *samech*; *he*). Dans la langue syriaque, *paras* signifie étendre, et *parseh* étendue. Et il est d'autant plus naturel que ce terme paroisse emprunté de cette langue, qu'elle étoit devenue propre aux Juifs dans les temps qui ont suivi la captivité. On trouvera dans Reland (pag. 397) un endroit du *Talmud* qui donne positivement la définition du mille judaïque à deux mille coudées, et la composition de la parseh de quatre milles. Les deux mille coudées assujetties à la mesure précise du dérah font cinq cent soixante-neuf toises deux pieds huit pouces. En multipliant cette somme par quatre, la parseh se trouve de deux mille deux cent soixante-dix-sept toises quatre pieds huit pouces. Cette mesure ne diffère presque en rien de notre lieue françoise, composée de deux lieues gauloises, et dont vingt-cinq font presque le juste équivalent d'un degré.

Le docte Reland, partant de la supposition que le mille judaïque n'est point différent du mille romain, et comparant le nombre de deux mille coudées dans l'un, à celui de cinq mille pieds dans l'autre, conclut la coudée à deux pieds et demi. Mais, quoiqu'on ne puisse disconvenir que l'étendue de la domination romaine n'ait rendu le mille romain presque universel, toutefois il est bien certain que la mesure de ce mille ne peut être confondue avec celle qui nous est donnée du mille judaïque. Et outre que l'évaluation de la coudée qui résulteroit de l'équivoque est naturellement difficile à admettre, excédant la vraisemblance en qualité de coudée, une simple comparaison de nombres, destituée des rapports essentiels, ne peut se soutenir contre une définition positive, et qui éprouve des vérifications. Il y a un endroit de la *Gémare* qui définit le chemin d'une journée ordinaire à dix *parsaut* (tel est le pluriel de *parseh*). Si la parseh équivaloit à quatre milles romains, il en résulteroit quarante milles. Mais les anciens ne vont point jusque-là dans cette estimation : ils s'en tiennent communément à vingt-cinq milles, ou deux cents stades ; et si Hérodote (liv. v) y emploie deux cent cinquante stades, il faut avoir égard à ce que l'usage des stades à dix au mille est propre à cet historien en beaucoup d'endroits. Les géographes orientaux conviennent aussi sur ce nombre de vingt-cinq milles pour l'espace d'une journée commune, ce que les maronites qui ont traduit la *Géographie* d'El-Edrisi dans l'état où nous l'avons, ou plutôt son extrait, ont noté dans la préface de leur traduction. Et quand les Orientaux ont paru varier sur le nombre des milles, en marquant quelquefois trente au lieu de vingt-cinq, c'est à raison de la différence des milles, qu'ils n'ont pas toujours employés à la rigueur sur le pied du mille arabique, dont les vingt-cinq peuvent équivaloir trente ou trente et un d'une espèce plus ordinaire. Par l'évaluation qui est propre à la parseh, les dix faisant la compensation de trente milles romains, il est évident qu'une mesure sensiblement supérieure sort des bornes de ce dont il s'agit. Le père Lami a objecté à Villalpando, sur une pareille opinion, que la coudée hébraïque égaloit deux pieds et demi romains ; que la hauteur de l'autel des parfums étant indiquée de deux coudées, il auroit fallu que la taille du prêtre qui faisoit le service et répandoit l'encens sur cet autel eût été gigantesque. Il est constant que les convenances que nous avons rencontrées sur le local, à l'égard du Temple, n'auroient point eu lieu avec une mesure de la coudée plus forte d'environ un quart que celle qui est ici donnée. Le pied romain s'évaluant mille trois cent six dixièmes de ligne du pied de Paris, les deux pieds et demi renferment trois cent vingt-six lignes et demie, ou vingt-sept pouces deux lignes et demie. On remarquera même, au surplus, que Villalpando attribuoit encore au pied romain quelque excédant sur cette définition.

Je n'ai observé ci-dessus la convenance fortuite qui se rencontroit entre la parseh et notre lieue françoise, que pour communiquer à cette parseh l'idée de ce qui nous est propre et familier. Mais la même convenance entre la parseh et une ancienne mesure orientale ne doit pas être également regardée comme l'effet du hasard. Cette extrême convenance sera plutôt la vérification d'une seule et même mesure. J'ai fait voir, dans le *Traité des Mesures itinéraires*, que le stade, qui revient à un dixième du mille romain, convenoit précisément à la mesure des marches de Xénophon, et qu'en conséquence de l'évaluation faite par Xénophon lui-même du nombre de stades en parasanges, il paroissoit constant que trente stades répondoient à une parasange. Cette compensation n'a même rien que de conforme à la définition précise qu'Hérodote, Hésychius, Suidas, ont donnée de la parasange. En multipliant par trente la mesure de soixante-quinze toises trois pieds quatre pouces, à laquelle le stade de dix au mille est défini, on aura par ce calcul deux mille deux cent soixante-six toises quatre pieds. Or, cette évaluation de la parasange n'est qu'à onze toises de la parseh; de manière que deux pieds deux pouces de plus sur la définition du stade qui sert à composer la parasange mettroient le calcul rigidement au pair. Si même on veut donner par préférence dans la supputation qui résulte de la comparaison que saint Épiphane a faite du mille judaïque ou chemin sabbatique avec six stades ordinaires, savoir, cinq cent soixante-six toises quatre pieds, et qu'on multiplie cette valeur par quatre pour avoir la parseh, on rencontrera précisément les deux mille deux cent soixante-six toises quatre pieds qui sont le produit de nos trente stades. Qui ne conclura de là que la parseh n'est autre chose que la parasange persane, babylonienne, comme on voudra l'appeler? La parseh ne renferme-t-elle pas en elle-même la composition des trente stades, puisque le mille judaïque, la quatrième partie de la parseh, est comparé par les Juifs à sept stades et demi? Ajoutons que les noms de *parseh* et de *parasange* ont assez d'affinité pour concourir avec l'identité de mesure; et que, comme les termes de *para* et de *parseh* trouvent dans l'ancien langage oriental, chaldaïque, de même que syriaque, une interprétation propre et littérale qui ne peut renfermer de sens plus convenable à l'égard de la chose même, c'est acquérir indubitablement la signification propre du mot de *parasange*. La parseh n'étant point mentionnée dans les livres saints, il y a tout lieu de croire que les Juifs ne l'auront adoptée que depuis leur captivité dans le pays de Babylone.

Mais remarquez quel enchaînement de convenances! La définition de la parasange a son existence, indépendamment de ce qui constitue la parseh; car cette parasange dépend d'un stade particulier, lequel se produit par des moyens tout-à-fait étrangers à ce qui paroît concerner ou intéresser la parasange même, comme on peut s'en éclaircir par le Traité que j'ai donné des Mesures. La parseh, d'un autre côté, sort d'éléments absolument différents, et prend ici son principe de ce que la coudée égyptienne paroît une mesure de la plus haute antiquité, et dont il semble vraisemblable que le peuple hébreu ait adopté l'usage. Sur ces présomptions (car jusque-là il n'y a, ce semble, rien de plus), l'application de cette coudée à la parseh trouve une vérification plus précise qu'on ne pourroit oser l'espérer, dans ce qui se doit conclure de la mesure que saint Épiphane donne de la quatrième partie de la parseh. Toutes ces voies différentes, dont aucune n'a de vue sur l'autre, conduisent néanmoins aux mêmes conséquences, se réunissent dans des points communs. On ne pourroit se procurer plus d'accord par des moyens concertés. Qu'en doit-il résulter? Une garantie mutuelle, si l'on peut employer cette expression, de toutes les parties et circonstances qui entrent dans la combinaison.

La connoissance positive de la coudée hébraïque est un des principaux avantages d'une pareille discussion. Il est bien vrai que le père Lami, ainsi que quelques autres savants, avoit déjà proposé la mesure du dérah pour cette coudée, mais sans en démontrer positivement la propriété, ou la vérifier par des applications de la nature de celles qui viennent d'être produites. Il semble même que la précision de cette mesure ait en quelque manière échappé au père Lami, puisque, nonobstant sa conjecture sur le dérah, il conclut la coudée hébraïque à vingt pouces (liv. I, ch. IX, sect. 1) : *Nos*, dit-il, *cubitum Hebræum facimus viginti pollicum*.

La coudée hébraïque étoit composée de six palmes mineurs, et ce palme est appelé en hébreu *tophach* (*teth, phe, thelh*). La version des Septante a rendu ce mot par celui de παλαιςὴ, qui est propre au palme dont il s'agit, et que les définitions données par Hésychius et par Julius Pollux fixent à quatre doigts. Par conséquent la coudée contenoit vingt-quatre doigts : et c'est en effet le nombre de divisions que porte la coudée égyptienne ou dérah, sur la colonne de *Mihias*, qui est le nilomètre près de Fostat ou du Vieux-Caire. Abul-Feda est cité par Kircher, pour dire que la coudée légale des Juifs, la même que l'égyptienne, contient vingt-quatre doigts. Dans Diodore de Sicile (liv. 1), lorsqu'il parle du nilomètre qui existoit à Memphis, et qu'il appelle Νειλοσκοπός, on trouve mention non-seulement des coudées qui en faisoient la division, mais encore des doigts, δακτύλους, qui étoient de subdivision par rapport à la coudée.

En conséquence de la mesure qui est propre à cette coudée, le tophach ou palme revient à trois pouces cinq lignes de notre pied ; et j'observe que cette mesure particulière a l'avantage de paroître prise dans la nature. Car, étant censée relative à la largeur qu'ont les quatre doigts d'une main fermée, comme Pollux s'en explique, l'étude des proportions entre les parties du corps peut faire voir que cette mesure conviendra à une statue d'environ cinq pieds huit pouces françois ; et cette hauteur de stature, qui fait le juste équivalent de six pieds grecs, passe plutôt la taille commune des hommes qu'elle ne s'y confond. Mais si le palme, qui fait la sixième partie de la coudée hébraïque, prend cette convenance avec une belle et haute stature, et qu'on ne sauroit passer sensiblement sans donner dans le gigantesque, il s'ensuivra que la mesure de cette coudée ne peut, en tant que coudée, participer à la même convenance. Le père Lami, en fixant la coudée hébraïque à vingt pouces, en a conclu la hauteur des patriarches à quatre-vingt pouces, ou six pieds huit pouces, ce qui est conforme en proportion à ce principe de Vitruve : *Pes altitudinis corporis sextæ, cubitus quartæ.* Sur cette proportion, la mesure prise du dérah produiroit sept pieds moins deux pouces. Si une telle hauteur de taille devient admissible, au moyen d'une distinction particulière entre la race des premiers hommes et l'état actuel de la nature, toujours est-il bien constant que la mesure de la coudée en question excède les bornes que les hommes ont reconnues depuis long-temps dans leur stature ordinaire. De manière que, relativement à la hauteur de la taille à laquelle la mesure du palme paroît s'assortir en particulier, ou cinq pieds et environ huit pouces, la coudée proportionnelle n'iroit qu'à environ dix-sept pouces. Or, les rabbins paroissent persuadés que l'on distinguoit la coudée commune de la coudée légale et sacrée, dont l'étalon étoit déposé dans le sanctuaire; et cette coudée commune différoit de l'autre par la suppression d'un tophach. Ainsi, se réduisant à cinq *tiphuchim* (pluriel de tophach) ou à vingt doigts, et perdant la valeur de trois pouces cinq lignes, sa longueur revenoit à dix-sept pouces et une ligne. Quoique le père Lami ait combattu la tradition judaïque sur cette coudée commune, toutefois la grande analogie de proportion qui s'y rencontre lui peut servir d'appui. Le témoignage des rabbins trouve même une confirmation positive dans la comparaison que Josèphe a faite de la coudée d'usage chez les Juifs avec la coudée attique. Car, cette coudée se déduisant de la proportion qui lui est naturelle avec le pied grec, lequel se compare à mille trois-cent soixante parties ou dixièmes de ligne du pied de Paris, revient à deux mille quarante des mêmes parties, ou deux cent quatre lignes, qui font dix-sept pouces. Rappelons-nous, au surplus, ce qui a été ci-dessus rapporté d'Ézéchiel, en traitant de la mesure du Temple, lorsqu'il prescrit aux Juifs de Babylone d'employer, dans la réédification du Temple, une coudée plus forte d'un travers de main que l'ordinaire. Ce travers de main n'étant autre chose que le palme mineur, ou tophach, n'est-ce pas là cette distinction formelle de plus ou de moins entre deux coudées, dont la plus foible mesure paroît même prévaloir par l'usage ? Mais, en tombant d'accord que la coudée inférieure étoit admise durant le second Temple, on pourroit, par délicatesse, et pour ne porter aucune atteinte au précepte divin, qui ne souffre qu'un seul poids, qu'une seule mesure, vouloir rejeter la coudée en question pour les temps qui ont précédé la captivité : en quoi toutefois on ne seroit point autorisé absolument par le silence de l'Écriture, puisque, dans le *Deutéronome* (cap. III, v. 11), la mesure du lit d'Og, roi de Basan, est donnée en coudées prises de la proportion naturelle de l'homme, *in cubito viri*; ou, selon la Vulgate, *ad mensuram cubiti virilis manus*. Bien qu'un nombre infini de mesures, qui enchérissent sur leurs principes naturels, par exemple, tout ce que nous appelons pied, sans entrer dans un plus grand détail, autorise suffisamment la dénomination de coudée dans une mesure aussi forte que celle qui paroît propre à la coudée égyptienne et hébraïque ; toutefois, la considération de ces principes devient souvent essentielle dans la discussion des mesures, et il ne faut pas la perdre de vue. C'est à elle que j'ai dû la découverte du pied naturel, dont la mesure et l'emploi ont trouvé leur discussion dans le *Traité des Mesures itinéraires* que j'ai donné.

Nous avons donc dans cet écrit une analyse des mesures hébraïques qui, bien qu'indépendante de toute application particulière, se concilie néanmoins à la mesure d'enceinte de Jérusalem et de l'étendue du Temple, selon que cette mesure se déduit des diverses indications de l'antiquité conférées avec le local même. Il paroît une telle liaison entre ces différents objets ici réunis, qu'ils semblent dépendants les uns des autres, et se prêter, sur ce qui les regarde, une mutuelle confirmation.

DISCUSSION

DE LA COUDÉE ARABIQUE.

J'ai pris engagement, au sujet d'un article qui intéresse la mesure du Temple, d'entrer en discussion sur la coudée arabique, à la suite des mesures hébraïques.

Cette coudée, *deraga* ou *derah*, est de trois sortes, l'ancienne, la commune et la noire. La première, qui tire sa dénomination de ce qu'on prétend qu'elle existoit du temps des Persans, est composée de trente-deux doigts; la seconde, de vingt-quatre, selon la définition plus ordinaire et naturelle; la troisième tient le milieu, et est estimée vingt-sept doigts. On distingue la première par l'addition de deux palmes aux six palmes, qui sont l'élément de la seconde, et qui lui ont été communs avec la coudée égyptienne et hébraïque. Ces définitions se tirent ainsi de l'extrait d'un arpenteur oriental, dont on est redevable à Golius, dans les notes dont il a illustré les *Éléments d'Astronomie* de l'Alfergane.

De ces trois coudées, celle à laquelle il semble qu'on doive avoir plus d'égard, surtout par rapport à l'usage et à une plus grande convenance avec ce qui est de l'espèce de coudée en général, est la commune. Et ce qui devient essentiel pour parvenir à en fixer la mesure, je dis que celle qui se déduit de l'analyse de la mesure de la terre, faite par ordre du calife Almamoun, dans les plaines de Sinjar, en Mésopotamie, ne peut se rapporter mieux qu'à la coudée qualifiée de *commune* ou *ordinaire*. Selon la narration d'Abul-feda sur la mesure d'Almamoun, le degré terrestre sur le méridien fut évalué cinquante-six milles arabiques et deux tiers; et l'Alfergame (chap. VIII) dit que le mille en cette mesure étoit composé de quatre mille coudées. En prenant le degré de cinquante-sept mille toises de compte rond (par la raison dont nous avons cru devoir le faire en parlant de la mesure du Temple), le mille arabique revient à mille six au plus près. Les mille toises font la coudée de dix-huit pouces ; et si l'on veut avoir égard à l'excédant de six toises, il en résultera une ligne et à peu près trois dixièmes de ligne par-delà.

Le docte Golius a cru qu'il étoit question de la coudée noire dans la mesure d'Almamoun, sur ce que l'Alfergane s'est servi du terme de *coudée royale* pour désigner celle qu'il a pensé être propre à cette mesure. Il faut convenir d'ailleurs que l'opinion veut que cette coudée doive son établissement à Almamoun, et qu'elle fut ainsi appelée pour avoir été prise sur le travers de main ou palme naturel d'un esclave éthiopien au service de ce prince, et qui s'étoit trouvé fournir plus d'étendue qu'aucun autre. Mais, outre que l'arpenteur cité par Golius applique l'usage de la coudée noire à la mesure des étoffes de prix dans Bagdad, la proportion établie entre les différentes coudées arabiques est d'un grand inconvénient pour l'application de la coudée noire à la mesure de la terre sous Almamoun. Remarquez, 1° que la coudée noire, avec l'avantage de trois doigts sur la coudée commune, n'auroit point toutefois l'excédant trop marqué sur la portée ordinaire, si son évaluation n'alloit qu'à dix-huit pouces ; 2° que la coudée commune, qui seroit à deux pouces au-dessous, pourroit conséquemment paroître foible, puisque nous voyons que la coudée d'usage chez les Juifs, malgré son infériorité à l'égard de la coudée légale, s'évalue au moins dix-sept pouces ; 3° que la coudée ancienne, qui est appelée *hashémide*, ne monteroit par proportion qu'à vingt et un pouces et quelques lignes, quoiqu'il y ait des raisons pour la vouloir plus forte. Car, selon le Marufide, la hauteur de la basilique de Sainte-Sophie, qui, du pavé au dôme, est de soixante-dix-huit coudées hashémides, s'évalue par Évagrius à cent quatre-vingts pieds grecs ; et, par une suite de la proportion qui est entre le pied grec et le nôtre, la coudée dont il s'agit montera à vingt-six pouces et près de deux lignes. Ce n'est pas même assez, si l'on s'en rapporte au module de la coudée hàshémienne du Marufide, qu'Edward Bernard dit être marqué sur un manuscrit de la bibliothèque d'Oxford, et qu'il évalue vingt-huit pouces neuf lignes du pied anglois, ce qui égale à peu de chose près vingt-sept pouces du pied de Paris. Les mesures données par le Marufide de la longueur et largeur de Sainte-Sophie, savoir : cent une coudées d'une part, et quatre-vingt-treize et demie de l'autre, feront la coudée plus forte, si on les compare aux dimensions de Grelot, quarante-deux toises et trente-huit. La comparaison n'étant point en parfaite analogie, il résultera de la longueur près de trente pouces dans la coudée, et de la largeur vingt-neuf pouces trois lignes de bonne mesure.

Je sens bien que l'on pourroit se croire en droit de prétendre que l'évaluation quelconque de la coudée ancienne ou hashémide ait une influence de proportion sur les autres coudées, et qu'elle fasse monter la commune à vingt pouces trois lignes, en se conformant à l'étalon même de la coudée hashémide, puisque la comparaison apparente entre ces coudées est comme de quatre à trois. Mais un tel raisonnement ne suffisant pas pour supprimer et rendre nulle l'analyse de coudée résultante de la mesure positive du dégré terrestre sous Almamoun, quand même cette mesure ne seroit pas jugée de la plus grande précision, il sera toujours naturel de présumer qu'il n'y a point de proportion entre les différentes coudées arabiques qui soit plus propre à cadrer à cette analyse de coudée, que la coudée commune. Et la coudée noire y sera d'autant moins convenable, qu'en conséquence de la mesure hashémide, elle devoit monter à vingt-deux pouces et neuf lignes.

Thévenot, dont l'exactitude et l'habileté au-dessus du commun des voyageurs sont assez connues, ayant remarqué, dans une géographie écrite en persan, que le doigt, la quatrième partie du palme, la vingt-quatrième de la coudée, étoit défini à six grains d'orge mis à côté l'un de l'autre (définition qui est en effet universelle chez tous les auteurs orientaux), dit avoir trouvé que la mesure des six grains d'orge, multipliés huit fois, revenoit à six pouces de notre pied; d'où il conclut que la coudée composée de cent quarante-quatre grains doit valoir un pied et demi. (Voyez liv. II du second Voyage, ch. VII.) Or, n'est-ce pas là ce qui résulte non-seulement de la mesure du degré terrestre par ordre d'Almamoun, mais encore de l'application spéciale que nous faisons de la coudée commune à cette mesure? Je remarque que la coudée noire, par proportion avec la mesure analysée de la commune, sera de vingt pouces et quatre à cinq lignes par-delà; ce qui, pour le dire en passant, prend beaucoup de convenance avec la coudée égyptienne et hébraïque. Or, cette coudée noire n'ayant excédé la commune que parce que le travers de main de l'Éthiopien, ou le palme qu'on prenoit pour étalon, surpassoit la mesure plus ordinaire, non parce qu'il fut question de déroger à la définition de la coudée sur le pied de six palmes : n'est-ce pas en effet charger très-sensiblement la proportion naturelle que d'aller à vingt pouces et près de demi, tandis que les six palmes grecs, quoique proportionnés à une stature d'homme de cinq pieds huit pouces, comme il a été remarqué précédemment, ne s'évaluent que dix-sept pouces? Si ces convenances et probabilités ne s'étendent point à la comparaison qui est faite de la coudée ancienne ou hashémide avec les autres coudées, disons que cette comparaison n'est vraisemblablement que numéraire à l'égard des palmes et des doigts, sans être proportionnelle quant à la longueur effective. Ne voit-on pas une pareille diversité entre des mesures de pieds, bien qu'ils soient également de douze pouces? Et pour trouver un exemple dans notre sujet même, quoique la coudée noire excédât la commune de la valeur de trois doigts des vingt-quatre de cette commune, avoit-on pris plus de six palmes pour la composer?

Cette discussion de la coudée arabique, qui ne regarde qu'un point particulier dans ce qui a fait l'objet de notre Dissertation, m'a néanmoins occupé d'autant plus volontiers, que je n'ai point connu que ce qui en résulte eût été développé jusqu'à présent.

MÉMOIRE SUR TUNIS.

N° III.

MÉMOIRE SUR TUNIS.

QUESTIONS.	SOLUTIONS.
Ire.	Ire

Les beys qui gouvernent Tunis sont-ils Turcs ou Arabes ? A quelle époque précisément se sont-ils emparés de l'autorité que les deys avoient auparavant ?

13 octobre 1689.

Il y a à peu près cent cinquante ans que les beys de Tunis ont enlevé l'autorité aux deys, mais ils n'ont pas gardé sans révolutions la puissance qu'ils avoient usurpée. Le parti des deys l'emporta sur eux à plusieurs reprises, et ne fut entièrement abattu qu'en 1684 par la fuite du dey Mahmed-Icheleby, dépossédé par Mahmed et Aly-Bey, son frère. Une monarchie héréditaire s'établit alors, et Mahmed-Bey, auteur de la révolution, en fut la première tige. Ce nouvel ordre de choses fut aussitôt interrompu qu'établi : le dey d'Alger, ayant à se plaindre des Tunisiens, vint expliquer ses prétentions à la tête de son armée, mit le siége devant Tunis, s'en empara par la fuite du bey, et fit reconnoître à sa place Ahmed-ben-Chouques. Mahmed-Bey, ayant réussi à mettre dans son parti les Arabes des frontières,

QUESTIONS.	SOLUTIONS.
	s'avança contre Ahmed-ben-Chouques, lui livra bataille, la gagna, et
13 juillet 1695.	vint mettre le siége devant Tunis. Son compétiteur s'étant retiré à Alger après l'issue de la bataille, Mahmed-Bey parvint sans peine à s'emparer de la capitale; il y établit de nouveau son autorité, et la conserva jusqu'à sa mort. Ramadan-Bey, son frère, lui succéda : la bonté de son caractère annonça aux Tunisiens un règne tranquille : elle ne les trompa pas, mais elle causa sa perte. Son neveu Mourat, fils d'Aly-Bey, impatient de jouir du trône auquel il étoit appelé, profita de l'indolence de son oncle, se révolta, le fit prisonnier et le fit mourir. Le règne de Mourat, trop long pour le bonheur du peuple, fut signalé par des cruautés excessives. Le Turc Ibrahim-Cherif en arrêta heureusement le cours
10 juin 1702.	en l'assassinant. La branche de Mahmed-Bey se trouvant éteinte par ce meurtre, Ibrahim pouvoit sans peine se faire reconnoître bey par le divan et par la milice. Dans la suite, ayant été fait prisonnier dans une bataille qu'il perdit contre les Algériens, l'armée élut, pour le remplacer, Hassan-ben-Aly, petit-fils d'un renégat grec. Une nouvelle dynastie commença avec lui, et elle s'est soutenue jusqu'à ce jour sans interruption. Le

QUESTIONS.	SOLUTIONS.
	nouveau bey sentit bien qu'il ne seroit pas sûr de son pouvoir tant qu'Ibrahim seroit vivant. Cette considération le porta à tenter divers moyens pour l'attirer auprès de lui. Il y réussit en publiant qu'il n'étoit que dépositaire de l'autorité d'Ibrahim, et qu'il n'attendoit que sa présence pour abdiquer. Ibrahim, trompé par cette soumission apparente, se rendit à Porto-Farina, où on lui trancha la tête.
10 janvier 1706.	
	Hassan-ben-Aly régnoit paisiblement; il ne manquoit à son bonheur que de se voir un héritier; mais ne pouvant avoir d'enfant d'aucune des femmes qu'il avoit prises, il se décida à désigner pour son successeur Aly-Bey, son neveu, qui commandoit les camps. Plusieurs années se passèrent ainsi, lorsqu'il se trouva, dans une prise faite par les corsaires de la régence, une femme génoise qui fut mise dans le harem d'Hassan-ben-Aly. Cette femme, qui lui plut, devint enceinte; lorsque sa grossesse fut constatée, il assembla son divan, et lui demanda si, en cas que cette femme qu'il avoit en vain sollicitée de se faire Turque vînt à lui donner un prince, il pouvoit être reconnu et lui succéder : le divan opina que cela ne pouvoit être, à moins que l'esclave chrétienne n'embrassât la

QUESTIONS.	SOLUTIONS.
	loi de Mahomet. Hassan-ben-Aly fit de nouvelles instances auprès de son odalisque, qui se décida enfin à se renier. Elle accoucha d'un prince, qui fut nommé *Mahmed-Bey*, et en eut ensuite deux autres, Mahmoud et Aly-Bey. Hassan-ben-Aly, se voyant trois héritiers, fit connoître à son neveu Aly-Bey que, le ciel ayant changé l'ordre des choses, il ne pouvoit plus lui laisser le trône après lui ; mais que, voulant lui donner une preuve constante de son amitié, il alloit acheter pour lui la place de pacha que la Porte nommoit encore à Tunis. Le jeune bey se soumit à la volonté de son oncle, accepta la place promise, et prit le titre d'*Aly-Pacha*. Son ambition parut satisfaite ; mais il affectoit un contentement qu'il n'éprouvoit pas, pour couvrir les grands desseins qu'il avoit conçus : il souffroit impatiemment de voir passer le sceptre en d'autres mains que les siennes ; et, pour s'épargner cette honte, il s'enfuit de Tunis à la montagne des Osseletis, se mit à la tête d'un parti qu'il s'étoit fait secrètement, et vint attaquer son oncle, Hassan-ben-Aly. Le succès ne répondit pas à son attente. Il fut défait, et, se voyant obligé de quitter son asile, il se réfugia à Alger ; pendant son exil il intrigua, et, à force

QUESTIONS.	SOLUTIONS.
1735.	de promesses, il engagea les Algériens à lui donner des secours. Ils s'y décidèrent; marchèrent à Tunis, et, après une victoire complète, ils obligèrent Hassan-ben-Aly à quitter sa capitale et à se réfugier au Kairouan. A la suite de la guerre civile, qui amena la famine, ce prince fugitif quitta le Kairouan pour aller à Sousse. Un capitaine françois, de la Ciotat, nommé *Mareilbier,* qui lui étoit attaché depuis long-temps, lui donna des preuves de son dévouement en allant continuellement lui chercher des blés et des vivres : le prince lui en faisoit ses obligations, qu'il devoit remplir en cas que la fortune le remît sur le trône. Mais elle lui devint de plus en plus contraire; et, privé de toute ressource, il se décida à envoyer ses enfants à Alger, qui semble être le refuge de tous les princes fugitifs de Tunis, espérant pouvoir les y rejoindre : mais lorsqu'il s'y disposoit, Younnes-Bey, fils aîné d'Aly-Pacha, le surprit dans sa fuite, et lui trancha lui-même la tête. Aly-Pacha, défait de son plus dangereux ennemi, paroissoit devoir jouir d'un sort paisible; mais sa tranquillité fut troublée par la division qui se mit entre ses enfants. Mahmed-Bey, l'un d'eux, et pour lequel il avoit de la

QUESTIONS.	SOLUTIONS.
	prédilection, forma le projet d'enlever à Younnes-Bey, son aîné, le trône qui lui étoit dévolu. Il tâcha en conséquence d'indisposer son père contre son frère, et y réussit. Aly-Pacha, séduit par ses raisons, voulut le faire arrêter; Younnes l'apprit, se révolta, et s'empara du château de la Gaspe et de la ville de Tunis : il y fut forcé par Aly-Pacha et obligé de se réfugier à Alger. Mahmed-Bey, débarrassé d'un concurrent dangereux, songea aussi à se défaire de son cadet, et il lui fit donner du poison. Il se fit reconnoître héritier présomptif, et paroissoit devoir jouir un jour du sort que ces crimes lui avoient préparé, lorsque les choses changèrent de face. La ville d'Alger éprouva une de ces révolutions si fréquentes dans les gouvernements militaires ; un nouveau dey fut nommé, et le choix de la milice tomba sur le Turc Aly-Tchaouy. Il avoit été précédemment en ambassade à Tunis, et y avoit reçu un affront de ce même Younnes-Bey, qui se voyoit réduit à implorer sa protection. Loin d'avoir égard à ses prières, il prit, pour se venger, le parti des enfants d'Hassan-ben-Aly, en leur donnant des troupes, commandées par le bey de Constantine, pour le replacer sur le trône.

QUESTIONS.	SOLUTIONS.
	Le succès couronna leur entreprise ; ils saccagèrent la ville de Tunis, et firent prisonnier Aly-Pacha, qui fut immédiatement étranglé. Mahmed-Bey, fils aîné d'Hassan-ben-Aly, fut mis sur le trône. Ce bon prince ne régna que deux ans et demi, et laissa deux enfants en bas âge, Mahmoud et Ismaïl-Bey.
26 mai 1782.	Aly-Bey, son frère, lui succéda, avec promesse, dit-on, de remettre le trône aux enfants de son frère, lorsque l'aîné seroit en état de l'occuper. Le désir de le perpétuer dans sa propre race l'empêcha de la tenir. Il chercha peu à peu à éloigner ses neveux du gouvernement et à y élever son fils. Il montra le jeune Hamoud au peuple, lui donna le commandement des camps, et enfin sollicita pour lui, à la Porte, le titre de pacha : il assura par-là le suffrage du peuple à son fils, et, à force d'égard, il se rendit si bien maître de l'esprit de ses neveux, qu'à sa mort, arrivée en 1782, ils se désistèrent eux-mêmes de leurs prétentions, et furent les premiers à saluer Hamoud-Pacha, leur cousin, unique bey de Tunis.
	Depuis cette époque, l'état n'a été troublé par aucune révolution, et ceux qui pourroient en exciter paroissoient trop bien unis au bey pour leur en supposer l'envie.

QUESTIONS.	SOLUTIONS.
	Le souvenir des malheurs passés, le spectacle des troubles d'Alger, ont trop appris aux Tunisiens à quel point il faut se méfier de l'esprit inquiet et remuant des Turcs, pour les admettre dans le gouvernement. Aussi les beys ont-ils peu à peu cherché à abolir l'autorité que les Turcs avoient usurpée : ils se sont attachés à les éloigner des places importantes de l'administration réservées aux indigènes et aux Géorgiens, et à ne leur laisser absolument que celles qui n'ont plus qu'une ombre d'autorité. Ainsi donc, quoique la famille régnante soit regardée comme turque, puisque Hassan-ben-Aly descend d'un renégat grec, le gouvernement doit être considéré comme maure.
IIe, XVIIe, XVIIIe.	IIe, XVIIe, XVIIIe.
IIe. Quelles sont les nations de l'Europe auxquelles Tunis a accordé des capitulations? A quelle époque et à quelles conditions ont-elles été accordées ? Existent-elles encore?	La France, l'Angleterre, la Hollande, la Suède, le Danemarck et l'Espagne, sont les nations européennes auxquelles Tunis a accordé des traités ; on peut même comprendre dans ce nombre Venise, malgré la guerre actuelle qu'elle a avec cette régence, et l'empereur, dont le pavillon n'a été abattu qu'en raison de sa rupture avec la Porte. Les Ragusois,
XVIIe. Quelles sont les nations qui ont des consuls à Tunis? Y a-t-il des nations qui permettent à leurs	comme tributaires du grand-seigneur, ont aussi leur traité, mais sans pavillon et sans commerce, et seule-

QUESTIONS.

consuls de faire le commerce ?

xviiie.

Combien y a-t-il de maisons étrangères établies à Tunis pour leur commerce, et de quelle nation ces maisons sont-elles ? Sont-elles toutes dans la capitale ?

Nota. On a réuni ces questions, ainsi que quelques autres suivantes, à cause du rapprochement qu'elles ont entre elles.

SOLUTIONS.

ment pour la franchise de leurs navigations.

Les capitulations de la France avec Tunis sont les plus anciennes ; elles datent de 1685, quoiqu'il y en ait d'antécédentes et qui n'existent plus, et qui ne sont pas rappelées dans ce traité. Celui de l'Angleterre a été fait cinq ou six mois après, et celui de la Hollande peu d'années ensuite. La paix des autres nations nommées ci-dessus n'a pas une époque plus reculée que celle de quarante à cinquante ans. En donnant ici un résumé des capitulations de la France, on peut juger de celles des autres nations, puisque c'est sur ces capitulations qu'on a à peu près calqué les leurs. Par un article des traités, et relativement à ce qui se pratique à la Porte envers les ambassadeurs, le consul de France à Tunis a le pas sur les autres consuls. Sa majesté lui accorde le titre de *consul général* et de *chargé des affaires*, parce que, d'un côté, il est dans le cas d'administrer la justice aux maisons établies sur l'Échelle et aux navigateurs qui y abordent ; et que, d'un autre, il traite des intérêts des deux puissances. Tous les consuls ont le droit de faire le commerce, à l'exception de celui de France, auquel cela est défendu, sous peine de destitution. Cette sage

QUESTIONS.	SOLUTIONS.
	défense est fondée sur ce qu'il pourroit se trouver juge et partie en même temps, et de plus un concurrent trop puissant pour les marchands, puisque la considération attachée à sa place lui feroit aisément obtenir la préférence dans les affaires.
	Les autres nations n'ayant aucun négociant établi sur l'Échelle, par une conséquence contraire, permettent à leurs consuls de faire le commerce.
En 1787.	Il y a huit maisons de commerce établies à Tunis, toutes françoises, et fixées dans la capitale.
IIIe.	**IIIe.**
A combien fait-on monter la population de l'empire? Sont-ce les Maures ou les Arabes qui sont les plus nombreux? Paient-ils l'impôt par tribu ou par individu? Y a-t-il quelques proportions dans les impositions? Y a-t-il des Arabes fixés dans la ville?	On faisoit monter à quatre ou cinq millions d'âmes la population de l'empire avant la peste; mais on peut dire qu'elle en a enlevé environ un huitième : le nombre des Arabes surpasse celui des Maures.
	Il est des impôts qui se paient par tribus et d'autres par individus : il n'y a absolument aucune règle pour mettre quelque proportion dans les impôts, et rien en général ne dépend plus de l'arbitraire. Il y a des Arabes fixés dans la ville, mais ce ne sont pas les citadins les plus nombreux.

QUESTIONS.	SOLUTIONS.
IVe.	IVe.
Y a-t-il dans le cœur du royaume, ou sur les frontières, beaucoup de tribus qui se refusent aux impositions ? Sont-ce les Maures ou les Arabes qui sont les plus indociles ? Quels sont les plus riches, des Maures ou des Arabes ? Les hordes errantes afferment-elles quelquefois les terres des habitants des villes pour les cultiver ou pour y faire paître leurs troupeaux ? En quoi consistent ces troupeaux ?	Il y a quelques tribus sur les frontières qui se refusent parfois aux impositions, mais les camps qu'on envoie pour les prélever les contraignent bientôt à payer. Ce sont en général les Arabes qui sont le plus indociles. Il est à présumer que les Maures sont plus riches, en ce qu'ils se livrent en même temps à l'agriculture, au commerce, aux manufactures et aux emplois, tandis que les premiers se bornent à l'agriculture ; les hordes errantes afferment souvent des terres des habitants des villes, soit pour les cultiver, soit pour y faire paître leurs troupeaux, qui consistent en gros et en menu bétail, en chameaux, qui leur servent pour le transport, dont ils filent le poil, et dont le lait leur sert de nourriture : ils se nourrissent souvent de l'animal lui-même. Les beaux chevaux sont devenus très rares, les Arabes s'étant dégoûtés d'en élever, fatigués de voir le gouvernement ou ses employés leur enlever à vil prix le moindre cheval passable.
V^e.	V^e.
Y a-t-il beaucoup de propriétaires de terres ?	Quoique le bey possède beaucoup de terres, quoiqu'il y en ait beaucoup

QUESTIONS.	SOLUTIONS.
Ces propriétaires sont-ils tous dans les villes, ou y en a-t-il encore dans des maisons isolées ou dans des villages? Ces derniers ne sont-ils pas exposés aux brigandages des hordes errantes?	dont les revenus appartiennent à la Mecque, il ne laisse cependant pas d'y avoir quantité de propriétaires; ils sont dans les villes, dans les villages, et même dans des habitations isolées, et dans cette position, peu exposés aux brigandages des hordes errantes.

VIe

A combien peut s'élever le revenu de l'État? Quels sont les objets qui le forment? Les dépenses ordinaires le consomment-elles en entier, ou peut-on en mettre une partie en réserve? Croit-on que le bey ait un trésor, et un trésor considérable?	Autant qu'il est possible d'évaluer les finances d'un État dont la plupart des revenus sont annuellement aux enchères, et dont une grande partie consiste en vexations, on peut faire monter à vingt-quatre millions les revenus du bey de Tunis. Les objets qui les forment sont les douanes, les permissions de sortie pour les denrées, le bail des différentes sommes d'argent que donne chaque nouveau gouverneur, et dont la somme est toujours plus considérable par les enchères annuelles; le revenu de son domaine, la dîme qu'il prend sur les terres, le produit des prises, la vente des esclaves, etc., etc. Il s'en faut que les dépenses consomment annuellement le revenu, dont une partie est mise en réserve chaque année. Il n'y a point de doute que le bey n'ait un trésor considérable, et qu'il augmente sans cesse, la plus sordide avarice étant un de ses défauts. La

QUESTIONS. SOLUTIONS.

paix de l'Espagne vient d'enfler ce trésor de quelques millions, et Venise ne tardera pas à en faire de même.

Alger et Constantine font parfois de fortes saignées à ce trésor, que le gouvernement de Tunis pourroit garantir de leurs atteintes, s'il en employoit une partie à l'entretien de ses places, à celui de sa marine et de quelques troupes disciplinées.

VIIe.

Y a-t-il beaucoup d'esclaves chrétiens à Tunis ? En a-t-il été racheté dans les dernières années, et à quel prix ? De quelle nation étoient-ils ?

VIIe.

Le nombre des esclaves chrétiens à Tunis est assez considérable, et s'est beaucoup accru depuis quelques années, en raison de la jeunesse et de l'esprit militaire du bey, qui encourage la course en faisant sortir lui-même beaucoup de corsaires. On ne peut précisément savoir le nombre de ses esclaves, parce qu'on en prend et qu'on en rachète fréquemment : ils sont en général napolitains, vénitiens, russes et impériaux. Dans ce moment-ci Naples fait racheter les siens le plus qu'elle peut, Gênes parfois, Malte presque jamais ; mais la religion fait quelquefois des échanges, dans lesquels Tunis gagne toujours, ne relâchant jamais qu'un Maltois pour deux, trois et quatre musulmans.

| QUESTIONS. | SOLUTIONS. |

Depuis l'époque du prince Paterno le rachat ordinaire a été fixé à trois cents sequins vénitiens, et six cents piastres les rachats doubles.

Le rachat des esclaves appartenants au bey, qui sont le plus grand nombre, est fixé à deux cent trente sequins vénitiens pour les matelots, et à quatre cent soixante pour les capitaines et les femmes, de quelque âge qu'elles soient; les particuliers suivent assez ce prix, dont ils se relâchent cependant quelquefois, soit à raison de la vieillesse de l'esclave, soit à cause de son peu de talent. Quel mensonge! pour ne pas dire plus. On peut assurer que le sort des esclaves à Tunis est en général fort doux; plusieurs y restent ou y reviennent après avoir été rachetés; quelques-uns obtiennent leur liberté à la mort de leur maître ou de son vivant.

VIIIe.   VIIIe.

Quel est le nombre des troupes qu'entretient le bey, et de quelle nation sont-elles? Combien lui coûtent-elles? Sont-elles un peu disciplinées et aguerries? Où sont-elles placées?

Nota. A l'expédition de Tripoli le bey a fait une augmentation considérable dans les troupes. Il a enrôlé quasi tous les jeunes Krougoulis du royaume, au nombre de plus

Le bey entretient environ vingt mille hommes, cinq mille Turcs, Mamelucks ou Krougoulis : ces derniers sont naturels du pays, mais fils de Turcs ou de Mamelucks, ou de leur race; deux mille Spahis maures, sous le commandement de quatre agas, savoir : l'aga de Tunis, du Kairouan, du Ref et de Bejea; quatre cents Ambas maures, sous le commandement du bachitenba leur chef; deux mille ou deux mille cinq cents Zouavas maures de tous les pays, sous les

QUESTIONS.	SOLUTIONS.
de douze cents ; ce qui fait qu'aujourd'hui les troupes réglées coûtent au gouvernement environ sept cent mille piastres par an.	ordres de leur hodgia. Il existe environ vingt mille hommes enrôlés dans les corps de Zouavas, mais le gouvernement n'en paie que deux mille cinq cents au plus : les autres ne jouissent que de quelques franchises, et servent dans les occasions extraordinaires.
	Onze à douze mille Arabes de la campagne, des races des Berdes, Auledt, Seïds, Auledt Hassan, etc., compris tous collectivement sous le nom de *Mazerguis* : ceux-ci servent pour accompagner les camps et les troupes réglées, pour veiller sur les mouvements des Arabes tributaires, et particulièrement sur quelques chefs d'Arabes indépendants qui sont campés sur les confins de Tunis et de Constantine.
	Les Turcs, Mamelucks et Krougoulis, qui représentent l'ancienne milice, coûtent aujourd'hui au gouvernement sept cent mille piastres de Tunis, et plus, par an.
Il n'y a aujourd'hui que deux compagnies de Mamelucks, seulement d'environ vingt-cinq chacune.	La plus grande partie des Mamelucks est destinée à la garde du bey, divisée en quatre compagnies, chacune de vingt-cinq Mamelucks. Ceux-ci, outre leur paie, ont tous les six mois vingt piastres de gratification et quelques petites rétributions en étoffes et en denrées. Ils sont aussi porteurs des ordres que le gouverne-

QUESTIONS.	SOLUTIONS.
	ment fait passer aux gouverneurs et cheiks. Lorsque ces ordres ont pour objet des contestations de particuliers, c'est à ceux-ci à les entretenir pendant leur mission.
	Quelques Turcs et Krougoulis sont aussi employés à la garde du bey, et on leur fait à peu près les mêmes avantages qu'aux Mamelucks : le gouvernement ne les emploie que dans les affaires qui ont rapport à la milice. Il en est de même des Ambas maures et des Spahis.
	Près de la moitié des soldats est à Tunis. Elle est destinée à la garnison de la ville et au camp : le reste est réparti sur les frontières.

SAVOIR :

A Tabarque.	600
Gafsa..	75
Gerbis.	75
Mehdia.	50
Galipia.	50
Hamamet.	50
Bizerte.	150
Porto-Farina.	100
La Goulette.	300
Total.	1450

On compte environ huit cents Zouavas employés dans les garnisons.

JUSTIFICATIVES.

QUESTIONS.	SOLUTIONS.

SAVOIR :

A Gerbis............	100
Zarsis..............	25
Beben.............	25
Gouvanes...........	25
Guèbes............	25
Hamma............	25
Haxe..............	25
Sousse............	25
Taburba...........	50
Sidi-Daoud.........	25
Dans les châteaux de Tunis.............	150
Total.......	500
A Aubarde..........	200
La Goulette........	50
Total.......	750

Le gouvernement emploie le reste des Zouavas qu'il soudoie au camp qu'il envoie tous les ans sur les frontières de Tripoli.

IXe.

Y a-t-il quelques caravanes dans le royaume ? Où vont-elles ? Font-elles un commerce considérable ? Quels sont les objets d'échanges ? Rendent-elles quelque chose au gouvernement ?

IXe.

Deux caravanes font chaque année des voyages réglés à Tunis : l'une vient de Constantine et l'autre de Godemes. Celle de Constantine se renouvelle huit à dix fois l'année, achète de la mercerie, de la quincaillerie, des drogues, des épiceries, du drap, des toiles, de l'argenterie, des bijoux et des bonnets de la fa-

QUESTIONS.

SOLUTIONS.

brique de Tunis, qu'elle paie avec du bétail, des bernus et des piastres fortes coupées. Celle de Godemes fait rarement plus de trois voyages; elle apporte des nègres, achète de la mercerie, de la quincaillerie, des toiles, d'autres articles détaillés ci-dessus, et généralement tout ce qui peut servir à alimenter le commerce qu'elle fait dans l'intérieur de l'Afrique : le gouvernement ne retire aucun droit direct sur ces caravanes.

X^e.

Le gouvernement s'est-il réservé quelque branche du commerce ?

X^e.

Les branches du commerce que le gouvernement s'est réservées sont les cuirs, les cires, qu'il abandonne annuellement à une compagnie de Juifs ou de Maures, moyennant une rétribution de draps, d'étoffes ou d'argent; les soudes ou barils qu'il vend au plus offrant; la pêche du thon, dont le privilége se paie annuellement vingt mille francs; celle du corail, pour laquelle la compagnie d'Afrique paie annuellement à peu près la même somme.

XIe.

A quelles sommes se sont montées, l'année dernière (1787), les exportations de Tunis pour le Levant, et les importations du Levant à Tunis?

XIe.

Il est de toute impossibilité de calculer, même d'une manière approximative, les exportations de Tunis pour le Levant. Les douanes, dispersées dans les différents ports du

JUSTIFICATIVES.

QUESTIONS.	SOLUTIONS.
	royaume, ne tiennent que des registres informes : il se fait d'ailleurs beaucoup de contrebande, que les gouverneurs et les douaniers facilitent parce que le premier profit leur en revient.
XIIᵉ et XIIIᵉ.	**XIIᵉ et XIIIᵉ.**
XIIᵉ. A quelles sommes se sont montées, à la même époque, les exportations de Tunis pour l'Europe, et les importations de l'Europe à Tunis?	Le tableau succinct, et aussi fidèle qu'il est possible, que l'on va donner ci-après, répondra pleinement à ces deux questions.
XIIIᵉ. Dans quels ports ont été faits les chargements, et par les vaisseaux de quelle nation de l'Europe ou du Levant a eu lieu ce commerce?	

Résultat des états de commerce de l'année 1787.

Les marchandises que nous avons importées de Tunis montent à.	5,225,844
Celles que nous avons extraites, à.	4,634,531
Reste donc en excédant de p.	591,313
En résumant ces deux premières sommes, qui font. . .	9,860,375
En comparant ce total à celui du commerce actif et passif de toutes les nations étrangères, qui monte à.	5,108,477
Il résulte que la balance est en notre faveur.	4,751,898
Il en est de même des tonnages respectifs; le nôtre monte à...T.	12,806
Celui des étrangers, à. . . T.	6,870
Le nôtre l'emporte de. . . T.	5,936

QUESTIONS.	SOLUTIONS.
	Les étrangers eux-mêmes ont mis en activité une partie de nos bâtiments. Les chargements ont été faits à Tunis, Bizerte, Porto-Farina, Sousse et Gerbis; quant aux marchandises d'entrées, elles entrent toutes dans le royaume par le port de la Goulette.
	Selon la note mise au bas des Questions de M. l'abbé Raynal, il se trouve que l'importation de Marseille à Tunis ne s'est élevée, en 1787, qu'à 1,009,963 l., tandis que, d'après l'état ci-dessus, elle monte à 5,225,844 l. La différence étonnante qui se trouve entre ces deux calculs provient de ce qu'on n'a compté dans les premiers que les marchandises proprement dites, tandis qu'on y a ajouté l'argent reçu de Marseille, et les traites tirées directement sur cette place, ou par la voie de Livourne: ces deux objets se montent à 4,215,881 l.; et c'est effectivement, à peu de chose près, l'excédant qui se trouve en espèces de ce calcul à celui qui a été remis d'ailleurs à M. l'abbé Raynal.
XIVe.	XIVe.
Y a-t-il beaucoup de propriétaires de terres? Ces propriétés sont-elles considérables et assurées? Le gouvernement n'hérite-t-il point de ceux qui	Il est impossible de savoir l'évaluation des propriétés en fonds de terres, ainsi que la proportion qu'il peut y avoir entre les domaines, les propriétés particulières, et la masse gé-

QUESTIONS.	SOLUTIONS.
ne laissent pas d'enfants, comme il hérite de tous ses agents?	nérale. Le gouvernement possède en propre une grande partie de terres, mais il n'a aucun cadastre des propriétés particulières. Il perçoit la dîme sur les récoltes, et rien sur les fonds de terres ; de manière que tant que les champs d'un particulier restent en friche ils ne rapportent absolument rien au gouvernement. On ne voit point ici de grands propriétaires de terres comme en Europe. Toute propriété est sous la sauvegarde de la loi et n'éprouve que très rarement l'avidité du fisc. Le gouvernement, depuis quelque temps, et particulièrement sur la fin du règne d'Aly-Bey, s'est assez respecté lui-même pour ne pas toucher aux biens de ses sujets et même à ceux de ses agents qui, après avoir fait des fortunes assez considérables et en avoir joui paisiblement, en ont laissé la propriété à leurs héritiers.

Les Hanefis (ce terme générique désigne les Turcs et les Mamelucks) qui meurent sans enfants ou autres héritiers légitimes peuvent disposer, selon la loi, du tiers de leurs biens, et le fisc hérite du reste.

Il hérite aussi de tous les Melckis (ce sont des Maures) qui ne laissent point d'enfants mâles ; et si les héritiers sont des filles, le fisc entre en partage avec elles selon la loi. On

QUESTIONS | SOLUTIONS.

appelle *ben-elmengi* l'agent du fisc chargé du recouvrement; il fait vendre les biens-fonds ou mobiliers, et en verse le produit dans la caisse du domaine.

XVe.

Quel est le nombre des bâtiments corsaires qu'entretient le gouvernement? De quelle espèce sont cés bâtiments? Quel est le port où ils se tiennent?

On l'a augmenté dernièrement de deux kerlanglisches, d'un gros bâtiment suédois qu'on a percé pour vingt-quatre pièces de canon, et d'un chebeck dont la France lui a fait présent.

XVe.

Le gouvernement entretient ordinairement quinze à vingt corsaires; ils consistent en trois grosses barques de vingt pièces de canon et de cent trente hommes d'équipage, quelques chebecks de moindre force, des galiotes et des felouques. Porto-Farina est le seul port qui serve aux armements du prince. Les corsaires des particuliers ne sont pas plus nombreux, et à peu près dans la même proportion de forces; ils arment et ils désarment dans tous les ports du royaume, et s'attribuent la dîme sur toutes les prises que font les corsaires particuliers.

XVIe.

Quel est le droit que paie chaque bâtiment? Quel est le droit que paie chaque marchandise d'exportation ou d'importation? Le droit est-il le même pour toutes les nations de l'Europe et pour les gens du pays? A-t-il varié depuis quelques années?

XVIe.

Tout bâtiment en lest ne paie rien; tout bâtiment qui décharge paie dix-sept piastres et demie, et autant s'il charge. Les François, pour les marchandises venant de France et sous le pavillon françois, ne paient que trois pour cent; sur les marchandises venant d'Italie ou du Levant, les Anglois, huit pour cent; sur toutes les

QUESTIONS.	SOLUTIONS.
	marchandises, de quelque endroit qu'elles viennent, les autres nations européennes, un peu plus ou un peu moins que ces derniers. Les indigènes quelconques paient onze pour cent sur les marchandises venant de chrétienté, et quatre pour cent sur celles venant du Levant.
	Quant aux bonnets, la principale fabrique du pays, le gouvernement, pour exciter l'industrie, n'exige aucun droit de sortie.
1802. Blés de huit à dix mabouds et plus, orge de vingt à vingt-cinq piastres et plus, huile deux et demie à trois piastres; et pour ces autres échelles plus, à proportion de la mesure qui est plus grande.	Quant aux marchandises d'exportation qui consistent en denrées, le gouvernement n'en accorde la sortie que selon les circonstances, et perçoit un droit plus ou moins fort selon la quantité des demandes. Ce droit est, sur le blé, de douze à quinze piastres le caffis; de cinq à neuf sur l'orge; de quatre et demie sur tous les légumes et autres menus grains; d'une trois-quarts sur le métal d'huile.

N. B. On peut calculer à une livre douze sous la piastre de Tunis, le caffis à trois charges un quart de Marseille; il faut trois métaux environ pour faire la millerolle, la rotte ayant environ un quart de plus que la livre. Il ne faut que quatre-vingts rottes pour faire un quintal, poids de table.

VOYAGES EN AMÉRIQUE.

INTRODUCTION

AUX

VOYAGES EN AMÉRIQUE.

MÉMOIRES

SUR LES RUINES DE L'OHIO.

PREMIER MÉMOIRE.

Bacon, en parlant des antiquités, des histoires défigurées, des fragments historiques qui ont par hasard échappé aux ravages du temps, les compare à des planches qui surnagent après le naufrage, lorsque des hommes instruits et actifs parviennent, par leurs recherches soigneuses et par un examen exact et scrupuleux des monuments, des noms, des mots, des proverbes, des traditions, des documents et des témoignages particuliers, des fragments d'histoire, des passages de livres non historiques, à sauver et à recouvrer quelque chose du déluge du temps.

Les antiquités de notre patrie m'ont toujours paru plus importantes et plus dignes d'attention qu'on ne leur en a accordé jusqu'à présent. Nous n'avons, il est vrai, d'autres autorités écrites ou d'autres renseignements que les ouvrages des vieux auteurs françois et hollandois; et l'on sait bien que leur attention étoit presque uniquement absorbée par la poursuite de la richesse ou le soin de propager la religion, et que leurs opinions étaient modifiées par les préjugés régnants, fixées par des théories formées d'avance, contrôlées par la politique de leurs souverains, et obscurcies par les ténèbres qui alors couvroient encore le monde.

S'en rapporter entièrement aux traditions des Aborigènes pour des informations exactes et étendues, c'est s'appuyer sur un roseau bien frêle. Quiconque les a interrogés, sait qu'ils sont généralement aussi ignorants que celui qui leur adresse des questions, et que ce qu'ils disent est inventé à l'instant même, ou tellement lié à des fables évidentes, que l'on ne peut guère lui donner le moindre crédit. Dépourvu du secours de l'écriture pour soulager leur mémoire, les faits qu'ils connoissoient se sont, par la suite des temps, effacés de leur souvenir, ou bien s'y sont confondus avec de nouvelles impressions et de nouveaux faits qui les ont défigurés. Si, dans le court espace de trente ans, les boucaniers de Saint-Domingue perdirent presque toute trace du christianisme, quelle confiance pouvons-nous avoir dans des traditions orales qui nous sont racontées par des Sauvages dépourvus de l'usage des lettres, et continuellement occupés de guerre ou de chasse?

Le champ des recherches a donc des limites extrêmement resserrées ; mais il ne nous est pas entièrement fermé. Les monuments qui restent offrent une ample matière aux investigations. On peut avoir recours au langage, à la personne, aux usages de l'homme rouge, pour éclaircir son origine et son histoire; et la géologie du pays peut même, dans quelques cas, s'employer avec succès pour répandre la lumière sur les objets que l'on examine.

Ayant eu quelques occasions d'observer par moi-même et de faire d'assez fréquentes recherches, je suis porté à croire que la partie occidentale des États-Unis, avant d'avoir été découverte et occupée par les Européens, a été habitée par une nation nombreuse ayant des demeures fixes, et beaucoup plus avancée dans la civilisation que les tribus indiennes actuelles. Peut-être ne se hasarderoit-on pas trop en disant que son état ne différoit pas beaucoup de celui des Mexicains et des Péruviens, quand les Espagnols les visitèrent pour la première fois. En cherchant à éclaircir ce sujet, je me bornerai à cet état ; quelquefois, je porterai mes regards au-delà, et j'éviterai, autant que je le pourrai, de traiter les points qui ont déjà été discutés.

Le Township de Pompey, dans le comté d'Onondaga, est sur le terrain le plus élevé de cette contrée; car il sépare les eaux qui coulent dans la baie de Chesapeak de celles qui vont se rendre dans le golfe Saint-Laurent. Les parties les plus hautes de ce Township offrent des restes d'anciens établissements, et l'on reconnoît, dans différents endroits, des vestiges d'une population nombreuse. Environ à deux milles au sud de Manlieu-Ignare, j'ai examiné, dans le Township de Pompey, les restes d'une ancienne cité; ils sont indiqués d'une manière visible par de grands espaces de terreau noir disposés par intervalles réguliers à peu de distance les uns des autres, où j'ai observé des ossements d'animaux, des cendres, des haricots, ou des grains de maïs carbonisés, objets qui dénotent tous la demeure de créatures humaines. Cette ville a dû avoir une étendue au moins d'un demi-mille de l'est à l'ouest, et de trois quarts de mille du nord au sud; j'ai pu la déterminer avec assez d'exactitude, d'après mon examen; mais quelqu'un d'une véracité reconnue m'a assuré que la longueur est d'un mille de l'est à l'ouest. Or, une ville qui couvroit plus de cinq cents acres doit avoir contenu une population qui surpasseroit toutes nos idées de crédibilité.

A un mille à l'est de l'établissement, se trouve un cimetière de trois à quatre acres de superficie, et il y en a un autre contigu à l'extrémité occidentale. Cette ville étoit située sur un terrain élevé, à douze milles à peu près des sources salées de l'Onondaga, et bien choisi pour la défense.

Du côté oriental, un escarpement perpendiculaire de cent pieds de hauteur aboutit à une profonde ravine où coule un ruisseau ; le côté septentrional en a un semblable. Trois forts, éloignés de huit milles l'un de l'autre, forment un triangle qui environne la ville ; l'un est à un mille au sud du village actuel de Jamesville, et l'autre au nord-est et au sud-est dans Pompey : ils avoient probablement été élevés pour couvrir la cité et pour protéger ses habitants contre les attaques d'un ennemi. Tous ces forts sont de forme circulaire ou elliptique ; des ossements sont épars sur leur emplacement : on coupa un frêne qui s'y trouvoit ; le nombre de ses couches concentriques fit connoître qu'il étoit âgé de quatre-vingt-treize ans. Sur un tas de cendres consommées, qui formoit l'emplacement d'une grande maison, je vis un pin blanc qui avoit huit pieds et demi de circonférence, et dont l'âge étoit au moins de cent trente ans.

La ville avoit probablement été emportée d'assaut par le côté du nord. Il y a, à droite et à gauche, des tombeaux tout près du précipice ; cinq ou six corps ont quelquefois été jetés pêle-mêle dans la même fosse. Si les assaillants avoient été repoussés, les habitants auroient enterré leurs morts à l'endroit accoutumé; mais ces tombeaux, qui se trouvent près de la ravine et dans l'enceinte du village, me donnent lieu de croire que la ville fut prise. Sur le flanc méridional de cette ravine, on a découvert un canon de fusil, des balles, un morceau de plomb, et un crâne percé d'une balle. Au reste, on trouve des canons de fusil, des haches, des houes et des épées dans tout le voisinage. Je me suis procuré les objets suivants, que je fais passer à la Société, pour qu'elle les dépose dans sa collection : deux canons de fusil mutilés, deux haches, une houe, une cloche sans battant, un morceau d'une grande cloche, un anneau, une lame d'épée, une pipe, un loquet de porte, des grains de verroterie, et plusieurs autres petits objets. Toutes ces choses prouvent des communications avec l'Europe; et, d'après les efforts visibles qui ont été faits pour rendre les canons de fusil inutiles en les limant, on ne peut guère douter que les Européens qui s'étoient établis dans ce lieu n'aient été défaits et chassés du pays par les Indiens.

Près des restes de cette ville, j'ai observé une grande forêt qui, précédemment, étoit un terrain nu et cultivé. Voici les circonstances qui me firent tirer cette conséquence; il ne s'y trouvoit ni tertres, ni buttes, qui sont toujours produits par les arbres déracinés ou tombant de vétusté, point de souches, point de sous-bois ; les arbres étoient âgés en général de cinquante à soixante ans. Or, il faut qu'un très-grand nombre d'années s'écoule avant qu'un pays se couvre de bois ; ce n'est que lentement que les vents et les oiseaux apportent des graines. Le Township de Pompey abonde en forêts qui sont d'une nature semblable à celle dont je viens de parler : quelques-unes ont quatre milles de long et deux de large. Elle renferme un grand nombre de lieux de sépulture : je l'ai entendu estimer à quatre-vingts. Si la population blanche de ce pays étoit emportée tout entière, peut-être, dans la suite des siècles, offriroit-il des particularités analogues à celles que je décris.

Il me paroît qu'il y a deux ères distinctes dans nos antiquités ; l'une comprend les restes d'anciennes fortifications et d'établissements qui existoient antérieurement à l'arrivée des Européens ; l'autre se rapporte aux établissements et aux opérations des Européens ; et comme les blancs, de même que les Indiens, devoient fréquemment avoir recours à ces vieilles fortifications, pour y trouver un asile, y demeurer, ou y chasser, elles doivent nécessairement renfermer plusieurs objets de manufactures d'Europe ; c'est ce qui a donné lieu à beaucoup de confusion, parce qu'on a mêlé ensemble des périodes extrêmement éloignées l'une de l'autre.

Les François avoient vraisemblablement des établissements considérables sur le territoire des six nations. Le père du Creux, Jésuite, raconte, dans son *Histoire du Canada*, qu'en 1655 les François établirent une colonie dans le territoire d'Onondaga ; et voici comme il décrit ce pays singulièrement fertile et intéressant : « Deux jours après, le père Chau-
« mont fut mené par une troupe nombreuse à l'en-
« droit destiné à l'établissement et à la demeure des
« François : c'étoit à quatre lieues du village où il
« s'étoit d'abord arrêté. Il est difficile de voir quelque
« chose de mieux soigné par la nature, et si l'art y
« eût, comme en France et dans le reste de l'Europe,
« ajouté son secours, ce lieu pourroit le disputer à
« Baies. Une prairie immense est ceinte de tous côtés
« d'une forêt peu élevée, et se prolonge jusqu'aux
« bords du lac Ganneta, où les quatre nations princi-
« pales des Iroquois peuvent facilement arriver avec
« leurs pirogues, comme au centre du pays, et d'où
« elles peuvent de même aller sans difficulté les unes
« chez les autres, par des rivières et des lacs qui en-
« tourent ce canton. L'abondance du gibier y égale
« celle du poisson ; et, pour qu'il n'y manque rien,
« les tourterelles y arrivent en si grande quantité au
« retour du printemps qu'on les prend avec des filets.

« Le poisson y est si commun que des pêcheurs y
« prennent, dit-on, mille anguilles à l'hameçon
« dans l'espace d'une nuit. Deux sources d'eau vive,
« éloignées l'une de l'autre d'une centaine de pas ;
« coupent cette prairie ; l'eau salée fournit en abon-
« dance du sel excellent ; l'eau de l'autre est douce et
« bonne à boire, et ce qui est admirable, toutes deux
« sortent de la même colline [1]. » Charlevoix nous apprend qu'en 1654 des missionnaires furent envoyés à Onontagué (Onondaga); qu'ils y construisirent une chapelle, et y firent un établissement; qu'une colonie françoise y fut fondée en 1658, et que les missionnaires abandonnèrent le pays en 1668. Quand Lasalle partit du Canada, pour descendre le Mississipi, en 1679, il découvrit, entre le lac Huron et le lac Illinois, une grande prairie, dans laquelle se trouvait un bel établissement appartenant aux Jésuites.

Les traditions des Indiens s'accordent, jusqu'à un certain point, avec les relations des François. Ils racontent que leurs ancêtres soutinrent plusieurs combats sanglants contre les François, et finirent par les obliger de quitter le pays : ceux-ci, poussés dans leur dernier fort, capitulèrent et consentirent à s'en aller, pourvu qu'on leur fournît des vivres ; les

---

[1] *Historiæ Canadensis, seu Novæ-Franciæ, libri decem; auctore P. Francisco Creuxio.* Parisiis, 1664; 1 vol. in-4°, p. 760.

Indiens remplirent leurs sacs de cendres, qu'ils couvrirent de maïs, et les François périrent la plupart de faim dans un endroit nommé dans leur langue *Anse de Famine*; et dans la nôtre *Hungry-Bay*, qui est sur le lac Ontario. Un monticule dans Pompey porte le nom de *Bloody-Hill* (colline du Sang); les Indiens qui le lui ont donné ne veulent jamais le visiter. Il est surprenant que l'on ne trouve jamais dans ce pays des armes d'Indiens, telles que des couteaux, des haches, et des pointes de flèches en pierre. Il paroît que tous ces objets furent remplacés par d'autres en fer venant des François.

Les vieilles fortifications ont été élevées avant que le pays eût des relations avec les Européens. Les Indiens ignorent à qui elles doivent leur origine. Il est probable que dans les guerres qui ravagèrent ce pays, elles servirent de forteresse; et il ne l'est pas moins qu'il peut s'y trouver aussi des ruines d'ouvrages européens de construction différente, tout comme on voit dans la Grande-Bretagne des ruines de fortifications romaines et bretonnes à côté les unes des autres. Pennant, dans son *Voyage en Écosse*, dit : « Sur « une colline, près d'un certain endroit, il y a un re- « tranchement de Bretons, de forme circulaire; l'on « me parla de quelques autres de forme carrée qui se « trouvent à quelques milles de distance, et que je « crois romains. » Dans son voyage du pays de Galles, il décrit un poste breton fortifié, situé sur le sommet d'une colline ; il est de forme circulaire, entouré d'un grand fossé et d'une levée. Au milieu de l'enceinte se trouve un monticule artificiel. Cette description convient exactement à nos vieux forts. Les Danois, ainsi que les nations qui élevèrent nos fortifications, étoient, suivant toute probabilité, d'origine scythe. Suivant Pline, le nom de Scythe étoit commun à toutes les nations qui vivoient dans le nord de l'Europe et de l'Asie.

Dans le Township de Camillus, situé aussi dans le comté d'Onondaga, à quatre milles de la rivière Seneca, à trente milles du lac Ontario, et à dix-huit de Salina, il y a deux anciens forts, sur la propriété du juge Manro, établi en ce lieu depuis dix-neuf ans. Un de ces forts est sur une colline très-haute ; son emplacement couvre environ trois acres. Il a une porte à l'est, et une autre ouverture à l'ouest pour communiquer avec une source éloignée d'une dizaine de rods (160 pieds) du fort, dont la forme est elliptique. Le fossé étoit profond, le mur oriental avoit dix pieds de haut. Il y avoit dans le centre une grande pierre calcaire de figure irrégulière, qui ne pouvoit être soulevée que par deux hommes ; la base étoit plate et longue de trois pieds. Sa surface présentoit, suivant l'opinion de M. Manro, des caractères inconnus distinctement tracés dans un espace de dix-huit pouces de long sur trois pouces de large. Quand je visitai ce lieu, la pierre ne s'y trouvoit plus. Toutes mes recherches pour la découvrir furent inutiles. Je vis sur le rempart une souche de chêne noir, âgée de cent ans. Il y a dix-neuf ans on voyoit des indices de deux arbres plus anciens.

Le second fort est presque à un demi-mille de distance, sur un terrain plus bas; sa construction ressemble à celle de l'autre, il est de moitié plus grand. On distingue, près du grand fort, les vestiges d'un ancien chemin, aujourd'hui couvert par des arbres. J'ai vu aussi, dans différents endroits de cette ville, sur des terrains élevés, une chaîne de renflements considérables qui s'étendoient du sommet des collines à leur pied, et que séparoient des rigoles de peu de largeur. Ce phénomène se présente dans les établissements très-anciens où le sol est argileux et les collines escarpées; il est occasionné par des crevasses que produisent et qu'élargissent les torrents. Cet effet ne peut avoir lieu quand le sol est couvert de forêts; ce qui prouve que ces terrains étoient anciennement découverts. Quand nous nous y sommes établis, ils présentoient la même apparence qu'à présent, excepté qu'ils étoient couverts de bois; et, comme on aperçoit maintenant des troncs d'arbres dans les rigoles, il est évident que ces élévations et les petites ravines qui les séparent n'ont pas pu être faites depuis la dernière époque où le terrain a été éclairci. Les premiers colons observèrent de grands amas de coquillages accumulés dans différents endroits, et de nombreux fragments de poterie. M. Manro, en creusant la cave de sa maison, rencontra des morceaux de brique. Il y avoit çà et là de grands espaces de terreau noir et profond, l'existence d'anciens bâtiments et de constructions de différents genres. M. Manro, apercevant quelque chose qui ressembloit à un puits, c'est-à-dire un trou profond de dix pieds, où la terre avoit été extrêmement creusée, y fit fouiller à trois pieds de profondeur, et arriva à un amas de cailloux, au-dessous desquels il trouva une grande quantité d'ossements humains, qui, exposés à l'air, tombèrent en poudre. Cette dernière circonstance fournit un témoignage bien fort de la destruction d'un ancien établissement. La manière dont les morts étoient enterrés prouvoit qu'ils l'avoient été par un ennemi qui avait fait une invasion.

Suivant la tradition, une bataille sanglante s'est livrée sur le Boughton's-Hill, dans le comté d'Ontario. Or, j'ai observé sur cette colline des espaces de terreau noir, à des intervalles irréguliers, séparés par de l'argile jaune. La fortification la plus orientale que l'on a jusqu'à présent découverte dans cette contrée, est à peu près à dix-huit milles de Manlius-Square, excepté cependant celle d'Oxford, dans le comté de Chenango, dont je parlerai plus bas. Dans le nord, on en a rencontré jusqu'à Sandy-Creek, à quatorze milles de Saket-Harbour. Près de cet endroit, il y en a une dont l'emplacement couvre cinquante acres; cette montagne contient de nombreux fragments de poterie. A l'ouest, on voit beaucoup de ces fortifications ; il y en a une dans le Township d'Onondaga, une dans Scipio, deux près d'Auburn, trois près de Canandaïga, et plusieurs entre les lacs Seneca et Cayaga, où l'on en compte trois à un petit nombre de milles l'une de l'autre.

Le fort qui se trouve dans Oxford est sur la rive orientale du Chenango, au centre du village actuel qui est situé des deux côtés de cette rivière. Une pièce de terre de deux à trois acres est plus haute de trente pieds que le pays plat qui l'entoure. Ce terrain élevé se prolonge sur la rive du fleuve, dans une étendue d'une cinquantaine de rods. Le fort étoit situé à son extrémité sud-ouest; il comprenoit une surface de trois rods; la ligne étoit presque droite du côté de la rivière, et la rive presque perpendiculaire.

A chacune des extrémités nord et sud, qui étoient près de la rivière, se trouvoit un espace de dix pieds carrés où le sol n'avoit pas été remué; c'étoient sans doute des entrées ou des portes par lesquelles les habitants du fort sortoient et entroient, surtout pour aller chercher de l'eau. L'enceinte est fermée, excepté aux endroits où sont les portes, par un fossé creusé avec régularité ; et quoique le terrain sur lequel le fort est situé fût, quand les blancs commencèrent à s'y établir, autant couvert de bois que les autres parties de la forêt, cependant on pouvoit suivre distinctement les lignes des ouvrages à travers les arbres, et la distance depuis le fond du fossé jusqu'au sommet de la levée, qui est, en général, de quatre pieds. Voici un fait qui prouve évidemment l'ancienneté de cette fortification. On y trouva un grand pin, ou plutôt un tronc mort, qui avait une soixantaine de pieds de hauteur ; quand il fut coupé, on distingua très-facilement, dans le bois, cent quatre-vingt-quinze couches concentriques, et on ne put pas en compter davantage, parce qu'une grande partie de l'aubier n'existoit plus. Cet arbre étoit probablement âgé de trois à quatre cents ans ; il en avoit certainement plus de deux cents. Il avoit pu rester sur pied cent ans, et même plus, après avoir acquis tout son accroissement. On ne peut donc dire avec certitude quel temps s'étoit écoulé, depuis que le fossé avoit été creusé, jusqu'au moment où cet arbre avoit commencé à pousser. Il est sûr, du moins, qu'il ne se trouvoit pas dans cet endroit quand la terre fut jetée hors du trou ; car il étoit placé sur le sommet de la banquette du fossé, et ses racines en avoient suivi la direction en se prolongeant par-dessous le fond, puis se relevant de l'autre côté, près de la surface de la terre, et s'étendant ensuite en ligne horizontale. Ces ouvrages étoient probablement soutenus par des piquets; mais l'on n'y a découvert aucun reste de travail en bois. La situation en étoit excellente; car elle étoit très-saine; on y jouissoit de la vue de la rivière au-dessus et au-dessous du fort, et les environs n'offrent aucun terrain élevé assez proche pour que la garnison pût être inquiétée. L'on n'a pas rencontré de vestiges d'outils ni d'ustensiles d'aucune espèce, excepté quelques morceaux de poterie grossière qui ressemble à la plus commune dont nous fassions usage, et qui offre des ornements exécutés avec rudesse. Les Indiens ont une tradition que la famille des Antoines, que l'on suppose faire partie de la nation Tuscarora, descend des habitants de ce fort, à la septième génération; mais ils ne savent rien de son origine.

On voit aussi à Norwich, dans le même comté, un lieu situé sur une élévation au bord de la rivière. On le nomme *le Château :* les Indiens y demeuroient à l'époque où nous nous sommes établis dans le pays; l'on y distingue quelques traces de fortifications, mais, suivant toutes les apparences, elles sont beaucoup plus modernes que celles d'Oxford.

L'on a découvert à Ridgeway, dans le comté de Genessy, plusieurs anciennes fortifications et des sépultures. A peu près à six milles de la route de Ridge, et au sud du grand coteau, on a, depuis deux à trois mois, trouvé un cimetière dans lequel sont déposés des ossements d'une longueur et d'une grosseur extraordinaires. Sur ce terrain étoit couché le tronc d'un châtaignier qui paroissoit avoir quatre pieds de diamètre à sa partie supérieure. La cime et les branches de cet arbre avoient péri de vétusté. Les ossements étoient posés confusément les uns sur les autres : cette circonstance et les restes d'un fort dans le voisinage donnent lieu de supposer qu'ils y avoient été déposés par les vainqueurs ; et le fort étant situé dans un marais, on croit qu'il fut le dernier refuge des vaincus, et probablement le marais étoit sous l'eau à cette époque.

Les terrains réservés aux Indiens à Buffaldo offrent des clairières immenses, dont les Senecas ne peuvent donner raison. Leurs principaux établissements étoient à une grande distance à l'est, jusqu'à la vente de la majeure partie de leur pays, après la fin de la guerre de la révolution.

Au sud du lac Érié on voit une suite d'anciennes fortifications qui s'étendent depuis la crique de Catteragus jusqu'à la ligne de démarcation de Pensylvanie, sur une longueur de cinquante milles ; quelques-unes sont à deux, trois et quatre milles l'une de l'autre ; d'autres à moins d'un demi-mille ; quelques-unes occupent un espace de cinq acres. Les remparts ou retranchements sont placés sur des terrains où il paroît que des criques se déchargeoient autrefois dans les lacs, ou bien dans les endroits où il y avoit des baies ; de sorte que l'on en conclut que ces ouvrages étoient jadis sur les bords du lac Érié, qui en est aujourd'hui à deux et à cinq milles au nord. On dit que plus au sud il y a une autre chaîne de forts, qui court parallèlement à la première, et à la même distance de celle-ci que celle-ci l'est du lac. Dans cet endroit le sol offre deux différents plateaux ou partages du sol, qui est une vallée intermédiaire ou terre d'alluvion ; l'un, le plus voisin du lac, est le plus bas ; et, si je puis m'exprimer ainsi, le plateau secondaire ; le plus élevé, ou plateau primaire, est borné au sud par des collines et des vallées, où la nature offre son aspect ordinaire. Le terrain d'alluvion primaire a été formé par la première retraite du lac, et l'on suppose que la première ligne de fortifications fut élevée alors. Dans la suite des temps, le lac se retira plus au nord, laissant à sec une autre portion de plateau sur lequel fut placée l'autre ligne d'ouvrages. Les sols des deux plateaux diffèrent beaucoup l'un de l'autre ; l'inférieur est employé en pâturages, le second est consacré à la culture des grains ; les espèces d'arbres varient dans le même rapport. La rive méridionale du lac Ontario présente aussi deux formations d'alluvion ; la plus ancienne est au nord de la route des collines ; on n'y a pas découvert de forts. J'ignore si on en a rencontré sur le plateau primaire ; on en a observé plusieurs au sud de la chaîne de collines.

Il est important pour la géologie de notre patrie d'observer que les deux formations d'alluvion citées plus haut sont, généralement parlant, le type caractéristique de toutes les terres qui bornent les eaux occidentales. Le bord des eaux orientales n'offre, au contraire, à peu d'exceptions près, qu'un seul terrain d'alluvion. Cette circonstance peut s'attribuer à la distance où le fleuve Saint-Laurent et le Mississipi sont de l'Océan ; ils ont, à deux périodes différentes, aplani les obstacles et les barrières qu'ils rencontroient ; et en abaissant ainsi le lit dans lequel ils couloient, ils ont produit un épuisement partiel des eaux plus éloignées. Ces deux formations distinctes peuvent être considérées comme de grandes bornes chronologiques. L'absence de forts sur les formations secondaires ou primaires d'alluvion du lac Ontario est une circonstance bien forte en faveur de la haute antiquité de ceux des plateaux au sud ; car s'ils avoient été élevés après la première ou la seconde retraite du lac, ils auroient probablement été placés sur les terrains laissés alors à sec, comme plus convenables et mieux adaptés, pour s'y établir, y demeurer, et s'y défendre.

Les Iroquois, suivant leurs traditions, demeuroient jadis au nord des lacs. Quand ils arrivèrent dans le pays qu'ils occupent aujourd'hui, ils en extirpèrent le peuple qui l'habitoit. Après l'établissement des Européens en Amérique, les confédérés détruisirent [1] les Ériés, ou Indiens du Chat, qui vivoient au sud du lac Érié. Mais les nations qui possédoient nos provinces occidentales, avant les Iroquois, avoient-elles élevé ces fortifications pour les protéger contre les ennemis qui venoient les attaquer, ou bien, des peuples plus anciens les ont-ils construites? Ce sont des mystères que la sagacité humaine ne peut pénétrer. Je neprétends pas décider non plus si les Ériés, ou leurs prédécesseurs, ont dressé ces ouvrages pour la défense de leur territoire; toutefois, je crois en avoir assez dit pour démontrer l'existence d'une population nombreuse, établie dans des villes, défendue par des forts, exerçant l'agriculture, et plus avancée dans la civilisation que les peuples qui ont habité ce pays depuis sa découverte par les Européens.

[1] Vers 1655.

Albany, 7 octobre 1817.

MONUMENTS D'UN PEUPLE INCONNU,

TROUVÉS

SUR LES BORDS DE L'OHIO.

L'*Archæologia americana*, ouvrage qui porte aussi le titre de *Transactions de la Société d'antiquaires américains* (imprimé à Worcester, dans le Massachusets, 1820; 1 vol. in-8°), contient des notices très-étendues sur les monuments laissés sur les bords de l'Ohio par un peuple qui avait occupé cette contrée avant l'arrivée des Indiens Delawares ou *Leni-Lelaps*, et des Iroquois ou *Mingoné*, qui les en chassèrent un ou deux siècles avant Christophe Colomb. Parmi ces monuments, on s'étoit jusqu'à présent occupé des débris d'édifices, de camps fortifiés, et d'autres objets qui n'offroient pas un caractère particulier. Mais voici deux figures de divinités qui, au premier aspect, rappellent la mythologie de l'Asie.

L'une est une idole à trois têtes, semblable (sauf les six mains qui manquent) aux figures de la *Trimurti* ou Trinité indienne, telles qu'on en trouve dans toutes les collections des monuments de l'Inde; elle rappelle aussi l'image de *Triglaff* chez les Vendes. Il y a sur deux faces quelques traces d'un tatouage ou peinture par incision dans la peau, semblable à ce qu'on voit dans l'Océanie et sur la côte nord-ouest de l'Amérique.

L'autre figure, à cela près qu'elle est nue, ressemble, par les traits et l'attitude, aux images des *Burkhans* ou esprits célestes, telles qu'on en trouve chez les Bouriètes, les Kalmouks et d'autres tribus mongoles, et dont Pallas a donné la gravure. Les deux traits parallèles sur la poitrine pourroient bien être les restes d'un caractère tibétain.

Je serois peut-être autorisé à m'écrier : Voici deux monuments qui prouvent l'invasion des peuples asiatiques dans l'Amérique septentrionale, invasion que j'ai conclue de l'identité d'un certain nombre de mots principaux, communs à quelques langues d'Asie et d'Amérique. Mais je ne conclus encore rien, me réservant à discuter à loisir toute cette question.

DEUXIÈME MÉMOIRE.

DESCRIPTION DES MONUMENTS

TROUVÉS DANS L'ÉTAT DE L'OHIO ET AUTRES PARTIES
DES ÉTATS-UNIS ;

PAR M. CALEB-ATWATER, ETC.

Traduit de l'anglois [1].

Un grand nombre de voyageurs ont signalé nos antiquités : il en est peu qui les aient vues ; où, marchant à la hâte, ils n'ont eu ni les occasions favorables, ni les connoissances nécessaires pour en juger ; ils ont entendu les contes que leur en faisoient des gens ignorants ; ils ont publié des relations si imparfaites, si superficielles, que les personnes sensées qui sont sur les lieux mêmes auroient de la peine à deviner ce qu'ils ont voulu décrire.

---

[1] *Archæologia americana*, ou *Transactions de la Société des Antiquaires américains*. Vol. I, page 109. Worcester, en Massachusets, 1820.

Il est arrivé parfois qu'un voyageur a vu quelques restes d'un monument qu'un propriétaire n'avoit fait conserver que pour son amusement ; il a conclu que c'étoit le seul qu'on trouvât dans le pays. Un autre voit un retranchement avec un pavé mi-circulaire à l'est ; il décide avec assurance que tous nos anciens monuments étoient des lieux de dévotion consacrés au culte du soleil. Un autre tombe sur les restes de quelques fortifications, et en infère, avec la même assurance, que tous nos anciens monuments ont été construits dans un but purement militaire. Mais en voilà un qui, trouvant quelque inscription, n'hésite pas à décider qu'il y a eu là une colonie de Welches ; d'autres encore, trouvant de ces monuments, ou près de là des objets appartenant évidemment à des Indiens, les attribuent à la race des Scythes : ils trouvent même parfois des objets dispersés ou réunis, qui appartiennent non-seulement à des nations, mais à des époques différentes, très-éloignées les unes des autres, et les voilà se perdant dans un dédale de conjectures. Si les habitants des pays occidentaux disparaissoient tout à coup de la surface du monde, avec tous les documents qui attestent leur existence, les difficultés des antiquaires futurs seroient sans doute plus grandes, mais néanmoins de la même espèce que celles qui embarrassent si fort nos superficiels observateurs. Nos antiquités n'appartiennent pas seulement à différentes époques, mais à différentes nations ; et celles qui appartiennent à une même ère, à une même nation, servoient sans doute à des usages très-différents.

Nous diviserons ces antiquités en trois classes : celles qui appartiennent, 1° aux Indiens ; 2° aux peuples d'origine européenne ; et 3° au peuple qui construisit nos anciens forts et nos tombeaux.

I. *Antiquités des Indiens de la race actuelle.*

Ces antiquités, qui n'appartiennent proprement qu'aux Indiens de l'Amérique septentrionale, sont en petit nombre et peu intéressantes : ce sont des haches et des couteaux de pierre, ou des pilons servant à réduire le maïs, ou des pointes de flèches et quelques autres objets exactement semblables à ceux que l'on trouve dans les états Atlantiques, et dont il est inutile de faire la description. Celui qui cherche des établissements indiens en trouvera de plus nombreux et de plus intéressants sur les bords de l'Océan Atlantique, ou des grands fleuves qui s'y jettent à l'orient des Alleghany. La mer offre au Sauvage un spectacle toujours solennel. Dédaignant les arts et les bienfaits de la civilisation, il n'estime que la guerre et la chasse. Quand les Sauvages trouvent l'Océan, ils se fixent sur ses bords, et ne les abandonnent que par excès de population ou contraints par un ennemi victorieux ; alors ils suivent le cours des grands fleuves, où le poisson ne peut leur manquer ; et tandis que le chevreuil, l'ours, l'élan, la renne ou le buffle, qui passent sur les collines, s'offrent à leurs coups, ils prennent tout ce que la terre et l'eau produisent spontanément, et ils sont satisfaits. Notre histoire prouve que nos Indiens doivent être venus par le détroit de Behring, et qu'ils ont naturellement suivi la grande chaîne nord-ouest de nos lacs, et leurs bords jusqu'à la mer. C'est pourquoi les Indiens que nos ancêtres trouvèrent offroient une population beaucoup plus considérable au nord qu'au midi, à l'orient qu'à l'occident des États-Unis d'aujourd'hui : de là ces vastes cimetières, ces piles immenses d'écailles d'huîtres, ces amas de pointes de flèches et autres objets que l'on trouve dans la partie orientale des États-Unis, tandis que la partie occidentale en renferme très-peu : là, nous voyons que les Indiens y habitoient depuis les temps les plus reculés ; ici, tout annonce une race nouvelle ; on reconnoît aisément la fosse d'un Indien : on les enterroit ordinairement assis ou debout. Partout où l'on voit des trous irréguliers d'un à deux pieds de diamètre, si l'on creuse à quelques pieds de profondeur, on est sûr de tomber sur les restes d'un

Indien. Ces fosses sont très-communes sur les rives méridionales du lac Érié, jadis habitées par les Indiens nommés *Cat*, ou *Ottoway*. Ils mettent ordinairement dans la tombe quelque objet cher au défunt : le guerrier emporte sa hache d'armes ; le chasseur, son arc et ses flèches, et l'espèce de gibier qu'il préféroit. C'est ainsi que l'on trouve dans ces fosses tantôt les dents d'une loutre, tantôt celles d'un ours, d'un castor, tantôt le squelette d'un canard sauvage, et tantôt des coquilles ou des arêtes de poisson.

II. *Antiquités de peuples provenant d'origine européenne.*

Au titre de cette division, l'on sourira peut-être en se rappelant qu'à peine trois siècles se sont écoulés depuis que les Européens ont pénétré dans ces contrées : cependant on me permettra de le conserver, parce qu'on trouve quelquefois des objets provenant des relations établies, depuis plus de cent cinquante années, entre les indigènes et diverses nations européennes, et que ces sujets sont souvent confondus avec d'autres qui sont réellement très-anciens. Les François sont les premiers Européens qui aient parcouru le pays que comprend aujourd'hui l'État d'Ohio. Je n'ai pu m'assurer exactement de l'époque ; mais nous savons, par des documents authentiques, publiés à Paris, dans le dix-septième siècle [1], qu'ils avaient, en 1655, de vastes établissements dans le territoire Onondaga, appartenant aux six nations.

Charlevoix, dans son Histoire de la Nouvelle-France, nous apprend que l'on envoya, en 1654, à Onondaga, des missionnaires qui y bâtirent une chapelle; qu'une colonie françoise s'y établit, en 1656, sous les auspices de M. Dupuys, et se retira en 1658. Quand Lasalle partit du Canada et redescendit le Mississipi, en 1679, il découvrit une vaste plaine, entre le lac des Hurons et des Illinois, où il trouva un bel établissement appartenant aux Jésuites.

Dès lors, les François ont parcouru tous les bords du lac Érié, du fleuve Ohio et des grandes rivières qui s'y jettent; et, suivant l'usage des Européens d'alors, ils prenoient possession du pays, au nom de leur souverain : et souvent, après un *Te Deum*, ils consacroient le souvenir de l'événement par quelque acte solennel, comme de suspendre les armes de France, ou déposer des médailles ou des monnoies dans les anciennes ruines, ou de les jeter à l'embouchure des grandes rivières.

Il y a quelques années que M. Grégory a trouvé une de ces médailles à l'embouchure de la rivière de

---

[1] *Historiæ Canadensis, sive Novæ-Franciæ, libri decem ad annum usque Christi* 1661 ; par le jésuite françois Creuxius.

Muskingum. C'est une plaque de plomb de quelques pouces de diamètre, portant d'un côté le nom françois, *Petite-Belle-Rivière*, et de l'autre, celui de *Louis XIV*.

Près de Portsmouth, à l'embouchure du Scioto, on a trouvé, dans une terre d'alluvion, une médaille franc-maçonnique représentant, d'un côté, un cœur d'où sort une branche de casse, et de l'autre, un temple dont la coupole est surmontée d'une aiguille portant un croissant.

A Trumbull, on a trouvé des monnoies de Georges II; et, dans le comté d'Harrison, des pièces de Charles.

On m'a dit que l'on a trouvé, il y a quelques années, à l'embouchure du Darby-creek, non loin de Cheleville, une médaille espagnole bien conservée; elle avoit été donnée par un amiral espagnol à une personne qui étoit sous les ordres de Desoto, qui débarqua dans la Floride en 1538. Je ne vois pas qu'il soit bien difficile d'expliquer comment cette médaille s'est trouvée près d'une rivière qui se jette dans le golfe du Mexique, quelle que soit sa distance de la Floride, si l'on se rappelle qu'un détachement de troupes que Desoto envoya pour reconnoître le pays, ne revint plus auprès de lui, et qu'on n'en entendit plus parler. Ainsi cette médaille peut avoir été apportée et perdue dans le lieu même où on l'a trouvée, par la personne à qui elle avoit été donnée ou par quelque Indien.

On trouve souvent sur les rives de l'Ohio des épées, des canons de fusil, des haches d'armes, qui sans doute ont appartenu à des François, dans le temps où ils avoient des forts à Pittsbourg, Ligonier, Saint-Vincent, etc.

On dit qu'il y a dans le Kentucky, à quelques milles sud-est de Portsmouth, une fournaise de cinquante chaudières; je ne doute pas qu'elle ne remonte à la même époque et à la même origine.

On dit que l'on a trouvé, près de Nashville, dans la province de Tennessy, plusieurs monnoies romaines, frappées peu de siècles après l'ère chrétienne, et qui ont beaucoup occupé les antiquaires; ou elles peuvent avoir été déposées à dessein par celui qui les a découvertes, comme il est arrivé bien souvent, ou elles ont appartenu à quelque François.

En un mot, je ne crains pas d'avancer qu'il n'est dans toute l'Asie, dans toute l'Amérique septentrionale, médaille ou monnoie portant une ou plusieurs lettres d'un alphabet quelconque, qui n'ait été apportée ou frappée par des Européens ou leurs descendants.

III. *Antiquités du peuple qui habitoit jadis les parties occidentales des États-Unis.*

Cette classe, sans contredit la plus intéressante pour l'antiquaire et le philosophe, comprend tous les anciens forts, des tombeaux, quelquefois très-vastes, élevés en terre ou en pierre, des cimetières, des temples, des autels, des camps, des villes, des villages, des arènes et des tours, des remparts entourés de fossés; enfin des ouvrages qui annoncent un peuple beaucoup plus civilisé que ne le sont les Indiens d'aujourd'hui, et cependant bien inférieur, sous ce rapport, aux Européens. En considérant la vaste étendue de pays couverte par ces monuments, les travaux qu'ils ont coûté, la connaissance qu'ils supposent des arts mécaniques, la privation où nous sommes de toute notion historique et même de toute tradition, l'intérêt que les savants y ont pris, les opinions fausses que l'on a débitées, enfin la dissolution complète de ce peuple, j'ai cru devoir employer mon temps et porter mon attention à rechercher particulièrement cette classe de nos antiquités dont on a tant parlé et que l'on a si peu comprise.

Ces anciens ouvrages sont répandus en Europe, dans le nord de l'Asie; on pourroit en commencer le tracé dans le pays de Galles; de là traversant l'Irlande, la Normandie, la France, la Suède, une partie de la Russie, jusqu'à notre continent. En Afrique, les pyramides ont la même origine; on en voit en Judée, dans la Palestine et dans les steppes (plaines désertes) de la Turquie.

C'est au sud du lac Ontario, non loin de la rivière Noire (Black-river), que l'on trouve le plus reculé de ces monuments dans la direction nord-est; un autre, sur la rivière de Chenango, vers Oxford, est le plus méridional, à l'est des Alleghany. Ces deux ouvrages sont petits, très-anciens, et semblent indiquer dans cette direction les bornes des établissements du peuple qui les érigea. Ces peuplades venant de l'Asie, trouvant nos grands lacs et suivant leurs bords, ont-elles été repoussées par nos Indiens, et les petits forts dont nous avons parlé ont-ils été construits dans la vue de les protéger contre les indigènes qui s'étoient établis sur les côtes de l'Océan Atlantique? En suivant la direction occidentale du lac Érié, à l'ouest de ces ouvrages, on en trouve çà et là, surtout dans le pays de Genesée, mais en petit nombre et peu étendus, jusqu'à ce qu'on arrive à l'embouchure du Catarangus-creek, qui sort du lac Érié, dans le pays de New-York, c'est là que commence, suivant M. Clinton, une ligne de forts qui s'étend au sud à plus de cinquante milles sur quatre milles de largeur. On dit qu'il y a une autre ligne parallèle à celle-là, mais qui

n'est que de quelques arpents, et dont les remparts
n'ont que quelques pieds de hauteur. Le Mémoire de
M. Clinton renfermant une description exacte des
antiquités des parties occidentales de New-York,
nous ne répèterons point ici ce qu'il a si bien dit.

Si, en effet, ces ouvrages sont des forts, ils doivent
avoir été construits par un peuple peu nombreux, et
ignorant complètement les arts mécaniques. En avançant au sud-ouest, on trouve encore plusieurs de ces
forts; mais lorsque l'on arrive vers le fleuve Licking,
près de Newark, on en voit de très-vastes et très-inté-
ressans, ainsi qu'en s'avançant vers Circleville. Il y en
avoit quelques-uns à Chillicothe, mais ils ont été détruits. Ceux que l'on trouve sur les bords du Point-
creek surpassent à quelques égards tous les autres,
et paroissent avoir renfermé une grande ville; il y en
a aussi de très-vastes à l'embouchure du Scioto et du
Muskingum; enfin, ces monuments sont très-répandus
dans la vaste plaine qui s'étend du lac Érié au golfe
du Mexique, et offrent de plus grandes dimensions à
mesure que l'on avance, vers le sud, dans le voisinage
des grands fleuves, et toujours dans des contrées fertiles. On n'en trouve point dans les prairies de l'Ohio,
rarement dans des terrains stériles; et si l'on en voit,
ils sont peu étendus et situés à la lisière dans un terrain sec. A Salem, dans le comté d'Ashtabula, près de
la rivière de Connaught, à trois milles environ du lac

Érié, on en voit un de forme circulaire, entouré de deux remparts parallèles séparés par un fossé. Ces remparts sont coupés par des ouvertures et une route dans le genre de nos grandes routes modernes, qui descend la colline et va jusqu'au fleuve par une pente douce, et telle qu'une voiture attelée pourroit facilement la parcourir, et ce n'est que par là que l'on peut entrer sans difficulté dans ces ouvrages. La végétation prouve que dans l'intérieur le sol étoit beaucoup meilleur qu'à l'extérieur.

On trouve dans l'intérieur des cailloux arrondis, tels qu'on en voit sur les bords du lac ; mais ils semblent avoir subi l'action d'un feu ardent; des fragments de poterie d'une structure grossière et sans vernis. Mon correspondant me dit que l'on y a trouvé parfois des squelettes d'hommes d'une petite taille ; ce qui prouveroit que ces ouvrages ont été construits par le même peuple qui a érigé nos tombeaux. La terre végétale qui forme la surface de ces ouvrages a au moins dix pouces de profondeur; on y a trouvé des objets évidemment confectionnés par les Indiens, ainsi que d'autres qui décèlent leurs relations avec les Européens. Je rapporte ce fait ici pour éviter de le répéter quand je décrirai en détail ces monuments, surtout ceux que l'on voit sur les bords du lac Érié et sur les rivages des grandes rivières. On trouve toujours des antiquités indiennes à la surface ou enterrées dans quelque tombe, tandis que les objets qui ont appartenu au peuple qui a érigé ces monuments sont à quelques pieds de profondeur ou dans le lit des rivières.

En continuant d'aller au sud-ouest, on trouve encore ces ouvrages ; mais leurs remparts, qui ne sont élevés que de quelques pieds, leurs fossés peu profonds et leur dimensions décèlent un peuple peu nombreux.

On m'a dit que, dans la partie septentrionale du comté de Médina (Ohio), on a trouvé près de l'un de ces monuments une plaque de marbre polie. C'est sans doute une composition de terre glaise et de sulfate de chaux, ou de plâtre de Paris, comme j'en ai vu souvent en longeant l'Ohio. Un observateur ordinaire a dû s'y méprendre.

Anciens ouvrages près de Newark.

En arrivant vers le sud, ces ouvrages, qui se trouvent en plus grand nombre, plus compliqués et plus vastes, annoncent une population plus considérable et un progrès de connoissances. Ceux qui sont sur les deux rives du Licking, près de Newark, sont les plus remarquables. On y reconnoît :

1° Un fort qui peut avoir quarante acres, compris dans ses remparts, qui ont généralement environ dix pieds de hauteur. On voit dans ce fort huit ouvertures (ou portes) d'environ quinze pieds de largeur, vis-à-vis desquelles est une petite élévation de terre, de même hauteur et épaisseur que le rempart extérieur. Cette élévation dépasse de quatre pieds les portes que probablement elle étoit destinée à défendre. Ces remparts, presque perpendiculaires, ont été élevés si habilement que l'on ne peut voir d'où la terre a été enlevée.

2° Un fort circulaire, contenant environ trente acres, et communiquant au premier fort par deux remparts semblables.

3° Un observatoire construit, partie en terre, partie en pierre, qui dominoit une partie considérable de la plaine, sinon toute la plaine, comme on pourroit s'en convaincre en abattant les arbres qui s'y sont élevés depuis. Il y avoit sous cet observatoire un passage, secret peut-être, qui conduisoit à la rivière, qui, depuis, s'est creusé un autre lit.

4° Autre fort circulaire, contenant environ vingt-six acres, entouré d'un rempart qui s'élevoit, et d'un profond intérieur. Ce rempart a encore trente-cinq à quarante pieds de hauteur, et quand j'y étois, le fossé étoit encore à moitié rempli d'eau, surtout du côté de l'étang[1]. Il y a des remparts parallèles qui ont cinq

---

[1] Cet étang couvre cent cinquante à deux cents acres; il était à sec il y

à six perches de largeur, et quatre ou cinq pieds de hauteur.

5° Un fort carré, contenant une vingtaine d'acres, et dont les remparts sont semblables à ceux du premier.

6° Un intervalle formé par le Racoon et le bras méridional de la Licking. Nous avons lieu de présumer que, dans le temps où ces ouvrages étoient occupés, ces deux eaux baignoient le pied de la colline : et ce qui le prouve, ce sont les passages qui y conduisent.

7° L'ancien bord des rivières qui se sont fait un lit plus profond qu'il ne l'étoit quand les eaux baignoient le pied de la colline : ces ouvrages étoient dans une grande plaine élevée de quarante ou cinquante pieds au-dessus de l'intervalle, qui est maintenant tout unie et des plus fertiles. Les tours d'observation étoient à l'extrémité des remparts parallèles, sur le terrain le plus élevé de toute la plaine ; elles étoient entourées de remparts circulaires qui n'ont aujourd'hui que quatre ou cinq pieds de hauteur.

8° Deux murs parallèles qui conduisent probablement à d'autres ouvrages.

Le plateau, près Newark, semble avoir été le lieu, et c'est le seul que j'ai vu, où les habitants de ces ou-

---

a quelques années, en sorte que l'on fit une récolte de blé là où l'on voit aujourd'hui dix pieds d'eau ; quelquefois cet étang baigne les remparts du fort : il attenoit les remparts parallèles.

vrages enterroient leurs morts. Quoique l'on en trouve d'autres dans les environs, je présumerois qu'ils n'étoient pas très-nombreux, et qu'ils ne résidèrent pas long-temps dans ces lieux. Je ne m'étonne pas que ces murs parallèles s'étendent, d'un point de défense à l'autre, à un espace de trente milles, traversant toute la route, jusqu'au Hockboking, et, dans quelques points, à quelques milles au nord de Lancastre. On a découvert, en divers lieux, de semblables murs, qui, selon toute apparence, en faisoient partie, et qui s'étendoient à dix ou douze milles; ce qui me porte à croire que les monuments de Licking ont été érigés par un peuple qui avoit des relations avec celui qui habitoit les rives du fleuve Hockboking, et que leur route passoit au travers de ces murs parallèles.

S'il m'étoit permis de hasarder une conjecture sur la destination primitive de ces monuments, je dirois que les plus vastes étoient en effet des fortifications; que le peuple habitoit dans l'enceinte, et que les murs parallèles servoient au double but de protéger, en temps de danger, ceux qui passoient de l'un de ces ouvrages dans l'autre, et de clore leurs champs.

On n'a point trouvé d'âtres, de charbons, de braises, de bois, de cendres, etc., objets que l'on a trouvés ordinairement dans de semblables lieux, cultivés aujourd'hui. Cette plaine étoit probablement couverte de forêts; je n'y ai trouvé que quelques pointes de flèches.

Toutes ces ruines attestent la sollicitude qu'ont mise leurs habitants à se garantir des attaques d'un ennemi du dehors ; la hauteur des sites, les mesures prises pour s'assurer la communication de l'eau, ou pour défendre ceux d'entre eux qui alloient en chercher ; la fertilité du sol, qui me paroît avoir été cultivé ; enfin, toutes ces circonstances, qu'il ne faut pas perdre de vue, font foi de la sagacité de ce peuple.

A quelques milles au-dessus de Newark, sur la rive méridionale de la Licking, on trouve des trous profonds que l'on appelle vulgairement des puits, mais qui n'ont point été creusés dans le dessein de se procurer de l'eau fraîche ou salée.

Il y a au moins un millier de ces trous, dont quelques-uns ont encore aujourd'hui une trentaine de pieds de profondeur. Ils ont excité vivement la curiosité de plusieurs personnes : l'une d'elles s'est ruinée dans l'espoir d'y trouver des métaux précieux. M'étant procuré des échantillons de tous les minéraux qui se trouvent dans ces trous et aux environs, j'ai vu qu'ils se bornoient à quelques beaux cristaux de roche, à une espèce de pierre (arrow-stone) propre à faire des pointes de flèches et des lances, à un peu de plomb, de soufre et de fer, et je suis d'avis qu'en effet les habitants, en creusant ces trous, n'avoient aucun but que de se procurer ces objets, sans contredit très-précieux pour eux. Je présume que, si l'on ne trouve pas dans ces rivières des objets faits en plomb, c'est que ce métal s'oxide facilement.

Monuments du comté de Perry (Ohio).

Au sud de ces monuments, à quatre ou cinq milles au nord-ouest de Sommerset, on trouve un ancien ouvrage construit en pierres.

C'est une élévation en forme de pain de sucre, qui peut avoir douze à quinze pieds de hauteur ; il y a un petit tombeau en pierres dans le mur de clôture.

Un rocher est en face de l'ouverture du mur extérieur. Cette ouverture offre un passage entre deux rochers qui sont dans le mur, et qui ont de sept à dix pieds d'épaisseur. Ces rocs présentent à l'extérieur une surface perpendiculaire de dix pieds de hauteur ; mais après s'être étendus à une cinquantaine d'acres dans l'intérieur, ils sont de niveau avec le terrain. Il y a une issue.

On y voit aussi un petit ouvrage dont l'aire est d'un demi-acre. Ses remparts sont en terre, et hauts de quelques pieds seulement. Le grand ouvrage en pierres renferme dans ses murs plus de quarante acres de terrain ; les murs sont construits de grossiers fragments de rochers, et l'on n'y trouve point de ferrure. Ces pierres, qui sont entassées dans le plus grand désordre, formeroient, irrégulièrement placées, un mur de sept à huit pieds de hauteur, et de quatre à six d'épaisseur. Je ne pense pas que cet ouvrage ait été élevé dans un but militaire ; mais, dans le cas de l'affirmative, ce ne peut avoir été qu'un camp provisoire. Des tombeaux de pierres, tels qu'on les érigeoit anciennement, ainsi que des autels ou des monuments qui servoient à transmettre le souvenir de quelque événement mémorable, me font présumer que c'étoit une enceinte sacrée où le peuple célébroit, à certaines époques, quelque fête solennelle. Le sol élevé et le manque d'eau rendoient ce lieu peu propre à être long-temps habité.

Monuments que l'on trouve à Marietta (Ohio).

En descendant la rivière de Muskingum, à son embouchure à Marietta, on voit plusieurs ouvrages très-curieux, qui ont été bien décrits par divers auteurs. Je vais rassembler ici tous les renseignements que j'ai pu en recueillir, en y ajoutant mes propres observations.

Ces ouvrages occupent une plaine élevée au-dessus du rivage actuel du Muskingum, à l'orient et à un demi-mille de sa jonction avec l'Ohio ; ils consistent en murs et en remparts alignés, et de forme circulaire et carrée.

Le grand fort carré, appelé par quelques auteurs *la Ville*, renferme quarante acres entourés d'un rempart de cinq à dix pieds de hauteur, et de vingt-cinq à trente pieds de largeur; douze ouvertures pratiquées à distances égales semblent avoir été des portes. Celle du milieu, du côté de la rivière, est la plus grande; de là, à l'extérieur, est un chemin couvert formé par deux remparts intérieurs, de vingt-un pieds de hauteur, et de quarante-deux pieds de largeur à la base; mais à l'extérieur, ils n'ont que cinq pieds de hauteur. Cette partie forme un passage d'environ trois cent soixante pieds de longueur, qui, par une pente graduelle, s'étend dans la plaine et atteignoit sans doute jadis les bords de la rivière. Ses remparts commencent à soixante pieds des remparts du fort, et s'élèvent à mesure que le chemin descend du côté de la rivière, et le sommet est couronné par un grand chemin bien construit.

Dans les murs du fort, au nord-ouest, s'élève un rectangle long de cent quatre-vingt-huit, large de cent trente-deux, et haut de neuf pieds, uni au sommet, et presque perpendiculaire aux côtés. Au centre de chacun des côtés, on voit des degrés, régulièrement disposés, de six pieds de largeur, qui conduisent au sommet. Près du rempart méridional, s'élève un autre carré de cent cinquante pieds sur cent vingt, et de huit pieds de hauteur, semblable au premier, à la réserve qu'au lieu de monter au côté, il descend par un chemin creux large de dix à vingt pieds du centre, d'où il s'élève ensuite, par des degrés, jusqu'au som-

met. Au sud-est, on voit s'élever encore un carré de
cent huit sur quatre-vingt-quatorze pieds, avec des
degrés à ses côtés, mais qui ne sont ni aussi élevés,
ni aussi bien construits que les précédents; au sud-
ouest du centre du fort, est une élévation circulaire
d'environ trente pieds de diamètre et de cinq pieds
de hauteur, près de laquelle on voit quatre petites
excavations à distances égales, et opposées l'une à l'autre. A l'angle, au sud-ouest du fort, est un parapet
circulaire avec une élévation qui défend l'ouverture
du mur. Vers le sud-est est un autre fort plus petit
contenant vingt acres, avec une porte au centre de
chaque côté et de chaque angle. Cette porte est défendue par d'autres élévations circulaires.

A l'extérieur du plus petit fort est une élévation en
forme de pain de sucre d'une grandeur et d'une hauteur étonnantes ; sa base est un cercle régulier de cent
quinze pieds de diamètre, sa hauteur perpendiculaire
est de trente pieds; elle est entourée d'un fossé de
quatre pieds de profondeur sur quinze pieds de largeur, défendu par un parapet de quatre pieds de hauteur, coupé, du côté du fort, par une porte large de
vingt pieds. Il y a encore d'autres murs, des élévations, et des excavations moins bien conservées.

La principale excavation, ou le puits de soixante
pieds de diamètre, doit avoir eu, dans le temps de
sa construction, vingt pieds de profondeur au moins;

elle n'est aujourd'hui que de douze à quatorze pieds, par suite des éboulements causés par les pluies. Cette excavation a la forme ancienne; on y descendoit par des marches, pour pouvoir puiser l'eau à la main.

Le réservoir que l'on voit près de l'angle septentrional du grand fort avoit vingt-cinq pieds de diamètre, et ses côtés s'élevoient, au-dessus de la surface, par un parapet de trois à quatre pieds de hauteur. Il étoit rempli d'eau dans toutes les saisons; mais aujourd'hui il est presque comblé, parce qu'en nettoyant la place, on y a jeté des décombres et des feuilles mortes. Cependant, l'eau monte à la source et offre l'aspect d'un étang stagnant. L'hiver dernier, le propriétaire de ce réservoir a entrepris de le dessécher, en ouvrant un fossé dans le petit chemin couvert : il est arrivé à douze pieds de profondeur, et ayant laissé couler l'eau, il a trouvé que les parois du réservoir n'étoient point perpendiculaires, mais inclinées vers le centre en forme de cône renversé, et enduites d'une croûte d'argile fine et colorée, de huit à dix pouces d'épaisseur. Il est probable qu'il y trouvera des objets curieux qui ont appartenu aux anciens habitants de ces lieux.

J'ai trouvé, hors du parapet et près du carré long, un grand nombre de fragments d'ancienne poterie : ils étoient ornés de figures curieuses et faits d'argile; quelques-uns étoient vernis intérieurement ; leur cassure étoit noire et parsemée de parcelles brillantes ; la matière en est généralement plus dure que celle des fragments que j'ai trouvés près des rivières. On a trouvé, à différentes époques, plusieurs objets de cuivre, entre autres une coupe.

M. Duna a trouvé dernièrement à Waterford, à peu de distance de Muskingum, un amas de lances et de pointes de flèches : elles occupoient un espace de huit pouces de longueur sur dix-huit de largeur, à deux pieds de profondeur d'un côté, et à dix-huit pouces de l'autre ; il paroit qu'elles avoient été mises dans une caisse dont un côté s'est affaissé : elles paroissent n'avoir point servi. Elles ont de deux à six pouces de longueur ; elles n'ont point de bâtons, et sont de figure presque triangulaire.

Il est remarquable que les terres des remparts et les élévations n'ont point été tirées des fossés, mais apportées d'assez loin ou enlevées uniformément de la plaine, comme dans les ouvrages de Licking, dont nous avons parlé plus haut. On a trouvé surprenant que l'on n'ait découvert aucun des instruments qui doivent avoir servi à ces constructions ; mais des pelles de bois suffisent.

Monuments trouvés à Circleville (Ohio).

A vingt milles au sud de Columbus, et près du point où il se jette dans la baie de Hangus, on trouve deux forts, l'un circulaire et l'autre carré ; le premier est entouré de deux murs séparés par un fossé profond ; le dernier n'a qu'un mur et point de fossé : le premier avoit soixante-neuf pieds de diamètre ; le dernier, cinquante-cinq perches. Les remparts du fort circulaire avoient au moins vingt pieds de hauteur avant qu'on eût construit la ville de Circleville. Le mur intérieur étoit d'une argile que l'on avoit, selon toute apparence, prise au nord du fort, où l'on voit encore que le terrain est le plus bas ; le rempart extérieur est formé de la terre d'alluvion enlevée du fossé, qui a plus de cinquante pieds de profondeur. Aujourd'hui, la partie extérieure du rempart a cinq à six pieds de hauteur, et le fossé de la partie intérieure a encore plus de quinze pieds. Ces monuments perdent tous les jours, et seront bientôt entièrement détruits. Les remparts du fort carré ont encore plus de dix pieds de hauteur : ce fort avoit huit portes ; le fort circulaire n'en avoit qu'une. On voit aussi, en face de chacune de ces portes, une élévation qui servoit à les défendre.

Comme ce fort étoit un carré parfait, ses portes

étoient à distances égales; ses élévations étoient en ligne droite.

Il devoit y avoir une élévation remarquable avec un pavé mi-circulaire dans sa partie orientale, en face de l'unique porte; le contour du pavé se voit encore en quelques endroits que le temps et la main des hommes ont respectés.

Le fort carré joignoit au fort circulaire dont nous avons parlé. Le mur qui environne cet ouvrage a encore dix pieds de hauteur; sept portes conduisent dans ce fort, outre celle qui communique avec le fort carré; devant chacune de ces portes étoit une élévation en terre, de quatre à cinq pieds, pour les défendre.

Les auteurs de ces ouvrages ont mis beaucoup plus de soin à fortifier le fort circulaire que le fort carré; le premier est protégé par deux remparts, le second par un seul; le premier est entouré d'un fossé profond, le dernier n'en a point; le premier n'est accessible que par une porte, le dernier en avoit huit, et qui avoient plus de vingt pieds de largeur. Les rues de Circleville couvrent aujourd'hui tout le fort rond et plus de la moitié du fort carré. La partie de ces fortifications qui renfermoit l'ancienne ville ne tardera pas à disparoître.

Ce qu'il y a de plus remarquable dans ces ouvrages, ce sont la précision et l'exactitude de leurs dimensions, qui prouvent que leurs fondateurs avoient des connoissances bien supérieures à celles de la race actuelle de nos Indiens; et leur position, qui coïncidoit avec la déclinaison de la boussole, a fait présumer à plusieurs auteurs qu'ils devoient avoir cultivé l'astronomie.

Monuments sur les bords du Point-Creek (Ohio).

Les premiers que l'on rencontre sont à onze, et les autres à quinze milles à l'ouest de la ville de Chillicoche.

L'un de ces ouvrages a beaucoup de portes; elles ont de huit à vingt pieds de largeur; leurs remparts ont encore dix pieds de hauteur, à partir des portes; ils ont été construits de la terre enlevée au lieu même. La partie de l'ouvrage carré a huit portes; les côtés du carré ont soixante-six pieds de longueur, et renferment une aire de vingt-sept acres et $\frac{2}{10}$. Cette partie communique par trois portes au plus grand ouvrage; l'une est entourée de deux remparts parallèles de quatre pieds de hauteur. Un petit ruisseau, qui coule au sud-ouest, traverse la plus grande partie de cet ouvrage, en passant par le rempart. Quelques personnes présument que cette cascade étoit, dans l'origine, un ouvrage de l'art; elle a quinze pieds de profondeur et trente-neuf de surface ; il y a deux monticules, l'un est intérieur, l'autre extérieur ; ce dernier a environ vingt pieds de hauteur.

D'autres fortifications sont contiguës à celle-là ; l'ouvrage carré est exactement semblable à celui que nous venons de décrire.

Il n'y a point d'élévations dans l'intérieur des remparts ; mais on en trouve une de dix pieds de hauteur, à une centaine de perches à l'ouest. La grande partie irrégulière du grand ouvrage renferme soixante-dix-sept acres ; ses remparts ont huit portes, outre celle que nous venons de décrire ; ces portes, très-différentes entre elles, ont d'une à six perches de largeur. Au nord-ouest, on voit une autre élévation qui est jointe par une porte au grand ouvrage, et qui a soixante perches de diamètre. A son centre est un autre cercle de six perches de diamètre, et dont les remparts ont encore quatre pieds de hauteur. On y remarque trois anciens puits, l'un dans l'intérieur, les autres hors du rempart. Dans le grand ouvrage de forme irrégulière, on trouve des élévations elliptiques ; la plus considérable, qui est près du centre, a vingt-cinq pieds de hauteur ; son grand axe est de vingt, son petit de dix perches ; son aire est de cent cinquante-neuf perches carrées. Cet ouvrage est presque entièrement construit en pierres, qui doivent y avoir été transportées de la colline voisine ou du lit dela baie ; il est rempli d'ossements humains ; il y a des personnes qui n'ont pas hésité à y voir les restes des victimes qui ont été sacrifiées dans ce lieu.

L'autre ouvrage elliptique a deux rangs ; l'un a huit, l'autre a quinze pieds de hauteur ; la surface des deux est unie. Ces ouvrages ne sont pas aussi communs ici qu'au Mississipi et plus au sud.

Il y a un ouvrage en forme de demi-lune dont les bords sont construits en pierres que l'on aura sans doute prises à un mille de là. Près de cet ouvrage il y a une élévation haute de cinq pieds, et de trente pieds de diamètre, et tout entière formée d'une ocre rouge que l'on trouve à peu de distance de là.

Les puits dont nous avons parlé plus haut sont très-larges ; l'un a six et l'autre dix perches de contour ; le premier a encore quinze, l'autre dix pieds de profondeur ; on y trouve de l'eau ; on voit encore quelques autres de ces puits sur la route.

Un troisième ouvrage encore plus remarquable est situé sur une colline haute, à ce qu'on dit, de plus de trois cents pieds, et presque perpendiculaire en plusieurs points. Ses remparts sont des pierres dans leur état naturel, qui ont été portées sur le sommet que ce rempart couronne. Cet ouvrage avoit, dans le principe, deux portes qui se trouvoient aux seuls points accessibles. A la porte du nord, on voit encore un amas de pierres qui auroit suffi à construire deux grandes tours. De là à la baie, on voit un chemin qui, peut-être, a été construit jadis, dont les pierres sont parsemées sans ordre, et dont la quantité auroit suffi pour en élever un mur de quatre pieds d'épaisseur sur dix de hauteur. Dans l'intérieur du rempart on voit un endroit qui semble avoir été occupé par des fours ou des forges ; on y trouve des cendres à plusieurs pieds de profondeur. Ce rempart renferme une aire de cent trente acres. C'étoit une des places les plus fortes.

Les chemins du rempart répondent à ceux du sommet de la colline, et l'on trouve la plus grande quantité de pierres à chaque porte, et à chaque détour du rempart, comme si elles avoient été entassées dans la vue d'en construire des tours et des créneaux. Si c'est là que furent les *enceintes sacrées*, elles étoient en effet défendues par les plus forts ouvrages ; nul militaire ne pourroit choisir une meilleure position pour protéger ses compatriotes, ses autels et ses dieux.

Dans le lit de la Pint, qui baigne le pied de la colline, on trouve quatre puits remarquables ; ils ont été creusés dans un roc pyriteux, où l'on trouve beaucoup de fer. Lorsqu'ils furent découverts, par une personne qui passoit en canot, ils étoient couverts de pierres semblables à nos meules, percées au centre ; le trou avoit quatre pouces de diamètre, et semble avoir servi à y passer une anse pour pouvoir les ôter à volonté. Ces puits avoient plus de trois pieds de diamètre, et avoient été construits en pierres bien jointes.

L'eau étant très-large, je pus bien examiner ces puits; leurs couvercles sont cassés en morceaux, et les puits mêmes sont comblés de pierres. Il n'est pas douteux qu'ils n'aient été construits de main d'homme; mais on s'est demandé quel peut avoir été le but de leur construction, puisqu'ils sont dans le fleuve même? On pourroit répondre que probablement l'eau ne s'étendoit pas alors jusqu'à cet endroit. Quoi qu'il en soit, ces puits ressemblent à ceux que l'on a décrits, en parlant des patriarches : ne remontoient-ils pas à cette époque?

On reconnoît aussi un ouvrage circulaire d'environ sept à huit acres d'étendue, dont les remparts n'ont aujourd'hui que dix pieds de hauteur et sont entourés d'un fossé, excepté en une partie large de deux perches, où l'on voit une ouverture semblable à celles des carrières de nos grandes routes [1], qui conduit dans un embranchement de la baie. A l'extrémité du fossé, qui rejoint le rempart de chaque côté de cette route, on trouve une source d'une eau excellente; et, en descendant vers le plus considérable, on découvre la trace d'un ancien chemin. Ces sources, ou plutôt le

---

[1] Turnpike-road.

terrain où elles se trouvent, a été creusé à une grande profondeur par la main des hommes.

La maison du général William-Vance occupe aujourd'hui cette porte, et son verger *l'enceinte sacrée*.

Monuments de Portsmouth (Ohio).

A l'embouchure du Scioto, on voit encore un ancien ouvrage de fortification qui s'étend sur la côte de Kentucky, près de la ville d'Alexandrie. Le peuple qui habitoit ce pays paroît avoir apprécié l'importance de cette position.

Du côté de Kentucky sur l'Ohio, vis-à-vis l'embouchure du Scioto, est un vaste fort avec une grande élévation en terre près de l'angle extérieur du sud-ouest, et des remparts parallèles. Les remparts parallèles orientaux ont une porte qui conduit à la rivière par une pente très-rapide de plus de dix perches : ils ont encore de quatre à six pieds de hauteur, et communiquent avec le fort par une porte. Deux petits ruisseaux se sont creusé, autour de ces remparts, depuis qu'ils sont abandonnés, des lits de dix à vingt pieds de profondeur; ce qui peut faire juger de l'antiquité de ces ouvrages.

Le fort, presque carré, a cinq portes; ses remparts en terre ont encore de quatorze à vingt pieds de hauteur.

De la porte à l'angle nord-ouest du fort s'étendent, presque jusqu'à l'Ohio, deux remparts parallèles en terre, qui vont se perdre dans quelques bas-fonds près du bord. La rivière paroît avoir un peu changé son cours depuis que ces remparts ont été élevés. On voit un monticule à l'angle extérieur sud-ouest du fort. Il ne semble pas qu'il ait été destiné à servir de lieu de sépulture : il est trop vaste. C'est un grand ouvrage qui s'élève à plus de vingt pieds, et dont la surface, très-unie, peut avoir un demi-acre ; il me paroît avoir été destiné au même usage que les carrés de Marietta. Entre cet ouvrage et l'Ohio, on voit une belle pièce de terre. On a trouvé dans les remparts de ce fort une grande quantité de haches, d'armes, de pelles, de canons de fusil, qui ont évidemment été enfouis par les François, lorsqu'ils fuyoient devant les Anglois et Américains victorieux, à l'époque de la prise du fort Duquesne, nommé plus tard fort Pitt. On aperçoit, dans ces remparts et aux environs, les traces des fouilles que l'on a faites pour chercher ces objets.

Plusieurs tombeaux ont été ouverts ; on y a trouvé des objets qui ne laissent, à mon avis, aucun doute sur leurs auteurs et sur l'époque où ils ont été déposés.

Il y a, sur la rive septentrionale de la rivière, des ouvrages plus vastes encore et plus imposants que ceux que nous venons de citer.

En commençant par le bas-fond, près de la rive actuelle du Scioto, qui semble avoir changé un peu son cours depuis que ces fortifications ont été élevées, on voit deux remparts parallèles en terre, semblables à ceux qui se trouvent de l'autre côté de l'Ohio, que nous avons décrits. De la rive du Scioto, ils s'étendent vers l'orient à huit ou dix perches, puis s'élargissent peu à peu, de distance en distance, de la maison de M. John Brown, et s'élèvent à vingt perches. Cette colline est très-escarpée, et peut avoir quarante à cinquante pieds de hauteur ; le plateau offre un terrain uni, fertile, et formé par les alluvions de l'Ohio. On y voit un puits qui peut avoir aujourd'hui vingt-cinq pieds de profondeur ; mais l'immense quantité de cailloux et de sable que l'on trouve après la couche de terreau peut faire juger que l'eau de ce puits étoit jadis de niveau avec la rivière, même dans le temps où ses eaux étoient basses.

Il reste quelques traces de trois tombeaux circulaires élevés de six pieds au-dessus de la plaine, et renfermant chacun près d'un acre. Non loin de là est un ouvrage semblable, mais beaucoup plus élevé, qui peut avoir encore vingt pieds de hauteur perpendiculaire et contenir un acre de terrain. Il est circulaire, et l'on y voit des remparts qui conduisent jusqu'au sommet; mais ce n'étoit point un cimetière. Cependant il y en a un près de là, de forme conique, dont le sommet a au moins vingt-cinq pieds de hauteur; et qui est rempli des cendres du peuple qui construisit ces fortifications ; on en trouve un semblable au nord-ouest, qui est entouré d'un fossé d'environ six pieds de profondeur, avec un trou au milieu. Deux autres puits, qui ont encore dix ou douze pieds de profondeur, me paroissent avoir été creusés pour servir de réservoir d'eau, et ressemblent à ceux que j'ai décrits plus haut. Près de là, on voit un rempart d'un accès facile, mais élevé si haut, qu'un spectateur, placé à son sommet, verroit tout ce qui se passe.

Deux remparts parallèles, longs de deux milles, et hauts de six à dix pieds, conduisent de ces ouvrages élevés au bord de l'Ohio ; ils se perdent sur les bas-fonds près la rivière, qui semble s'en être éloignée depuis l'époque de leur construction. Entre ces remparts et le fleuve, il y a des terres aussi fertiles que toutes celles que l'on trouve dans la belle vallée de l'Ohio, et qui, cultivées, ont pu suffire aux besoins d'une nombreuse population. La surface de la terre, entre tous ces remparts parallèles, est unie, et semble même avoir été aplanie par l'art. C'étoit la route pour aller aux *hautes places*; les remparts auront servi à défendre et clore les terres cultivées.

Je n'ai vu, dans le pays bas, qu'un de ces cimetières peu large, et qui paroît avoir été celui du peuple qui habitoit la plaine.

Monuments qu'on voit sur les bords du Petit-Miami.

Ces fortifications, dont plusieurs voyageurs ont parlé, sont dans une plaine presque horizontale, à deux cent trente-six pieds au-dessus du niveau de la rivière, entre deux rives très-escarpées. Des portes, ou, pour mieux dire, des embrasures, conduisent dans les remparts. La plaine s'étend à un demi-mille à l'est de la route. Toutes ces fortifications, excepté celles de l'est et de l'ouest, où passe la route, sont entourées de précipices. La hauteur du rempart dans l'intérieur varie suivant la forme du terrain extérieur, étant, en général, de huit à dix pieds ; mais, dans la plaine, elle est de dix-neuf pieds et demi, et la base de quatre perches et demie. Dans quelques endroits, les terres semblent avoir été entraînées par les eaux qui filtrent de l'intérieur.

A une vingtaine de perches à l'est de la porte par laquelle la route passe, on voit, à droite et à gauche, deux tertres d'environ onze pieds de hauteur, d'où descendent des gouttières qui paroissent avoir été faites à dessein pour communiquer avec les branches de la rivière, de chaque côté. Au nord-est de ces élévations, et dans la plaine, on voit deux chemins, larges d'une perche, et hauts de trois pieds, qui, parcourant presque parallèlement un espace d'un quart de mille, vont former un demi-cercle irrégulier autour d'une petite élévation. A l'extrémité sud-ouest de l'ouvrage fortifié, on trouve trois routes circulaires, de trente et quarante perches de longueur, taillées dans le précipice entre le rempart et la rivière. Le rempart est en terre. On a fait beaucoup de conjectures sur le but que s'étoient proposé les constructeurs de cet ouvrage, qui n'a pas moins de cinquante-huit portes; il est possible que plusieurs de ces ouvertures soient l'effet de l'eau qui, rassemblée dans l'intérieur, s'est frayé un passage. Dans d'autres parties, le rempart peut n'avoir point été achevé.

Quelques voyageurs ont supposé que cet ouvrage n'avoit eu d'autre but que l'amusement. J'ai toujours douté qu'un peuple sensé ait pris tant de peine pour un but si frivole. Il est probable que ces ouvertures n'étoient point des portes, qu'elles n'ont pu même être produites par l'action des eaux, mais que l'ouvrage, pour d'autres causes, n'a pas été terminé.

Les trois chemins, creusés avec de grands efforts dans le roc, et le sol pierreux, parallèlement au Petit-Miami, paroissent avoir été destinés à servir de portes pour inquiéter ceux qui passeroient la rivière. J'ai appris que, dans toutes leurs guerres, les Indiens font usage de semblables chemins. Quoi qu'il en soit, je ne déciderai pas si (comme on le croit assez généralement) toutes ces fortifications sont l'ouvrage d'un même peuple et d'une même époque.

Quant aux routes, assez semblables à nos grandes routes, si elles étoient destinées à la course, il est probable que les tertres servoient de point de départ et d'arrivée, et que les athlètes en faisoient le tour. Le terrain que les remparts embrassent, aplani par l'art, peut avoir été l'arène ou le lieu où l'on célébroit les jeux. Nous ne l'affirmerons pas ; mais Rome et l'ancienne Grèce offrent de semblables ouvrages.

Le docteur Daniel Drake dit, dans la *Description de Cincinnati* : « Il n'y a qu'une seule excavation ; « elle a douze pieds de profondeur, son diamètre en « a cinquante ; elle ressemble à un puits à demi « rempli. »

On a trouvé quatre pyramides ou monticules dans la plaine ; la plus considérable est à l'ouest de l'enclos, à la distance de cinq cents *yards* (aunes) ; elle a aujourd'hui trente-sept pieds de hauteur ; c'est une ellipse dont les axes sont dans la proportion de 1 à 2 ; sa base a cent cinquante pieds de circonférence ; la terre qui l'entoure étant de trente ou quarante aunes de distance plus basse que la plaine, il est probable qu'elle a été enlevée pour sa construction ; ce qui, d'ailleurs, est confirmé par sa structure intérieure. On a pénétré presque jusqu'au centre, composé de marne et de bois pourri ; on n'y a trouvé que quelques ossements d'hommes, une partie d'un bois de cerf et un pot de terre renfermant des coquilles. A cinq cents pieds de cette pyramide, au nord-ouest, il y en a une autre d'environ neuf pieds de hauteur, de forme circulaire, et presque aplatie au sommet : on n'y a trouvé que quelques ossements et une poignée de grains de cuivre qui avoient été enfilés. Le monticule qui se voit à l'intersection des deux rues dites Thiri et Main est le seul qui coïncide avec les lignes fortifiées que nous avons décrites ; il a huit pieds de hauteur, cent vingt de longueur et soixante de largeur ; sa figure est ovale, et ses axes répondent aux quatre points cardinaux. Sa construction est bien connue ; et tout ce qu'on y a trouvé a été soigneusement recueilli. Sa première couche étoit de gravier élevé au milieu ; la couche suivante, formée de gros cailloux, étoit convexe et d'une épaisseur uniforme ; sa dernière couche consistoit en marne et en terre. Ces couches étoient entières, et doivent avoir été construites après que l'on eut déposé dans ce tombeau les objets que l'on y a trouvés. Voici le catalogue des plus remarquables :

1° Des morceaux de jaspe, de cristal de roche, de granit, cylindriques aux extrémités, et rebombés au milieu, terminés par un creux, en forme d'anneaux.

2° Un morceau de charbon rond, percé au centre comme pour y introduire un manche, avec plusieurs trous régulièrement disposés sur quatre lignes.

3° Un autre d'argile, de la même forme, ayant huit rangs de trous, et bien poli.

4° Un os orné de plusieurs figures, que l'on présume des hiéroglyphes.

5° Une figure sculptée, représentant la tête et le bec d'un oiseau de proie (qui est peut-être un aigle).

6° Un morceau de mine de plomb (*galena*), comme on en a trouvé dans d'autres tombeaux.

7° Du talc (*mica membranacea*).

8° Un morceau ovale de cuivre avec deux trous.

9° Un plus grand morceau du même métal avec des creux et des rainures.

Ces objets ont été décrits dans les quatrième et cinquième volumes des *Transactions philosophiques américaines*... Le professeur Barton présume qu'ils ont servi d'ornements, ou qu'on les employoit dans les cérémonies superstitieuses.

M. Drake a découvert depuis, dans ce monument :

10° Une quantité de grains ou de fragments de petits cylindres creux, qui paroissent faits d'os ou d'écailles.

11° Une dent d'un animal carnivore, qui paroît être celle d'un ours.

12° Plusieurs coquilles, qui semblent du genre *buccinum*, et taillées de manière à servir aux usages ordinaires de la vie, et presque calcinées.

13° Plusieurs objets en cuivre, composés de deux plaques circulaires concaves-convexes, réunies par un axe creux, autour duquel il a trouvé le fil; le tout est tenu par les os d'une main d'homme. On en a trouvé de semblables dans plusieurs endroits de la ville. La matière dont ils sont faits est du cuivre pur et de la rosette; ils sont couverts de vert-de-gris. Après avoir enlevé ce carbonate, on a trouvé que leur gravité spécifique étoit de 7,545 et de 7,857. Ils sont plus durs que les feuilles de cuivre ordinaire; mais on n'y voit aucune figure, aucun ornement.

14° Des ossements humains. On n'a pas découvert plus de vingt ou trente squelettes dans tous ces monuments; quelques-uns étoient renfermés dans de grossiers cercueils de pierre, et généralement entourés de cendres et de chaux.

Ces ouvrages ne me paroissent pas avoir été des fortifications construites dans un but militaire; leur site n'est point une raison suffisante; on sait que la plupart des lieux destinés au culte religieux, en

Grèce, à Rome, en Judée, étoient situés sur les hauteurs. M. Drake croit que les anciens ouvrages que l'on trouve dans le pays de Miami sont les vestiges des villes qu'habitoient ces peuples dont nous ne retrouvons plus d'autre trace, et son opinion me paroît très-probable.

SUR L'ORIGINE ET L'ÉPOQUE.

DES MONUMENTS ANCIENS DE L'OHIO;

PAR M. MALTE-BRUN.

Nous n'entreprenons pas d'établir une hypothèse affirmative sur le peuple qui a pu construire les soi-disant fortifications disséminées sur l'Ohio, ni sur l'époque à laquelle ces monuments remontent; notre but est plutôt négatif, et nous chercherons à réduire à leur juste valeur les notions exagérées que les Américains se sont formées de ces restes d'une civilisation antérieure à l'arrivée des colonies européennes. Le déluge, l'Atlantide avec ses empires, les Celtes, les Phéniciens, les dix tribus d'Israël, les Scandinaves, même la migration des peuples aztèques, lorsqu'ils fondèrent le royaume d'Anahuac, ne nous paroissent pas présenter des rapports nécessaires avec ces monuments d'une nature simple et rustique, mais surtout locale. Considérons de sang-froid tous les caractères de ces monuments et des objets qu'on a trouvés dans leur enceinte; le lecteur judicieux formera ensuite lui-même son opinion.

Forme et situation des enceintes.

Rien dans l'élévation des remparts ni dans le choix des positions n'indique chez le peuple auteur de ces enceintes un caractère plus belliqueux, ni un degré de puissance supérieur à ce qu'on verroit encore aujourd'hui chez les tribus iroquoises, chipperaies ou autres, si elles jouissoient de leur liberté entière, loin de la suprématie des Anglo-Américains. Ces enceintes ne sont nullement comparables aux Théocallis du Mexique, ni pour l'élévation, ni pour la masse. Le seul trait de régularité, c'est la réunion d'une enceinte carrée avec une autre circulaire, surtout Point-Creek et Marietta, près Newark, et cette circonstance a probablement fait naître l'idée d'une destination religieuse. Nous trouvons bien plus naturel de considérer dans les trois cas indiqués le fort rond comme la demeure du cacique et de sa famille, tandis que l'enceinte carrée paroît avoir enfermé les huttes de la peuplade. C'est ainsi que, dans le Siam, dans le Japon et dans les îles océaniques, nous trouvons la famille régnante logée dans des enceintes séparées, et pourtant attenantes aux villes ou villages. Les fortifications sur le Petit-Miami offrent des entrées extrêmement étroites, et disposées de manière qu'un ennemi ne puisse pas facilement les reconnoitre. Si on suppose l'ensemble de l'enceinte entourée de broussailles, ce sont les clôtures des villages décrites par Gili, dans sa description de la Guyane. Enfin, tous ces forts sont placés de manière à avoir deux sorties, l'une sur l'eau, l'autre sur les champs, ce qui achève de leur donner le caractère de villages fortifiés. Si c'étoient des temples, ils seroient en moindre nombre et dans des positions plus saillantes.

Mais nous ne prétendons pas adopter exclusivement cette explication. Le fort rond de *Circleville*, étant égal en superficie à l'enceinte carrée, peut, avec raison, faire naître l'idée d'un sanctuaire précédé d'une enceinte où le peuple étoit admis. Les élévations centrales, avec des parements, présentent l'apparence, soit d'un autel, soit d'un siége de juge; mais ces relations manquent dans les autres ronds.

Dans les trois élévations rondes réunies au temple, près *Portsmouth*, au confluent du Scioto et de l'Ohio, nous sommes d'autant plus tentés de voir des places de sacrifices, que rien dans ce lieu n'indique une enceinte d'habitation.

Deux collines rondes, renfermées dans le milieu d'une grande enceinte, près Chillicoche (*Archæologia Americana*), réunissent peut-être les deux destinations; l'une a pu servir de base à quelque autel ou à quelque autre construction religieuse; l'autre, enfermer une demeure de cacique. Il nous semble que ces distinctions méritent quelque attention de la part des antiquaires américains, et qu'en observant ces monuments ils devroient, autant que possible, faire creuser le sol, pour vérifier s'il ne reste pas quelque trace de la destination spéciale de chacun.

Rapports entre les tumuli *et les* fortifications.

Les antiquaires américains ont quelquefois voulu distinguer le peuple auteur des *tumuli*, ou colonnes artificielles coniques, d'avec les fondateurs des forts *circulaires* ou anguleux; mais les faits qu'ils citent ne sont pas très-concluants.

D'abord il est certain que les collines sépulcrales de forme conique couvrent toute la Russie et une partie de la Sibérie, sans que les doctes travaux de Pallas, de Kappen et d'autres, aient pu établir aucune distinction bien nette entre les diverses nations dont ces simples et imposants monuments recouvrent les cendres. On assure que ces *tumuli* se retrouvent depuis les monts *Rocky*, dans l'ouest, jusqu'aux monts Alleghany dans l'est [1].

Ceux sur la rivière Muskingum ont une base formée

---

[1] *Archæologia.*

de briques bien cuites, sur lesquelles on trouve des ossements humains calcinés entremêlés de charbons. Ainsi les peuples qui les ont élevés brûloient d'abord les corps de leurs morts, et les recouvroient ensuite de terre.

Près Circleville, un *tumulus* avoit près de trente pieds de haut, et renfermoit divers objets dont nous parlerons dans la suite.

En descendant l'Ohio, les *tumuli* augmentent en nombre. Il y en a quelques-uns en pierre; mais ils paroissent appartenir à la race d'Indiens actuellement subsistante.

Nous parlerons des squelettes trouvés dans ces *tumuli;* mais en nous bornant à considérer la position relative des *tumuli* et des *forts*, nous ne pouvons guère douter de l'identité du peuple qui a élevé les uns et les autres.

Ni les uns ni les autres ne supposent une population nombreuse, puissante, civilisée; ils ne supposent qu'une possession tranquille du pays, telle que, selon les traditions indigènes rapportées par Heckwelder, les *Allighewi* ou *Alleghany* en avoient avant l'invasion des Lennilénaps et des Iroquois.

Le rapprochement de ces collines funéraires, de ces villages fortifiés, de ces enceintes privilégiées de caciques, de ces autels ou places de sacrifices, nous paroît indiquer le séjour prolongé d'un seul et même peuple sur les bords de l'Ohio.

Squelettes trouvés dans les tumuli.

Les squelettes trouvés dans les *tumuli*, nous dit M. Atwater [1], ne sauroient appartenir à la race actuelle des Indiens. Ceux-ci ont la taille élevée, un peu mince, et les membres droits et longs ; les squelettes appartiennent à des hommes petits, mais carrés. Ils n'avoient que cinq pieds, en général, et très-rarement six. Leur front étoit abaissé (avec une saillie au-dessus des yeux), les os de pommette étoient saillants, la face courte, mais large par le bas, les yeux grands, le menton proéminent [2].

Ce signalement ne convient pas à la race iroquoise, algonquine, nadowessienne, à cette race qui domine dans la partie septentrionale des bassins du Mississipi et du Missouri ; mais elle répond sur beaucoup de points à la configuration des indigènes de la Floride et du Brésil.

Un crâne humain très-grand, figuré dans l'*Archéologie*, présente beaucoup de caractères de la race nègre africaine.

[1] *Archæologia*, I.
[2] *Ibid.*

Corps trouvés dans les cavernes du Kentucky.

Les rochers calcaires du Kentucky renferment de nombreuses et de grandes cavernes où abonde le nitre, et où règne d'ailleurs une grande sécheresse. On y découvre beaucoup de corps humains de tout âge et des deux sexes, quelquefois légèrement enterrés au-dessus de la surface du sol, mais couverts avec soin de plusieurs enveloppes. Un de ces corps en avoit quatre; la première, d'une peau de cerf séchée et rendue lisse par le frottement; la seconde étoit également de peau, mais on n'avoit fait qu'en enlever les poils avec un instrument tranchant; la troisième couverture étoit d'une toile grossière, et la quatrième étoit de la même matière, mais ornée d'un plumage artificiellement arrangé, de manière à mettre le porteur à l'abri du froid et de l'humidité; enfin, c'étoit un *habit de plumes*, tel qu'on en fait encore sur la côte nord-ouest [1]. Le corps étoit conservé dans un état de sécheresse qui le fait ressembler à une momie; mais nulle part on n'y trouva des substances aromatiques ni bitumineuses; il n'y avoit point d'incision au ventre par où les entrailles auroient pu être extraites. Point de bandages; la peau étoit entière et

---

[1] Nous reviendrons sur cette circonstance.

d'une teinte noirâtre ou brune (*dusky*). Le corps étoit dans la position d'un homme huché sur les pieds et le derrière, ayant un bras autour de la cuisse et l'autre sous le siége [1].

Le savant Américain qui nous a fourni ce fait pense avoir observé, dans les formes de ce squelette, et surtout de l'angle facial, une grande similitude « avec la race des *Malais* qui peuple les îles du grand océan Pacifique. »

De semblables *momies* (comme on les appelle en Amérique) ont été trouvées dans le Tennessee oriental [2]. La couverture en plumes n'y manquoit pas, mais la toile étoit une espèce de papier fait de feuilles de plantes. On avoit placé beaucoup de ces corps dans de petites chambres carrées, formées de dalles de pierre. Dans un de ces rapports, on dit que leurs mains paroissent avoir été de petite dimension, chose qui ne convient pas aux Malais.

La position des corps et les chambres de pierres planes rappellent bien le *monument de Kiwik*, en Scanie, dont nous avons donné la description dans les anciennes Annales des Voyages ; mais ces deux traits peuvent être communs à beaucoup de peuples : d'ailleurs, les corps de Kiwik étoient sans couvertures, et leur position étoit bien plus courbée ; la

---

[1] Lettre de M. *Mitchill*, *Archæologia*, pag. 318.
[2] *Idem*, pag. 302.

chambre étoit bien plus grande et au-dessus de la surface du sol.

Si les squelettes présentent l'angle facial des Malais et les petites mains des Hindous, il est impossible de trouver rien de plus opposé au caractère physique des Scandinaves, des Germains, des Goths et des Celtes.

Idoles et objets sacrés.

Nous avons donné [1] une figure d'une idole ou vase sacré à trois têtes, trouvée sur la branche *Cany* de la rivière de Cumberland; nous sommes d'accord avec les antiquaires américains, qui y voient une trace de cette idée de Trinité divine, si généralement répandue en Asie, spécialement dans l'Inde. Mais nous devons leur rappeler que, chez un peuple malais, les Otaïtiens, il existe aussi la doctrine d'une sorte de Trinité, composée d'*Oromatta, Meidia* et *Aroa-te-Mani.* Il seroit important d'en rechercher les traces chez les habitants des îles Carolines, des îles Sandwich, et de la côte nord-ouest.

Cette idole trinitaire, au surplus, n'a rien dans la physionomie qui soit précisément mongol ou tartare,

---

[1] *Nouvelles Annales des Voyages*, tom. XIX, pag. 248; *Archæologia*, pag. 238, 239.

quoi qu'en dise l'*Archæologia*. Le caractère est plutôt indien ou malais.

Il en est de même à l'égard de l'idole trouvée à Lexington (Kentucky), et figurée dans l'*Archæologia*, p. 211. Il est vrai que la manière d'arranger les cheveux et l'espèce de *placenta* placé sur la tête rappelle une figure trouvée dans la Russie méridionale, et dessinée dans Pallas; mais la physionomie diffère de celles de toutes les races tartares.

Nous devons signaler, par exception, l'idole figurée dans les *Nouvelles Annales des Voyages*, et qui, selon notre conjecture, approuvée par le savant M. de Humboldt, représente un *Bur-khan* ou esprit céleste. Elle a une physionomie mongole très-marquée [1].

Un trait important distingue des idoles mongoles, chinoises et malaises, les figures considérées comme idoles des peuples anciens sur l'Ohio; les premières ont l'air furieux, le visage en contorsion, et les traits difformes; les secondes ont la physionomie douce et tranquille.

Il est bien à déplorer que plusieurs de ces monuments, aussitôt trouvés, sont détruits par l'ignorance et par une avidité mal éclairée. Un des plus curieux de ceux qu'on a trouvés dans le Tennessee a subi ce

---

[1] *Nouvelles Annales des Voyages*, l. c. : *Archæologia*, pag. 215.

sort : c'étoit le buste d'un homme en marbre, tenant devant lui un vase en forme hémisphérique (*bowl*), où il y avoit un poisson [1]. Il est des idoles chinoises et indiennes qui portent également un poisson.

On ne cite aucune idole *armée* et *cuirassée*, comme l'étoient celles des Scandinaves.

Ouvrages de l'Art.

L'*Archæologia* donne le dessin de plusieurs haches, pointes de javelots, et d'autres instruments de guerre en granit et autres rochers, ainsi que des cristaux qui ont servi d'ornements : elle parle aussi des miroirs en *mica lamellaire*, et de divers ornements en or, argent et cuivre ; mais elle n'en donne pas la figure. L'art le plus répandu et le plus perfectionné chez ces anciens peuples a dû être celui du potier. L'*Archæologia* a figuré quelques pots et autres vases en terre argileuse assez bien formés, et qui ont été cuits dans le feu [2]. Les urnes paroissent faites d'une composition semblable à celle dont nous faisons nos creusets.

On a trouvé des vases artistement taillés dans une espèce de *talc graphique*, semblable à celui dont sont faites les idoles chinoises ; cette roche n'est pas

[1] Lettre de M. *Fiske* dans l'*Archæologia*, pag. 307.
[2] *Archæologia*, pag. 223 et suiv.

connue à l'ouest des monts Alleghany, et ces vases ont dû venir de loin.

Ils faisoient de bonnes briques; du moins, on en trouve d'excellentes dans les *tumuli ;* mais elles manquent dans les enceintes fortifiées, dont les remparts, après examen, n'ont présenté que des couches de terre, de pierre et de bois. Peut-être les briques n'étoient-elles pas assez abondantes pour être employées à ces constructions ; peut-être l'invention de l'art de les cuire est-elle postérieure à l'époque des fortifications. On est fondé à croire qu'ils ne bâtissoient pas de maisons en briques, puisqu'on n'en a pas trouvé de restes. Les emplacements des maisons, ou plutôt des cabanes, ne sont reconnoissables que par des espèces de parvis en terre battue, qui ont dû servir de parquet. Ces cabanes paroissent avoir été rangées en lignes parallèles [1].

Mais, de tous les détails relatifs aux arts de cet ancien peuple, voici le trait le plus positif : les tissus couverts de plumes, dans lesquels les corps morts desséchés se trouvent enveloppés, ressemblent parfaitement aux tissus du même genre rapportés, par les navigateurs américains, des îles Sandwich, des îles Fidgi et de Wastash ou de Noutka-Sound [2]. Même

---

[1] *Archæologia,* pag. 226, 311, etc.
[2] *Mitchill,* dans l'*Archæologia,* pag. 319.

adresse à rattacher chaque plume à un fil sortant du tissu ; même effet à l'égard de l'eau qui passe par-dessus sans le mouiller, comme par-dessus le dos d'un canard. La guerre qui eut lieu dans l'île de *Toconraba*, une des Fidgi, fut décidée par l'intervention de quelques Américains qui rapportèrent à New-York un certain nombre d'objets manufacturés, soit aux îles Fidgi, soit dans d'autres îles de la mer du Sud. Non-seulement les tissus, mais aussi divers échantillons de sculpture en bois, furent confrontés avec des objets semblables, trouvés dans les cavernes du Kentucky et les *tumuli* d'Ohio [1].

Cette donnée seroit plus précieuse encore, si les antiquaires américains avoient eu soin de faire dessiner et graver ces objets empreints d'un caractère plus spécial que les haches, les pots et d'autres objets bien moins caractérisés.

CONCLUSION.

Nous avons réuni tout ce qui, dans les divers rapports sur les antiquités de l'Ohio, du Kentucky et du Tennessee, nous a paru propre à donner à ces divers restes d'anciens habitants un caractère historique spécial. Nous pensons que nos lecteurs seront d'ac-

---

[1] *Medical Repository* (de New-York), vol. xviii, pag. 187.

cord avec nous sur la difficulté extrême de trouver, dans le caractère vague de ces monuments simples et rustiques, aucun indice certain sur leur origine et leur époque.

Les objets qu'on a cru devoir rapporter à un culte religieux quelconque nous ont offert un caractère asiatique.

Les objets d'art les mieux caractérisés nous ont présenté un caractère polynésien ou malais. Ces deux indices peuvent se ramener à un seul point de vue. Les peuples de l'Océanie ont vécu en commun avec ceux de l'Asie orientale et avec ceux de la côte nord-ouest de l'Amérique.

Tout détail ultérieur sur la migration de ce peuple pour arriver sur les bords de l'Ohio seroit entièrement hasardé et inutile dans l'état actuel des connoissances.

La réunion de ce peuple en villages considérables, placés près les fleuves, dans des positions agréables, sur un sol fertile, semble indiquer une nation agricole, et qui avoit, du moins en grande partie, abandonné la vie du chasseur. Il ne paroît pas même que dans les objets trouvés dans les *tumuli*, ni dans les cavernes, rien rappelle les instruments de la chasse. Pourtant il paroît qu'ils ne possédoient aucune espèce de bestiaux ; on n'en retrouve ni cornes, ni cuirs.

Les vases sculptés en talc graphique semblent indiquer un commerce avec la Chine, et par conséquent un état de paix et de tranquillité. Mais qui sait si on ne découvrira pas dans un pays plus voisin cette espèce de pierre ?

L'époque de la construction de ce qu'on doit appeler les enceintes de villages ne peut guère remonter à plus de huit ou neuf cents ans ; car, en Europe, les vestiges de remparts en terre ne sont guère visibles après ce laps de temps. La tradition des Lennilénaps, qui place entre l'an 11 ou 1200 l'expulsion des *Allighewis* par les hordes nomades et belliqueuses venues du nord, mérite donc beaucoup de confiance ; elle mérite au moins infiniment plus d'attention que les vaines hypothèses des antiquaires américains sur les dix tribus d'Israël, les Tartares, les Scandinaves et les Mexicains.

Les raisonnements de quelques observateurs américains sur l'âge des arbres croissant sur ou dans les enceintes, tendent à limiter à un millier d'années l'époque de leur construction ; mais c'est un indice équivoque ; car peut-on décider si ces arbres ne croissoient pas auparavant sur l'emplacement ?

La retraite des Allighewis *vers le sud*, après la destruction de leurs villages, retraite signalée par la tradition des Lennilénaps, ne suppose pas nécessairement qu'ils se soient sauvés jusque dans le Mexique, ni même dans ce qu'on appelle à présent la Floride. Il seroit impossible que le lieu de leur retraite fût dans les deux Carolines, où les premiers colons rencontrèrent de nombreuses tribus indigènes.

L'absence des inscriptions quelconques, quoique le pays soit riche en ardoises, prouve que les Allighewis ne connoissoient pas l'écriture. S'ils eussent été Scandinaves, non-seulement ils se seroient sauvés vers le nord, du côté de la Nouvelle-Angleterre, mais ils auroient connu l'usage des *runes*, et on trouveroit sur l'Ohio des pierres runiques, comme on en a trouvé dans le Groënland.

Telles sont les conclusions très-limitées que nous croyons qu'une saine critique puisse tirer de ces monuments, trop pompeusement annoncés dans quelques écrits américains.

www.ingramcontent.com/pod-product-compliance
Lightning Source LLC
Chambersburg PA
CBHW071256160426
43196CB00009B/1310